KB095884

HR 레볼루션

HR 레볼루션

생성형 AI, HR 생태계 어떻게 구축할 것인가

초 판 1쇄 발행 | 2024년 2월 8일
지은이 김기진 한권수 박해룡 조용민 신유환 한정민
　　　　 이　환 최락구 유병선 박동국 박호진 고동록
펴낸이 김기진
디자인 가보경 이소윤
펴낸곳 에릭스토리
출판등록 2023. 5. 9(제 2023-000026 호)
주　소 경기도 안양시 만안구 연현로 75. 103-502.
전　화 (031)348-9337
팩　스 (031)348-1238
이메일 ericstory1238@naver.com(원고 투고)
홈페이지 www.ericstory.net

ISBN 979-11-983453-2-5 (13320)
ⓒ 김기진

HR
레볼루션

디지털 시대의 HR을 재정의하는 데 있어 필수적인 지침서인 이 책은 혁신적이고 실용적인 통찰력을 바탕으로 HR 전문가들에게 현실적인 조언과 구체적인 실천방안을 제공한다.

김지훈 선일다이파스 대표이사 부회장

이 책은 디지털 변환 시대에 직면한 인사 도전 과제를 해결하는 데 필요한 아주 유용한 자료이다. 인사 전문가들에게 필요한 가이드라인과 변화에 대한 로드맵을 세심하게 제공하고 있다. 독자들이 지금까지 겪어보지 못한 새로운 시대의 변화를 이해하고 적응하는 데 큰 도움이 될 것이다.

노운하 한국미디어영상교육원 이사장

HR 레볼루션은 '제거', '혁신', '줄임', '도전'이라는 네 가지 키워드를 통해 인사 전반에 대해 명확한 방향성과 실천 과제를 제시한다. 이를 통해 경영자들은 HR의 중요성과 변화의 필요성을 인식하며, HR을 전략적 자산으로 활용하는 방법을 찾을 수 있다. 실무자들에게는 새로운 HR 트렌드와 이론을 학습하고, 이를 실무에 적용하는 방법을 제공한다. HR 레볼루션은 HR의 미래를 준비하는데 필요한 지침서로, HR 담당자라면 반드시 읽어볼 것을 권한다.

이진영 경신 상무이사

이 책은 디지털 시대의 인사 혁신에 대한 실질적인 가이드를 제공한다. 조직 내에서 인공지능과 챗 GPT 등과 같은 혁신 도구들을 어떻게 활용할지에 대한 체계적이고 구체적인 로드맵을 제시한다. 이는 HR 담당자들이 향후 전개될 세상에서 인공지능을 활용한 창의적인 활동을 준비하고, 더 나은 미래를 만드는 데 필요한 도구와 지식을 갖출 수 있도록 도와줄 것이다.

김상욱 한화에어로스페이스 팀장

이 책은 디지털 혁신의 시대에 직면한 HR도전 과제를 해결하는데 필요한 통찰력 있는 가이드 역할을 한다. 성공적인 인사혁신을 희망하는 기업들에게 실용적인 로드맵을 제공하고 주도적인 HR혁신 리더들에게 유의미한 시사점을 주는 필독서이다.

강미숙 에코제로 상무이사

이 책은 HR의 미래에 대한 비전 있는 관점을 제시하며, 인적 자원의 디지털 변환을 탐색하는 데 있어 귀중한 로드맵을 제시하고 있으며 디지털 시대의 HR을 재정의하는 데 있어 필수적인 지침서이다. 이 책은 혁신적이고 실용적인 통찰력을 바탕으로 HR 전문가들에게 통찰력 있는 조언을 제공한다.

김종철 사)주한외국기업인사관리자협회 상임대표

AI 기술 활용, HR Analysis, 챗 GPT를 조직에서 활용하기 시작하는 시대가 되었다. 이런 시대에 맞춰, 조직에서 일하는 방식이 실제로 변화하려면 각 HR 영역인 채용, 평가, 보상, 육성, 직무 경험 등을 어떻게 개선 해야 할지 로드맵을 제시하는 책이다. HR담당자들에게 꼭 필요한 책이다.

홍기훈 LF HR팀장

이 책은 인재를 경영과 비즈니스의 중심에 두고, 긍정적인 조직 문화와 리더십을 개발하는데 필요한 방향성을 제시한다. 직장관이나 사회 생활 태도 등 다양한 구성원들이 모여 있는 요즘의 조직에서 필연적으로 겪게 되는 '사람'에 대한 이야기를 실무와 이론의 균형감을 갖고 쉽게 전달하고 있다. 인사조직관리에 고민이 있는 젊은 경영자나 비즈니스 리더들에게 추천하고 싶은 책이다.

박은혜 한화호텔앤드리조트 책임

엣지있는 구성ERiC으로 HR 프로세스 혁신, 운영 효율성 극대화, 혁신 육성에 초점을 맞춘 'HR 레볼루션'은 조직의 성장과 변화를 주도하고자 하는 HR 전문가들에게 실용적인 전략과 지혜를 제공한다.

송재승 하림지주 인사팀 수석부장

오랜 기간 HR 업무를 하면서, 예전에는 HR의 변화 속도가 느리다고 생각했는데, 요즘은 하루가 다르게 변화하고 있음을 체감하고 있다. 특히, AI 시대의 등장에 맞춘 HR의 변화는 이제 선택이 아닌 필수인 것 같다. 이런 변화의 시기에 이 책이 HRer들에게 좋은 나침반이 되어줄 것 같다.

김진호 SK브로드밴드 HR PL

이 책을 통해 조직에서 HR 담당자의 존재 이유와 가치를 다시 확인하게 되었다. "사람과 조직"의 성장과 변화에 고민이 있는 분들이라면, 이 책을 통해 사실Fact을 알고 생각Think하고 계획Plan할 수 있는 혁신 포인트를 발굴할 수 있을 것이다.

김현석 YG엔터테인먼트 HR 리더

이 책은 디지털 기술이 조직의 전반적인 측면에서 변화를 주도하고 있는 시대를 살고 있는 우리에게 HR의 주요 변화 및 역할에 대한 방향을 제시한다. HR의 역할은 더 전략적이고 데이터 중심적으로 변화하고 있으며, 이를 통해 조직의 성과와 성장을 지원하는 중요한 역할을 수행하는데 도움이 될 것이다.

이정빈 캐논메디칼시스템즈코리아 인사팀장

생성형AI 시대 도래와 함께 대한민국의 HRer로서 누구나 고민해봤을 주제, 그것에 대한 통찰력이 숨겨져 있는 책이다. 친절하게 각 단계별로 접근하는 실질적인 해결책을 제시해 준다는 점에서 더할 나위 없이 좋은 지침서가 될것으로 생각한다. 디지털 시대의 도래로 조직과 인력 운영에 대한 고민이 깊어지는 이 시점에 꼭 일독을 권한다.

이호국 휴온스글로벌 인사팀장

심도 있는 연구와 실용적인 지혜를 결합한 이 책은 HR 접근 방식을 혁신하고자 하는 모든 이에게 필독서로, 관련 분야의 전문가들에게 필요한 깊이 있는 정보를 제공하고 있다.

방성환 현대위아 HR문화실장

이 책은 디지털 시대의 HR 도전 과제를 능숙하게 다루는 데 그치지 않고, 혁신적인 해결책과 실용적인 전략을 제공하여 HR 분야에서의 변화와 성장을 돕고 있다.

정진욱 AutoLand 교육팀장

들어가며

생성형 AI 시대,

HR 분야는 어떠한 혁신을 해야할 것인가? 'HR 레볼루션'은 이 질문에 답하기 위해 12인의 HR 전문가들이 자신들의 지식과 경험을 모아 변화의 메시지를 전달한다.

생성형 AI 시대의 도래로 인해 모든 산업 분야, 특히 HR 분야는 중대한 변화의 국면에 서 있다. 'HR 레볼루션'은 이 변화의 중심에서 HR 분야의 혁신적 도전에 대한 실질적인 접근 방법을 제공한다. 12인의 HR 전문가들이 현장 경험과 깊은 지식을 결합하여 만든 이 책은, 다양한 의견과 목소리가 어우러진 집단지성이 어떻게 혁신을 이끌 수 있는지를 보여주고 있다.

이들의 협력은 디지털 시대의 HR 분야에 필요한 중요한 인사이트를 제공한다. 현업 HR 담당자와 전문가들이 만든 이 책은 도전과제에 대한 실질적인 해법을 제시하고, 조직과 개인의 경력에 혁신적 변화를 가져올 것이다. 독자들은 이 책을 통해 HR 분야의 혁신을 이해하고, 조직 내 개선을 이끌 수 있는 방법을 배울 수 있다.

'HR 레볼루션'은 HR 분야가 추구해야 할 혁신에 대한 명확한 답을 제공하며, 생성형 AI 시대에 맞춰 HR 분야의 혁신을 촉진할 수 있는 계기에 직면할 수 있을 것이다. 이 책은 빠르게 변화하는 시대에 사회적 전환을 이끄는 데 필요한 다양한 목소리와 의견의 조화를 강조하며, 독자들에게 미래 변화에 대응하는 능력을 향상시키는 가치 있는 가이드라인을 제공하고 있다.

'HR 레볼루션'의 탄생은 12인의 HR전문가 워크숍을 통해 HR 분야가 존재하는 이유와 그 분야가 앞으로 어떻게 변화해야 하는지를 찾는 진지한 토론의 장으로 시작되었다. 'Fact사실', 'Think생각', 'Plan계획'의 세 단계를 거쳐 HR분야의 현실적인 제한점과 그에 따른 필요성, 그리고 그 모든 것을 해결할 혁신에 대해 깊이 있게 논의하였다. 이 과정에서 참여자 각자의 개인적인 경험과 생각이 하나의 강력한 메시지로 합쳐지는 모습을 우리는 직접 경험했다.

  각 참여자는 자신의 HR 경험을 바탕으로 원고를 작성하였고, 이러한 개인의 노력이 모여 'HR 레볼루션'이라는 공동의 결과물이 형성되었다. 참여자들은 서로 소통하며 HR 분야의 미래에 대한 공통된 비전과 계획을 공유했고, 그것이 이 프로젝트의 원고를 완성시키는 데 큰 도움이 되었다. 독자 여러분도 12인의 저자와 함께 이 HR 레볼루션, 즉 HR 분야의 혁신을 위한 여정에 동참할 수 있길 바란다.

  'HR 레볼루션'은 단순히 정보를 전달하는 것 이상으로, HR 분야에서 실질적인 변화를 이끌어내는 데 초점을 맞추고 있다. 이 책을 읽는 독자들이 HR 분야의 새로운 가능성을 발견하고, 그것이 각 기업의 지속 가능성을 위해 어떠한 혁신을 어떻게 적용할 수 있는지 고민하고 찾아갈 수 있는 기회가 되기를 바란다. 이 책에 참여한 12인의 저자가 제공하는 다양한 경험과 통찰력이 HR을 사랑하는 독자들에게 영감을 주고, HR분야의 변화와 혁신을 이끌어내는 데 도움이 될 것이다. 다음 표는 12인의 저자가 ERiC 워크숍에서 직접 도출한 결과물의 예시이다.

ERiC Sheet: 워크숍 결과물(예시)

	HR 레볼루션 **제거**
Issue	• Issue 나열: 조직 간의 소통 부족, 다른 조직에 대한 이해 부족과 오해, 유연성이 없는 규정, 임원의 눈치를 보는 행동, 불명확한 업무 지시, 모호한 피드백, 개인의 역량과 요구사항이 업무 배치와 일치하지 않음 • 보고만을 위한 보고와 회의, 일부 직원들의 불만으로 인한 좋은 제도의 실행 어려움, 고충과 불만에 대한 외부 의존성, 임원들이 최근의 기술과 업무 방식 트렌드에 적응하지 못함, 임원들의 단순한 궁금증이 업무로 확대되는 경우 등이 있음 • <u>Issue 선정: 불분명한 업무지시와 피드백</u>
선정 배경	• 최근 MZ세대 직원들은 '이걸요? 왜요? 제가요?'와 같은 3요를 통해 업무의 명확한 이유와 방법을 요구하고 있음. 이를 충족시키지 않을 경우, 업무에 대한 동기부여가 되지 않아 업무지시 및 피드백의 필요성이 중요함
Fact 기술 What: 설명	• 불분명한 업무 지시란 무엇인가요? 기대치, 역할, 수준, 기한, 결과물에 대한 언급 없이 모호한 지시. 보고서를 원하는 것인지, 단순히 내용 확인을 원하는 것인지 명확하지 않아, 지시를 받은 직원들이 혼란스러울 수 있음 • 불분명한 피드백이란 무엇인가요? 역할, 개선 방향, 주요 포인트, 마감 시간, 일정 등을 명확히 알려주지 않아 업무의 비효율성을 초래하는 것을 말함
Think 공감 Why: 선정 이유	• 리더(임원, 팀장 등)는 업무시간의 대부분을 상사나 타 부서와의 회의에 소비하며, 이후에는 구성원을 통해 후속 과제를 수행해야 함 • 대부분의 과제는 다양한 요소를 고려하여 해결방안을 마련해야 하기 때문에 리더는 먼저 고민을 하고, 구성원에게 구체적인 업무 결과물(납기, 품질, 산출물)을 지시해야 함 • 리더가 심도 있게 고민할 시간이 부족함. 이로 인해, 구성원은 과제의 배경과 해결방안에 대한 이해가 부족한 상태에서 작업을 수행하게 되고, 이는 상사의 기대와 다른 결과물을 만들냄. 이런 상황은 재작업의 악순환을 반복하게 되어 구성원의 사기 저하 및 조직 측면에서의 업무 비효율성을 초래하게 됨
Plan 실행 How to: 실행 방법	• To-be: 명확하고 구체적인 업무 지시를 통해 효율적인 시간 관리와 결과물 도출 • 탑-다운 방식의 변화 추구: 지시자에서 시행자로 이어지는 빠르고 명확한 변화 유도 • 한 번의 업무 지시로 수정할 부분이 없는 결과물 완성 • 평가 시스템 재검토: KPI, OKR 등 프로세스적 점검 방식 검토 • 문화 변화 추진: 님 문화 정착, 업무 명확화 워크샵, 단계별 체크리스트 도입 등 • 리더십 교육: 일하는 방식에 대한 교육(커뮤니케이션 향상 프로그램, 피드백 시스템 구축, 리더십 훈련, 리버스 멘토링, 다면진단 등)

HR 레볼루션 줄임

Issue	• Issue 나열: 반복적인 사내 문의 응답, 불필요한 중간보고서, 보고서 잘 쓰는 사람=일 잘하는 사람이라는 인식, 형식을 갖춘 문서 작업의 최소화, 퇴근 후 업무연락, 불필요한 형식적 회의 • Issue 선정: 불필요한 중간보고서
선정 배경	• 빠르게 변화하는 상황에 신속하게 대응하고 의사결정을 위함 • 형식적인 규정에 따라 작성하는 중간보고서는 결과물 도출에 큰 영향을 주지 않으면서도 업무의 비효율을 초래함
Fact 기술 What: 설명	• 불필요한 중간보고란, 최고 의사결정자에게 보고하게 될 때까지 중간관리자나 부서장 등에게 형식적인 보고서로 작성되는 모든 보고 • 이로 인해 보고의 최적 타이밍을 놓칠 수 있고, 실제 보고의 목적과 부합하지 않는 결과를 낳을 수 있음
Think 공감 Why: 선정 이유	• 많은 직원들이 보고서 작성에 투입되는 리소스가 상당함에도 불구하고, 그 용도는 최종 의사결정을 위한 중간단계에 불과함 • 형식적인 중간보고의 효과성은 낮음 • 중간보고는 의사결정과 실행을 위한 검토와 조율, 조정을 목적으로 하므로, 이에 투입되는 시간과 노력을 최소화하는 것이 바람직함
Plan 실행 How to: 실행 방법	• 문서 보고 대신 카톡으로 보고하거나, 대면 보고 대신 전자결재나 e-메일로 보고로 변경하고 • PPT 보고서 대신 1페이지 보고서를 활용 • 담당자와 임원 간의 직접적인 소통을 촉진하는 조직문화를 만들어, 보고에 부담을 느끼지 않도록 함 • 신속성과 완결성 사이의 균형을 유지 • 캐주얼한 소통이 가능한 '일하는 문화'를 바꾸기 위해 노력(예: 호칭문화_님문화, 업무툴의 활용 등)

ERiC Sheet: 워크숍 결과물(예시)

HR 레볼루션 **혁신**	
Issue	• Issue 나열: 보고 방식의 혁신(대면에서 비대면으로), 사무공간의 혁신, IT 활용에 의한 업무 시스템화, 원칙 기반 사업전략 프로세스 시스템, HR 담당자가 비즈니스 이해를 통한 전략적 의사결정 지원, 채용방식의 변화, 호봉제에서 연봉제, 직무급제, 성과급제로의 전환, 그리고 인사평가제도의 개선이 이루어지고 있음 • Issue 선정: 시간중심에서 성과중심의 문화로의 전환
선정 배경	• 시간 중심: 일하는 데 시간을 많이 투자하며, 시간 경과에 따라 작업이 완료되는 문화. 이는 장시간 노동 및 차근차근한 문화를 반영 • 성과 중심: 작업의 중심에는 결과 생성이 있음. 이는 목표 지향적이며, 효율적으로 일하고, 특정 결과를 달성하기 위해 노력하는 문화
Fact 기술 What: 설명	• 시간과 성과가 직접적으로 비례하지 않는다는 전제는 몇 가지 주요 요인을 고려해야 함 • 우선 고려해야 할 것은 시스템과 IT 도구의 활용도임 • 불행히도 많은 기업에서는 이러한 도구의 활용도가 상대적으로 낮은 편임 • 동일한 업무를 수행하더라도 직원 간에 수행 시간에 큰 차이를 초래함 • 예를 들어, 한 직원이 특정 업무를 수행하는 데 1시간이 걸린다면, 동일한 업무를 수행하는 다른 직원은 5시간이 걸릴 수 있음 • IT 도구의 활용도를 높이는 것은 생산성 향상의 중요한 요소가 될 수 있음
Think 공감 Why: 선정 이유	• 기업의 궁극적인 목표는 이윤을 추구 • 첫째, 성과 중심의 프로세스 개선이 필요. 업무의 효율성을 향상시켜 더 나은 결과를 달성하게 함. 성과 중심의 접근 방식은 목표를 설정하고, 그 목표를 달성하기 위한 명확한 경로를 제시하는 것을 중요. • 둘째, 열심히 일하는 조직문화를 구축. 직원들이 열정적으로 일하고, 그들의 노력이 회사의 성과에 직접적으로 기여하는 환경을 만드는 것이 중요. 이를 위해, 개인의 성과와 회사의 성과를 연결짓는 방법을 찾는 것이 필요
Plan 실행 How to: 실행 방법	• 호봉제, 즉 고정 급여 시스템에서 성과에 따라 급여가 결정되는 연봉제로의 전환 추구 • 성과를 정확하게 측정할 수 있는 다양한 플랫폼의 도입과 활용이 필요. 직원의 성과를 명확하게 파악과 공정한 보상을 제공 • 업무를 효율적으로 수행하기 위해서는 업무 시스템 및 IT 도구의 활용도를 높일 필요가 있음(효율성 증가, 성과 창출 기여)

HR 레볼루션 **도전**	
Issue	• Issue 나열: 사무실이 없는 회사. 직원들이 원격으로 일하며, 필요에 따라 온라인에서 회의를 진행. 효율적인 업무 수행. 보고서 없는 보고, 보고서를 작성하는 대신, 다양한 디지털 도구를 활용하여 정보를 공유, 복잡한 보고서 작성 과정을 줄여 더욱 신속하고 의사결정. 주 35시간 근무로 효율적인 업무 수행 유도. 데이터 기반의 직무 적합성 및 성과 향상 플랫폼 구축. 각 직원의 역량과 특성을 분석하고, 이를 바탕으로 최적의 업무 배치와 업무 개선 방안을 도출로 더욱 높은 성과를 달성 • Issue 선정: HR 데이터 기반의 직무적합성 및 인원 배치의 용도로 활용하는 가능성 제고
선정 배경	• 수치화된 데이터를 활용하여, 이전에는 감성적 또는 구술적으로만 평가되던 직무에 정확성과 객관성을 부여 • 해당 직무를 체계적으로 이해하고 분석할 수 있게 되며, 이러한 분석은 다시 시스템화 및 플랫폼화의 기반을 제공 • 시스템은 근로자가 최대한의 성과를 달성할 수 있도록 돕는 역할로 근로자의 업무 효율성과 생산성을 높이는 데 기여
Fact 기술 What: 설명	• 데이터 기반 직무 적합성 및 퍼포먼스 향상 플랫폼은 개인의 역량, 기술, 성과 등을 명확히 데이터로 측정과 관리로 최적의 직무와 과업을 매칭하는 시스템 • 이 플랫폼을 활용하면 기업은 개인과 직무, 과업의 연결 적합성을 실시간으로 확인하고 인력 운영을 참고할 수 있음
Think 공감 Why: 선정 이유	• 기업들이 뛰어난 역량을 갖춘 인재를 채용하고, 이들 인재들이 회사에서 지속적으로 성장하고 퇴직하지 않도록 유지하기 위해 다양한 인사제도를 고안하고 시행하고 있음. 문제는 이런 제도가 제대로 운영되지 않는 경우가 많음
Plan 실행 How to: 실행 방법	• 데이터 수집 및 저장 시스템: 다양한 HR 데이터를 정의하고 수집할 수 있는 시스템과 장치 마련 • 데이터 품질 관리: 데이터의 정확성과 일관성을 유지하기 위한 관리 절차 구축 • 데이터 분석 능력: 데이터 과학과 분석 능력을 보유한 전문가나 팀을 구성하며, 데이터 해석 및 활용 능력 강화 • 통찰력과 예측 분석: HR 데이터를 통해 인재 트렌드와 조직 내 문제를 예측하고, 전략적인 의사결정을 내릴 수 있는 능력 향상 • 자동화된 보고 시스템: HR 데이터를 자동으로 시각화하고 보고하는 시스템을 구축하여 관리자와 리더십 팀에게 실시간 통찰력을 제공 • 문화와 역량 개발: 데이터 중심의 문화를 구축하고, 직원들에게 데이터 활용 역량을 개발하는 교육과정 제공

이 책은 12인의 저자들이 깊이 있는 워크숍을 통해 얻은 결과물을 토대로 작성하는데 집중했다. HR 전문가들로 구성된 그룹의 공동으로 노력한 결과물인 만큼, 이 책을 읽는 독자들이 복잡해져 가는 경영환경에서 HR의 확대된 역할 인식과 핵심 역량에 대한 새로운 관심사를 이해를 높이는데 큰 도움이 될 것이다.

'HR 레볼루션'의 총 5단계로 구성했다.

첫째, HR 레볼루션의 접근은 디지털 시대에 HR 분야가 어떻게 진화해야 하는지를 다루었다. 생성형 AI 시대에서의 HR 역할, 효율성 향상 방안, 디지털 변화를 수용하는 HR의 새로운 자세를 소개하며, HR 관리의 역사적 회고를 통해 과거, 현재, 미래 HR의 방향을 제시 했다.

둘째, HR 레볼루션의 제거는 HR 프로세스의 혁신적 개선을 위해 평가와 채용 프로세스의 혁신, 기업 교육 및 훈련 방식의 현대화 방법을 다루었다. 또한, 낡은 조직 문화 변화와 새로운 문화 구축 방법을 제시했다. 이 과정에서 불필요하거나 비효율적인 요소를 제거하고, 더 나은 작업 방식을 도입하는 데 초점을 맞추었다.

셋째, HR 레볼루션의 줄임은 HR 운영의 효율성 극대화를 위해 의사결정을 위한 보고 절차 현대화, 유연근무제의 전략적 도입, 그리고 MZ세대와의 효과적인 회의 및 보고문화 개선의 핵심을 제시했다. 이러한 전략은 시간과 자원을 절약하고, 조직의 전반적인 효율성을 향상시키는 데 기여할 것이다.

넷째, HR 레볼루션의 혁신은 HR의 미래를 재구성하기 위해 직원의 창의성과 협업을 위한 공간 기획, 역량 모델링을 통한 체계적 육성, 그리고 HRD 전문가의 육성에 대한 전략은 HR 분야에서 혁신을 추구하는 새로운 방법들을 제시했다. 또한, 직무 및 보수 체계의 혁신을 통해 조직의 변화를 추진하는 방법을 제시했다.

다섯째, HR 레볼루션의 도전은 미래 지향적 HR 전략 구축에 있어서 디지털 네이티브 MZ세대와의 효과적인 소통, VUCA 시대의 조직 리더십, ESG 기반의 HR 혁신, HR 역할의 진정한 비즈니스 파트너십 개발, 그리고 디지털 기술 활용 강화는 HR 분야가 직면한 새로운 도전에 대응하는 전략을 제시했다. 여기서는 HR 전문가들이 미래 지향적인 접근 방식을 통해 조직의 성장과 혁신을 주도할 수 있도록 상세한 가이드를 제시하고 있다.

'HR 레볼루션'은 이러한 5단계 접근을 통해 HR 전문가들이 디지털 시대의 변화를 주도하고, 조직의 성공을 이끄는 데 필요한 실질적인 가이드와 인사이트를 제공한다. 이 책은 HR 분야에서의 혁신과 발전을 위한 귀중한 자원이 될 것이다.

HR 전문가들이 자신의 역할과 책임을 더 효과적으로 수행하는데 필요한 도구와 전략이 무엇인지 좀더 깊이 있는 고민을 할 수 있게 될 것이다. 이를 통해 HR 전문가들은 조직 내에서 긍정적인 변화를 촉진하고, 조직의 전반적인 효율성과 생산성을 높이는데 기여할 수 있을 것이다.

따라서, 이 책은 HR 전문가들뿐만 아니라, 조직의 성장과 변화를 이끌고자 하는 모든 이해관계자들에게 유용한 자료가 될 것이다. 이 책을 통해 독자들은 복잡해져 가는 HR이슈와 도전 과제를 이해하고, 이를 해결하기 위한 실질적인 전략과 방법을 배워가는데 도움이 될 것이다. 너무나도 빠르게 변화하는 경영환경에 무언가 실마리를 잡고, 직접 해결책을 찾는데 도움이 되어, HR업무를 더 효과적으로 수행하고, 조직의 성공을 돕는데 큰 도움이 될 수 있길 바란다.

김기진 대표(KHR Group)

Contents

[HR 레볼루션: 접근]

CHAPTER 1 김기진

디지털 시대의 HR 변화와 현대 조직의 대응

CHAPTER 2 한권수

HR의 과거와 현재 그리고 미래

[HR 레볼루션: 제거]

CHAPTER 3 박해룡

평가와 채용 레볼루션

CHAPTER 16 고동록

디지털 기술의 활용 강화에 의한 HR 레볼루션

김기진 한국HR포럼 대표

KHR Group 대표, 한국HR협회와 피플스그룹 이사장, ERiC Story 출판 대표. 16년간 제173회 KHR포럼 개최회원 3,500명와 매년 'KHR FTP 인사&인재개발 실태조사 보고서'를 발간하고 있다. 저서는《아하 나도 줌Zoom 마스터》와 공저는 현직 HR담당자와 함께 지식나눔과 역량개발 차원의《ChatGPT*HR: 생성형 AI, HR에 어떻게 적용할 것인가》,《MZ익스피리언스》,《왜 지금 한국인가》,《하루하루 시작詩作》,《내 인생의 선택》,《코로나 이후의 삶 그리고 행복》등을 출판하고 있다.

한권수 맘스터치앤컴퍼니 그룹장

국내 유수 대기업KT, 대한전선그룹, 태광그룹및 Global 기업TI Group및 외국계 사모펀드 외, 인사기획 및 HRM 총괄로 인수합병 및 기업제도 설계 및 그룹 ERP Set Up, 그룹 평가 시스템 개발, PMI 인사시스템 구축E-HRM 구축 업무를 담당했다. 국내 및 해외 법인 M&A뉴욕, 워싱턴DC, 상하이, 싱가폴 외 및 14개 이상 기업의 PMI무주리조트, 명지건설, 쌍방울건설 외 참여 및 집단적 노사관계20회 이상의 단체교섭및 임금교섭 중요 의사결정에 참여했다. 중앙대학교, 세종대학교, 명지대학교, KOTRA 외 유수 대학, HR강의와 대학 특강 및 전) KOTRA 공기업 위원으로 활동하고 있다.

박해룡 스탠다드에너지 인재부문장

사람과 조직의 성장growth을 돕는 역할을 하고 있다. LS Electric 상무/CHO, 딜로이트컨설팅 상무, 한국액션러닝협회 회장, 한국바른채용인증원 부원장, 인하대 경영학과 초빙교수, The HR컨설팅 대표를 역임하고, 현재 배터리 전문 기업인 스탠다드에너지에서 인재부문장CHO으로 재직 중이다. 고려대 경영학 석사 및 경영지도사인사관리로 인사컨설팅, 강의, 경영자문 활동 중에 긍정, 실용, 성장, 성과, 행복을 강조하고 있다. 저서는《직장생활, 나는 잘 하고 있을까?》, 공저는《나는 (***) 팀장이다》등이 있다.

조용민 Fullinkey/풀린키 상무

인쇄출판 산업분야에서 영업마케팅 전문가로 활동 중이며, TC130 전문위원으로 활동 중이다. 한국후지제록스㈜ 전략마케팅실장과 인재개발팀장, 영업교육팀장, 영업부장 등을 역임했다. 코니카미놀타프로프린트솔루션스코리아㈜에서 영업서비스 본부장이사을 역임하고, 현재, 피플스그룹 조합법인 이사, 한국HR협회 멘토링위원회 사무총장 활동과 취준생들을 위한 자기소개서, 면접 등을 강의하고 있다. 공저로 《ChatGPT*HR: 생성형 AI, HR에 어떻게 적용할 것인가》, 《MZ익스피리언스》 등이 있다.

신유환 첨단바이오 인사팀장

첨단 자체 플랫폼 원천기술을 보유한 바이오 기업의 HR리더로서 다양한 산업 섹터의 대기업식품/유통, 외국계기업자동차부품/Mobility, 중소벤처기업첨단바이오에서의 경험을 통섭하여 회사의 규모·산업군·미션/비전/핵심가치에 커스터마이징된 HR을 구현하고 있다.

한정민 법무법인 광화문 파트너 공인노무사

한국경영자총협회 노사대책본부를 거쳐, 삼성전자 인사팀까지 기업의 인사/노사업무를 14년여간 담당하면서 인사노무 분야의 전문성을 길러 왔다. 현재는 법무법인 광화문의 파트너 노무사로서 노동자문, 사건대리, 노사 단체교섭 대응은 물론 기업체, 대학생, 청소년 대상 교육, 기업 노사 조직문화 컨설팅까지 업무의 영역을 다채롭게 확대하는데 주력하고 있다.

이환 한국타이어앤테크놀로지 책임

한국타이어앤테크놀로지에서 전사 교육기획과 운영 및 교육인프라 관리 업무를 담당했으며, 관련 경험들을 토대로 회의 및 보고문화개선 PJT를 수행했다. 특히, '기업문화를 적용한 공간기획자'로, 중앙연구소 공간운영 안정화와 신축본사 공간기획&운영 프로그램기획, 그룹사 이전계획, 제품연구시설인 Test Track 공간 기획&운영 프로그램기획 등 다양한 PJT를 인프라 공간기획자로 수행했다.

최락구 중견그룹 교육팀장

25년 이상 중견그룹에서 HRM, HRD, 조직혁신업무를 담당해왔다. 직무성과급, 임원보상, 글로벌HR, 그룹HRD, 조직 재구축 등 인사/교육/조직혁신 분야에 다양한 경험을 갖고 있다. 현재, 그룹 본사의 교육팀장으로서 전사 교육을 총괄하고 있으며, 조직 구성원의 지속적인 성장과 조직내 학습문화 정착을 위해 주력하고 있다. 스스로의 학습과 성장에도 매진하고 있으며 학부에서 사학과 중어중문학을 전공하고, 대학원에서 경영학MBA과 컨설팅학을 전공했다.

유병선 크리니티 팀장의 팀장

크리니티 25년간 인터넷 메일협업, 메일보안 서비스 사업을 Pivoting하고 있다. SirTEAM이란 브랜드로 Global B2B SaaS 기업으로 변신해 해외 시장 개척에 재도전 하고 있다. 그 동안의 축적된 기술력과 사업적 노하우를 기반으로 동남아 시장에서 사업을 키워가며 더 경쟁이 치열한 미주, 유럽 시장으로 확대하는 전략을 수립과 실행에 주력하고 있다. 공저는 《ChatGPT*HR: 생성형 AI, HR에 어떻게 적용할 것인가》, 《스몰석세스, 행복한북클럽》 등이 있다.

박동국 SK네트웍스서비스/부장, 공학박사, 경영지도사

㈜두루넷과 SK네트웍스에서 IT기술Network, IoT, Blockchain, Cloud, 5G 전문가를 거쳐, SK네트웍스서비스 경영지원실에서 경영관리업무HR, 경영기획, 조직문화, 윤리경영를 담당했으며, IT분야 전문 경영컨설턴트로 활동하고 있다. 《중소벤처기업부 창업진흥원 평가위원》, 《산업통상자원부 ESG심사위원》, 《경기도 경제과학진흥원 전문평가위원》, 《ISO 9001/14001/45001》 등이 있다.

박호진 웰컴금융그룹 이사

LG전자 인재육성그룹에서부터 시작하여 대기업, 중견기업, 스타트업 등의 다양한 조직에서 HR에 대한 경험을 쌓았으며, 아주대 MBA에서 인사조직 전공. 현재는 웰컴금융그룹의 전략경영실에서 HR Director로 HR 전략과 조직의 긍정적인 변화에 대한 고민을 하고 있다. 공저는 《ChatGPT*HR: 생성형 AI, HR에 어떻게 적용할 것인가》, 《MZ익스피리언스》 등이 있다.

고동록 퀀텀브레인파트너스 대표

현대차 그룹에서 25년간 전략, 혁신, 노무, 인재 개발 등 다양한 분야를 경험하고, 현재는 양자물리학과 신경과학뇌과학을 바탕으로 MRI 뉴로게이저와 결제/식별 스마트링 신용카드, 혁신경영, 슈퍼세라믹 수처리 소재사업 등의 사업을 하면서, HRX 연구회를 이끌고 있다. 공저로 《ChatGPT*HR: 생성형AI, HR에 어떻게 적용할 것인가》, 《내 인생의 선택》, 《한국기업 교육의 사례연구》 등이 있다.

HR 레볼루션

접근

'HR 레볼루션의 접근'의 의미는 디지털 시대에서 HR의 역할과 전략이 어떻게 변화

해야 하는지를 탐구하는 것이다. 이는 기존의 전통적인 HR 관리 방식에서 벗어나,

AI와 같은 디지털 기술을 통합하여 HR의 효율성과 전략적 가치를 증진시키는 새로

운 접근 방식을 강조한다. HR이 조직 내에서 더 전략적이고 중요한 역할의 수행이

필요함을 강조하는 것이다. - ERiC Story

CHAPTER 1

디지털 시대의 HR 변화와 현대 조직의 대응

김기진

1

디지털 시대의 HR 변화와 동향

디지털 혁신 시대에 우리가 살아가고 있는 현재, 인적 자원 관리HR 분야는 생성형 AI와 같은 첨단 기술의 등장으로 인해 유례없는 변화와 혁신을 겪고 있다. 이러한 첨단 기술의 활용 수준은 전통적인 HR 관행을 근본적으로 전환시키는 동시에, 기업의 경쟁 우위를 확보하는데 중요한 역할을 하는 핵심 도구가 된 것이다.

생성형 AI의 도입은 인재 관리와 채용 과정을 혁신적으로 변형시키는 역할을 하고 있다. AI 기반 알고리즘은 인재 선별과 채용 결정 과정을 보다 정확하고 공정하게 만들어 주어, 인적 자원 운영의 효율성을 크게 향상시켜 주기 때문이다. 또한 클라우드 기반 HR 시스템은 실시간 데이터 분석 기능을 제공하여, 직원 성과 관리를 더욱 효율적으로 수행할 수 있는 방법을 찾는 기회를 제공하고 있다.

디지털 기술의 활용은 단기간 내에 직원들의 업무 경험을 향상시키는데도 중요한 역할을 하고 있다. 모바일 앱과 소셜 미디어 플랫폼은 직원들의 참여와 만족도를 높이는 도구로 일반화되었다. HR의 역할을 단순한 관리 중심에서 전략적인 비즈니스 파트너로 전환시키는데는 HR을 디지털 기술과 어떻게 접목 시키느냐에 달려있다. 이런 변화는 기업의 성장과 발전에 직접적으로 기여하며, HR의 전략적 가치를 높이는 데 큰 도움이 되기 때문이다.

빠르게 진화하고 있는 ChatGTP의 활용은 개인과 조직의 의식변화에도 영향을 주기 때문에 조직문화를 변화시키는 도구로도 활용되고 있다. 질문의 주체가 곧 개인이며, 스스로 반복되는 질문을 하면서 자기 인식변화에 따른 가치관의 변화에도 영향을 주기 때문이다. 단순한 예를 들어봐도 문제해결 프로세스 이해와 적용 연습과정에 32시간이 넘게 걸리지만, 실제 현장에서 활용하는데에는 여전히 한계가 있다. 그러나 ChatGTP를 활용한 문제해결과정은 단 8시간만 진행을 해도 현장의 여러 문제들을 들추어내고 해결방법을 찾아내는데 충분하다. 여기서 더욱 중요한 것은 업무에 대한 '자신감'으로 인해 업무의 몰입도가 달라질 수 있다는 것이다. 성과를 창출하는 변화된 행동이 지속될 가능성이 높다는 것은 주목할 만한 이슈이다.

'성과'에 대한 정의가 달라져야 하는 이유는 명확하다. 10시간에 처리할 일을 단 몇분만에 처리할 수 있는 기회와 역량을 갖추게 된다면, 성과는 그냥 몇배의 성과 달성이 아니라 '차원이 다른 성과' 개념으로 재 정의해야 할 것이다. 일하는 방식 변화에 따라 차원이 다른 성과를 창출하게 되면, 인간은 시간의 속도 개념과 결과의 기존 매커니즘에서 새로운 가능성과 기회를 찾게되고, 이전과 다른 수준의 가치관이 형성되게 된다. 인류의 진화와 사용 도구의 상관관계만 고려해봐도 쉽게 공감이 가는 이야기이다.

결국, 디지털 시대의 HR은 관리자 또는 실행자의 역할을 넘어서, 기업의 성과 창출과 발전을 주도하는 핵심 요소로 자리매김하고 있다. 이를 위해 지속적인 혁신과 첨단 기술의 적용은 필수적이며, 이를 통해 HR은 더욱 전략적이고 가치 있는 비즈니스 파트너로 발전할 수 있을 것이다. 이러한 변화는 HR 분야뿐 아니라, 전체 기업의 성장과 발전에도 엄청난 기회를 줄 수 있기 때문에 더 늦기 전에 관심의 기회를 놓치지 않고 잡아볼 수 있는 기회를 포착해야 할 것이다.

필자는 팬데믹 상황에 곧바로 대응하기 위해 '아하 나도 줌Zoom마스터'를 출간하여 'Zoom PD 전문가' 프로그램을 기획하여, 450개사의 HR 담당자 등 Zoom PD 전문가 1,300명을 육성한 바 있다. 3년간 Zoom을 통해 교육을 진행한 교육생이 3만 5천명이 넘었다. 빠른 환경 변화를 감지하는 것은 문제가 되지 않는다. 다만, 대부분의 사람들이 변화되어 가는 환경에 적응하려는 관심과 시도가 부족할 뿐이다.

2

생성형 AI시대와 HR업무 효율성

디지털 시대에는 HR의 전략적 역할이 빠르게 변화하고 있다. 이는 디지털화가 급속도로 진행되면서 일상과 비즈니스 환경이 크게 바뀌기 때문이다. 정보통신 기술이 이런 변화를 주도하고 있으며, 스마트폰, 클라우드 컴퓨팅, 빅데이터, 인공지능 등의 첨단 기술들이 기업들의 조직 구조와 업무 방식을 혁신하고 있다.

특히 HR 분야는 큰 변화를 겪고 있다. 전통적인 HR의 주요 업무였던 직원 관리, 채용, 평가 방식이 데이터 중심의 전략적 접근, 디지털 역량 강화, 원격 환경 설정 및 인공지능 기반 채용 최적화 등으로 중심이 이동하고 있는 것이다.

이 변화는 단순히 기술의 발전에 따른 것만은 아니다. '디지털 네이티브'라 불리는 세대의 직원들은 실시간 정보, 맞춤형 업무 환경, 끊임없이 변화하는 환경에 대한 빠른 적응력 등을 요구하고 있다. 이러한 요구와 기대를 충족시키기 위해 HR의 역할은 단순 관리에서 조직 내의 전략적 파트너로 빠르게 전환되어야 한다. 기존의 업무 방식이 무엇이든 10시간이 걸린 업무를 단 10분만에 해결될 수 있는 일은 주변에 수도 없이 많다. 문제는 기업과 조직, 개인이 처한 상황에 따라 이를 감지하지 못하고 있다는 것이다. 외부 환경의 변화에 대한 분석과 필요 역량에 대한 분석 그리고 내부에서 대응할 수 있는 역량을 파악하고 있어야만 전략적 대응이 가능하다.

나는 10시간, 너는 10분만에

성과를 이야기할 때는 2배, 3배를 거론한다. 이제는 '차원'이라는 용어를 사용한다. 주어진 상황에 어떠한 방식으로 일을 처리하느냐에 따라 10배 이상의 성과가 달라질 수 있기 때문에 차원이 다른 역량, 차원이 다른 수준의 성과를 창출한다는 이야기를 하고 있는 것이다.

이제, 조직의 지속적인 발전을 위해 HR의 전략적 역할은 기업 경영에 있어서 더욱 중요해질 수밖에 없다. 전략 실행의 핵심적인 역할이 HR에 의지를 하기 시작한 것이다. 업무 전반에 걸쳐서 디지털 기술을 활용한 업무 효율화, 데이터 기반의 의사결정, 그리고 직원의 디지털 역량 강화를 위한 교육은 HR의 핵심 업무가 되었다. 이러한 전략을 통해 조직은 MZ 세대의 잠재력을 최대화하고, 디지털 시대에 더욱 견고한 성장을 기대할 수 있기 때문이다.

생성형 인공지능은 인간의 사고와 행동을 모방하는 특별한 알고리즘에 기반한다. 이 알고리즘은 제공된 데이터와 규칙에 따라 신속하게 반응하며, 지속적으로 학습하고 진화하고 있다. ChatGPT는 라지 랭기지

멀티모달Large Language Multimodal: 큰 규모의 언어 모델과 멀티모달 기능을 통합한 인공지능 시스템으로 텍스트, 이미지, 분석, 음성 등을 처리함 서비스를 제공하며, 업무수행에 있어서 상상만 했던 대부분의 업무처리는 손쉽게 처리가 가능한 수준으로 진화를 해버린 상황이다. 공개한지 불과 1년만에 이렇게까지 달라질 수 있는 것인가?

이미 인사관리 분야에서는 이러한 인공지능의 능력을 활용하고 있으며, 이력서 분석, 직무 적합성 평가, 성과 평가, 팀 구성 전략 등에서 사용되고 있다. 더 나아가 교육 커리큘럼 설계나 직원들의 경력 계획 설정에도 이 기술이 중요한 역할을 하고 있다. LG 등 기업을 비롯, 금융기관은 ChatGPT를 API로 연결하여 자체 운영을 위한 생성형 AI시스템을 갖추고, 업무에 적용하고 있다.

나는 100시간, 너는 10분만에

언제까지 이전의 업무 처리방식과 도구를 사용할 것인가?

인사관리에서 인공지능의 활용은 생산성 향상을 넘어서, 직원의 만족도 향상 및 그들의 개인적 성장을 촉진하는 방향으로 큰 기여를 하고 있다. 의료나 금융 등 여러 분야에서도 인공지능이 혁신을 주도하고 있지만, 인사관리 분야에서의 활용은 특히 조직의 문화와 직원 만족도에 큰 영향을 준다. 2024년에 접어들면서, 생성형 AI는 이전과 다른 차원의 '생산성 향상'의 가능성에 주목하고, HR 분야에서 혁신을 주도하는데 집중하고 있다. 필자는 최근 10개월 동안 ChatGPT 활용법 및 ChatGPT 활용한 업무 향상과정에 온라인과 오프라인 참석자는 대략 7천명이 넘는다. 하지만, 역시 새로운 도구의 활용 역량은 사용자의 마인드 수준에 따라 다르다는 생각은 변함이 없다.

채용 프로세스의 혁신

인공지능AI의 진출은 HR 분야의 채용 프로세스를 새롭게 바꾸었다. 과거에는 채용 절차가 수작업에 의존하고 노동 집약적이었던 반면, AI의 등장으로 이러한 프로세스는 눈에 띄게 현대화되었다. 일전에는 채용 담당자가 수없이 많은 이력서를 하나하나 직접 검토해야 했지만, 이제 AI의 고도화 및 정밀한 데이터 분석 기능을 통해 지원자의 정보와 기업의 인재 요구 사항을 즉각적으로 비교하며 적절한 후보자를 선택할 수 있게 되었다.

AI의 주요 장점 중 하나는 방대한 양의 데이터를 신속하게 처리하고 분석하는 능력에 있다. 이를 통해, 지원자의 스킬셋과 경력 정보를 신속히 파악하고, 이를 바탕으로 회사의 요구사항과 가장 잘 어울리는 지원자를 추천하는 것이 가능해졌다. 이렇게 변화된 채용 프로세스는 회사의 서비스 품질 향상과 경쟁력 증진에도 기여하게 되었다.

또한, 이 혁신은 기업만의 이익이 아닌 구직자들에게도 긍정적인 효과를 가져다주었다. 구직자의 능력과 경험은 AI에 의해 공정하게 평가되기 때문에, 구직자는 자신의 역량에 딱 맞는 직장을 찾아내는 과정에서 공정한 기회를 갖게 된다. 빠른 피드백으로 인해 구직 과정의 스트레스도 크게 감소하게 되었다. 결국, 인공지능의 활용은 HR 채용 절차의 공정성과 효율성을 동시에 향상시켜, 기업과 구직자 모두에게 긍정적인 변화를 가져다주었다.

개인화된 교육과 평가의 혁신

인공지능AI의 급속한 발전은 현대 HR 분야에 중요한 변화를 가져왔다. 특히 교육과 훈련의 영역에서, AI는 기존의 일반화된 교육 접근법에서 벗어나 각 개인의 능력과 필요에 맞춰진 교육 방식을 가능하게 했다. 이는 직원 개개인의 능력과 흥미를 중심으로 한 학습 경험의 풍부함을 향상시켜, 전체적인 학습 만족도와 직무에 대한 전문성을 높이는 결과를 가져왔다. 조직 내에서도 이러한 개인화된 교육의 효과는 뚜렷하다. 직원들의 업무에 대한 투자와 전문성이 증가하며, 조직 전체의 성과와 업무 환경이 긍정적으로 발전하고 있는 것이다.

또한, 생성형 AI의 도입은 HR 분야에서 인사 평가의 방식도 크게 변화시켰다. AI는 대량의 데이터를 신속하고 정확하게 분석하여, 평가 과정의 공정성과 투명성을 크게 향상시켰다. 인간의 주관성을 줄이고, 데이터 기반의 객관적 평가를 통해 직원들은 공정한 평가 환경에서 자신의 성과를 더 잘 보여줄 수 있게 되었다. 이러한 AI의 활용은 HR 담당자들에게 전략적 인사 관리에 더욱 집중할 수 있는 기회를 제공하며, 실시간 피드백과 팀 간 협업 및 지식 공유를 촉진하는 역할도 수행한다.

결론적으로, 인공지능은 HR의 업무 효율성, 평가의 공정성, 그리고 직원의 개인적 성장을 지원하는 세 가지 핵심 목표를 동시에 달성하도록 도와주었다. 이런 기술적 혁신 덕분에 조직의 성장과 발전은 보다 견고한 토대 위에 서게 되었다.

인공지능의 혁신적 HR역할

인공지능AI의 등장은 현대 직장에서의 업무 방식에 근본적인 변화를 초래하고 있다. AI는 업무의 효율성과 생산성을 대폭 향상시키며, 복잡한 업무 과정을 단순화시켜 직원들이 주요 목표에 보다 집중하게 만들었다. 특히, AI의 데이터 분석과 예측 기능은 직원들의 업무 능력을 확장시키는 동시에 조직의 전략적 방향성과 의사 결정에 견고한 근거를 제공한다. 이는 직원들에게 더 나은 업무 경험을 주고, 조직 전반의 성과를 향상시키는 결과를 가져다 준다. 더 나아가, AI 기술의 적용은 조직에 혁신적 변화를 수용하는 빠른 대응 능력을 부여하고, 새로운 비즈니스 기회를 창출하는 데 있어 중요한 도구로 활용되고 있다.

AI의 끊임없는 발전은 현재의 조직 경쟁력 강화에 중추적인 역할을 하게 될 것이다. AI의 데이터 분석 능력을 통해, 조직은 자신의 운영을 보다 효율적이고 목적에 부합하게 보다 손쉽게 적용할 수 있게 되었다. 이러한 기술적 전환은 조직에게 미래에 대한 혁신적이고 성공적인 방향성을 제시하는 중요한 기반이다. DT기반의 조직문화를 바꾸고, 조직 내 역량에 대한 정의와 육성방법, 그리고, 인재 채용의 기준이 달라지고 있는 것은 당연한 현상이다. 만약에 여전히 이전과 비슷한 조직문화를 유지하고 있다면, 그 기업의 미래는 어떻게 될것인가? 답은 누구나 알고 있을 것 같다. 같은 방법으로 일을 처리하면서 다른 결과를 기대하는 이는 이젠 없다.

직원 경험의 중요성과 의견 청취의 가치

조직의 지속적인 성장과 성공을 이끄는 데에는 단순히 외부 경쟁력이나 기술 혁신만이 결정적이지 않다. 오히려, 직원들의 경험과 만족도는 이러한 성장의 중추적인 요소로서 큰 영향을 미친다. 그렇기 때문에, 직원들의 의견과 피드백, 그리고 기대치를 정확히 이해하고 반영하는 것은 조직의 발전 방향성을 찾아가는데 필수적인 통찰력을 제공한다.

직원들과의 소통을 강화하기 위한 첫 단계로는 그들로부터의 다양한 피드백을 체계적으로 수집하는 것이 중요하다. 설문조사나 개별 인터뷰, 그리고 그룹 토론을 통해 직원들의 현장 경험, 만족도 및 업무에 대한 기대치를 직접 듣는 과정은 조직의 문제점과 개선 가능성을 발견하는 데 있어 가치 있게 작용한다.

그러나 피드백 수집의 과정만으로는 미흡하다. 조직은 이렇게 얻어진 정보를 기반으로 직원들의 업무 환경을 개선하고, 필요한 교육과 훈련을 제공하는 등의 실질적인 변화를 주도해야 한다. 이와 더불어 '가능성'에 대한 잠재력을 끄집어내어주고 발휘할 수 있는 기회를 만들어 주는 것도 중요하다. 생성형 AI의 등장이 결국 가져다 줄 변화이기 때문이다.

이 모든 과정에서 지속적인 소통과 대화의 중요성을 간과해서는 안 된다. 리더십은 직원들의 의견을 소중히 여기고, 조직 내에서 신뢰와 협업의 문화를 강화하여, 지속적인 성장의 발판을 확립해야 한다. 이 과정에서 절대로 놓쳐서는 안되는 것은 '데이터'이다. 업무 활동에서 일어나는 활동의 대부분은 데이터로 기록되어야 한다. 이제는 ChatGPT를 활용하여 누구나 필요한 데이터를 분석해 내고, 주어진 상황에 최적화된 의사결정을 할 수 있기 때문이다.

3
디지털 변화를 받아들이는 HR의 자세

현대 사회는 디지털화의 빠른 속도로 급격히 변하고 있으며, 이러한 변화는 우리의 일상과 비즈니스 환경에 큰 영향을 미치고 있다. 이런글에 공감을 하고 있다면, 무언가 불안감을 갖고있다는 긍정적인 신호이다. 인간의 새로운 문제에 대해 인지 하지 않으면, 변화할 가능성이 거의 없기 때문이다.

기존에 빅데이터의 중요성을 강조하며, 데이터 모으기에 집중했지만, 의미 있는 데이터는 무엇이고, 무엇을 어떻게 분석해야 할지는 더욱 고민이였다. 하지만, 이제는 상황이 달라졌다. 데이터의 수집과 분석의 영역은 이미 LLMLarge Language Model이 거의 처리해 주기 때문이다.

생성형 AI시대에 인사 관리 분야에서는 성공적으로 변화에 대응하기 위해서는 두 가지 중요한 접근 방식을 따라야 한다. 첫째, 디지털 기술의 발전을 빠르게 수용하고 인사 전략에 통합하는 유연성이 필요하다. 둘째, 시장과 기술의 변화에 발맞춰 직원들의 교육과 적응 능력을 지속적으로 키우는 것이 중요하다. 변화를 명확하게 인지하고, 구체적인 대응책 마련과 실행은 선택이 아니라 필수이기 때문이다.

인사 관리자의 역할은 이제 단순한 관리자에서 변화의 리더로서의 위치로 전환되고 있다. 이는 조직과 직원들의 지속적인 발전을 위해 핵심적인 역할을 하는 것을 의미하는 것이다. 디지털화의 시대에서 인사 관리의 중요성은 그 어느 때보다 강조되며, 기술적 발전에 빠르게 대응하고 지속적으로 학습하는 능력이 HR 전문가의 핵심 역량이 되었다.

디지털 시대의 새로운 대응 전략

디지털 시대는 기존의 방식을 넘어서는 새로운 접근법과 전략을 요구하는 것은 당연하다. 선택의 여지가 주어지는 상황이 아니기 때문에 외부의 전략을 배끼거나 의지하는 것이 아니라, 자체적으로 대응책을 마련하여 곧바로 실행을 해야만 한다. 따라서 조직은 변화의 흐름에 발맞추어 디지털 변화를 수용하는 태도와 전략을 갖추고 있어야 한다. 특히, 조직은 적극적으로 혁신을 추구하며 최신 기술과 도구의 적용을 통해 직원들이 변화에 유연하게 대응할 수 있는 프로그램을 마련하고 있어야 한다.

디지털 변화의 중요성을 깨닫고 이를 실제 업무에 통합하기 위한 교육 및 훈련 프로그램은 지금 실행되고 있어야 한다. 직원들에게 디지털 변화의 필요성을 강조하며, 이를 받아들이고 활용할 수 있는 기회와 환경 제공을 통해 빠르게 변화할 수 있는 유연성을 갖도록 해주어야 한다. 특히, 협업과 지식 공유를 통해 디지털 변화에 적응하는 문화를 구축하면서 팀워크의 중요성을 재강조하고 이전과 다른 새로운 조직문화 구축에 신경을 관심을 두어야 한다.

무엇보다도, 디지털 변화를 실현하기 위한 조직의 전략과 방향성이 명확해야 한다. 조직의 리더들은 디지털 변화를 주도하는 비전을 설정하고, 이를 실행하기 위한 계획과 전략을 세우는 역할을 해야한다. 이를 위해, 먼저 리더들이 변화를 주도할 수 있도록 하고, 직원들의 참여와 협력을 유도하며, 변화의 중요성을 계속해서 강조하며 조직 전체를 동기화시켜야 한다. 좀더 주도적으로 디지털 변화에 적극적으로 대응하며 지속적으로 스스로가 발전시키는 조직문화를 갖추어 나가면서 미래의 경쟁력을 갖추어야 지속 경영의 기회를 유지 할 수 것이다.

디지털 변화의 저항과 극복

현대 사회에서 디지털의 변화는 불가피한 흐름으로, 조직의 생존과 성장을 위해서는 이 변화를 수용하는 것이 필수적이다. 그렇지만, 모든 조직이 변화를 순조롭게 받아들이는 것은 아니다. 실제로, 많은 조직들이 디지털 변화에 대한 두려움과 저항감을 가지고 있다. 이러한 반응은 디지털 변화의 불확실성과 그로 인한 두려움, 기존 체계와의 충돌 가능성, 그리고 변화로 인한 조직 내 규정과 프로세스의 변경 필요성 때문이다. 특히, 새로운 기술 도입의 결과가 불확실할 때나, 조직 구조나 업무 방식의 변경이 필요할 때, 조직원들이 불안감을 느끼는 것은 당연하다.

이러한 저항은 변화를 수용하는 데 있어서의 주요 장애물이 될 수 있으며, 이를 해결하지 않으면 이미 여러번 경험한 바와 같이 조직의 성장과 발전에 큰 장애가 된다. 따라서, 조직은 이러한 저항을 극복하고 디지털 변화를 수용하는 태도를 적극적으로 가질 수 있도록 전략에 따른 교육 운영의 접근이 중요하다. 이를 통해 변화의 중요성을 인식하게 하고,

이에 대한 긍정적인 태도와 유연성을 발전시켜야만 진정한 경쟁력을 갖출 수 있게 된다.

변화와 성장의 핵심 요소인 긍정의 힘

변화에 대한 태도는 우리의 삶의 질과 직업 성과에 큰 영향을 미친다. 특히, 변화를 긍정적인 시각으로 바라보는 태도는 삶의 여러 상황에서 긍정적인 변화를 가져올 수 있다. 새로운 상황이나 도전이 마주칠 때, 이를 긍정적으로 해석하면 장애물이 아닌 성장의 기회로 볼 수 있다. 이는 실수나 실패 같은 부정적인 상황에서도 마찬가지다. 긍정의 힘은 우리에게 실패의 순간에서도 다시 일어설 수 있는 동기와 에너지를 부여한다.

무엇보다, 변화를 긍정적으로 받아들이는 능력은 우리의 삶을 풍요롭게 만드는 중요한 요소다. 이는 성공의 또 다른 정의로, 변화의 중심에서도 긍정의 힘을 유지하며 살아가는 것이 큰 가치를 지닌다. 그렇게 긍정의 에너지를 갖추면, 우리는 지속적인 성장과 발전의 삶을 살아갈 수 있게 된다. 너무나도 당연한 이야기인데, 현실적으로 잘 받아들이지 못하는 이유 중에 하나는 조직간, 개인간의 상호 소통의 경험이 부족하기 때문이다. 인간은 상호간에 자유롭게 소통하면서 자기 인식에 집중하고, 대화를 통한 자기 객관화로 스스로를 성찰하면서 내면적 변화를 하게 된다. 대부분 조직의 문제점은 상호 소통의 부재에 있다. 이를 해소하기 위해 ChatGPT를 활용한 상호 소통과 역량의 향상을 통해 새로운 조직문화를 시도하고 있는 것은 시대적 변화에 잘 적응하고 있는 기업들만의 선택이다.

학습과 성장에 의한 변화의 가치 인식

변화와 학습은 현대 개인과 조직의 성장 및 발전을 위한 필수적인 요소이다. 빠르게 변화하는 세상에서는 기존의 패러다임에 만족하지 않고 지속적으로 새로운 전략과 아이디어를 탐구하며, 그것들을 빠르게 실행하는 것이 필요하다. 이런 도전과 변화의 접근 방식이야말로 우리에게 더 나은 결과와 성과를 가져다주는 길이라는 것을 명확하게 인식해야 한다.

학습의 가치는 단순한 지식의 증가를 넘어서 개인의 전반적인 성장에 중요한 역할을 한다. 새로운 지식과 기술의 습득은 우리의 사고방식을 능동적이고 창의적으로 바꾸는 데 큰 역할을 하며, 이로 인해 개인과 조직의 전반적인 경쟁력을 강화시킬 수 있다.

새로운 방법과 아이디어의 적용은 문제 해결 능력을 크게 향상시키며, 예상치 못한 새로운 기회나 잠재력을 발견하는 계기가 된다. 이런 변화의 도전은 단순히 성장의 기회를 제공하는 것 뿐만 아니라 그 과정 자체가 가치 있고 흥미로운 여정이 된다.

결국, 우리는 변화의 흐름 속에서 지속적으로 새로운 것을 학습하고 도전하는 자세를 유지해야 한다. 이런 자세를 가지면 변화 앞에서의 두려움을 극복하고, 더 나은 미래를 위한 튼튼한 기반을 마련할 수 있게 된다. 누구나 마음만 먹으면 이러한 복잡한 과정을 쉽게 정할 수 있는 시대가 되었다.

디지털 시대와 HR의 진화

디지털화의 파도가 높아지는 만큼 HR 분야 또한 중요한 전환점을 맞이하고 있다. 전통적인 인력관리 방식이 그 한계를 드러내면서, HR의 미래 방향은 더이상 선택이 아닌 필수로 디지털 변화와 깊게 연결되어야 한다. 이에 따라, HR은 조직의 성과 향상을 목표로 다양한 디지털 기술과 솔루션의 도입을 적극적으로 모색하며 이를 실행에 옮겨야 한다.

디지털 변화 속에서 HR의 주요 임무는 먼저 디지털 전환의 비전을 선명하게 설정하는 것이다. 이 비전은 전략적인 계획과 행동으로 구체화되어야 한다. 그리고 HR의 역할에는 조직원들의 디지털 역량을 키우기 위한 교육 및 훈련 프로그램의 계속적인 제공이 포함되어야 한다. 이러한 노력은 결국 조직의 전반적인 경쟁력을 향상시키는 데 큰 도움을 줄 것이다.

HR의 다른 중요한 책임 중 하나는 조직 내의 디지털 역량을 정확하게 평가하고, 해당 역량을 강화하거나 개발할 계획을 세우는 것이다. 디지털 환경의 변화는 매우 빠르기 때문에 HR 부서 자체도 지속적인 혁신과 변화를 추구해야 한다. 이 과정에서 HR은 새로운 아이디어나 전략에 대해 개방적인 태도를 가져야 하며, 다양한 실험 및 학습을 통해 조직에 가장 적합한 해결책을 찾아내는 데 전념해야 한다.

HR목표에 대한 새로운 인식

HR관련 업무를 수행하는데 있어서 가장 중요한 것 하나를 뽑는다면, 바로 '자기 주도성'이다. 기업은 미션과 비전 설정에 따른 전략과 조직문화를 형성해 간다. 결국 핵심은 사람이다. 일을 하는 주체는 사람인 것이다. 그런데 어느순간 사람이 아닌 시스템이 주체가 되어, 이에 종속되어 버린 상황이 수년간 지속되었다. 지금 다시 주목받고 있는 것은 결국 '사람'이다. 시스템에 의한 조직적 시너지도 중요하지만, 생성형 AI시대에는 개인이 발휘하는 역량과 조직적 실행의 수준에 따라 이전과 전혀 다른 범위와 수준에서 성과를 창출해 내고 있기 때문이다.

조직과 기업에 있어서 목표란 무엇인가? 목표에 대한 각자의 정의만 모아봐도, 그 기업의 조직문화의 수준을 판단해 낼 수 있다. 시대가 바뀌고 있는 지금, 목표에 대해 어떠한 태도를 갖고있느냐에 따라 결과는 정해진다. 목표 설정에 있어서 직원들이 갖는 태도에 따라 결과가 달라지는 것은 당연하다. 그럼에도 목표를 대하는 태도보다는 목표를 수행하는 방법에 우선적으로 치중하다 보니, 이것저것 관리하고, 지시하고, 또 관리를 해야하는 악순환이 반복되고 있는 것이다. 목표와 실행 사이에 반드시 등장을 해야 하는것은 목표에 대한 '태도'이다. 즉, 목표Goal에 대한 태도Attitude에 집중하고, 이를 통해 주도적인 계획Plan과 실행이 이루어 지도록 해야 한다.

GAP 마인드

생성형 AI시대에 조직문화를 바꾸는 핵심에는 지원들로 하여금 GAP 마인드Goal, Attitude, Plan -Mind를 심어주는 것이다. 목표에 대한 태도 변화를 갖게 하는 것은 매우 힘든 일이다. 먼저 조직의 방향에 대해 전략에 대한 이해와 공감대가 형성이 되어야 한다. 자신이 달성해야 할 목표에 대한 이해와 공감을 통해 자신과의 가치관에도 이점을 찾도록 해주어야 한다. 복잡하고, 시간이 걸리는 일이지만 이러한 과정을 통해 태도 변화를 기대할 수 있다. 사실, 이전의 접근 방법으로 목표에 대한 새로운 개념적 이해를 갖게 하는 것은 매우 쉽지않았다. 하지만, 달라진 것이 있다. 바로

ChatGPT의 활용 덕분이다. 핵심 한가지만 뽑자면, 지시를 받는 것이 아니라, 먼저 '질문' 하지 않으면, ChatGPT는 응답을 하지 않는다. 스스로가 지속적으로 질문을 하며 최적의 해법을 찾아가는 방법을 반복해야 한다. 이러한 몇 번의 과정을 통해 엄청난 정보를 얻게 된다.

단, 3개월이면 태도가 바뀔 수 있다. 스스로의 한계를 넘어 '가능성'에 대해 몰입할 수 있는 기회가 생겼기 때문이다. 이전에 부족했던 역량을 넘어, 전혀 새로운 분야에 대한 접근성과 짧은 시간에 꽤나 괜찮은 결과를 만들어 내는 경험을 하면서 스스로의 잠재력을 불러내는 일이 가능해졌기 때문이다.

HR의 중심적 역할과 조직 발전

조직의 발전과 성장을 주도하는 HR은 그 핵심적 역할을 통해 조직의 전반적인 방향성을 결정하게 된다. 이 방향성은 조직의 핵심 비전, 신념, 그리고 가치를 토대로 하며, 이는 궁극적으로 조직의 비즈니스 목표와도 밀접한 관련이 있다.

장기적으로 보았을 때, HR의 전략은 조직 내 인력의 효과적인 관리와 발전에 초점을 맞춘다. 이러한 전략은 조직이 목표를 달성하기 위한 필수적인 인력 자원의 최적화와 확보에 중점을 둔다. 이에는 다양한 요소가 포함되는데, 인력의 수급과 개발, 그리고 그들의 유치 및 보유, 또한 조직 문화와 리더십 강화가 여기에 해당한다.

특히, 장기적이고 미래를 바라보는 HR 전략의 중요성은 조직의 지속적인 성장과 경쟁력을 유지하는데 있음을 부각시킨다. 현재 빠르게 변화하는 비즈니스 환경에서 조직은 지속적인 적응을 통해 자신의 위치를 굳

건히 해야만 한다. 이때 HR 전략은 조직의 효율성을 향상시키고, 혁신과 창의력을 부추기는 핵심 역할을 한다. 또한, 이런 전략은 조직 내의 직원들 사이의 유대와 소속감을 강화시키는 중요한 역할을 한다. 결국, 장기적이고 미래 지향적인 HR 전략은 조직의 지속적인 성공을 위한 필수적인 요소로 그 역할에 대한 비중과 중요성이 커지고 있다.

CHAPTER 2

HR의 과거와 현재 그리고 미래

한권수

슈테판 리스전 SAP CHRO의 "모든 비즈니스 혁신의 본질은 휴먼혁명이다. 이 휴먼혁명은 필연적으로 기술을 활용하여 인간의 잠재력을 발굴하고 개인과 조직을 상상도 못한 방식으로 혁신한다"는 말에 HR을 직접 수행하면서 더욱 공감을 했다. 시대와 환경은 역사의 계절에 따라 옷을 바꿔 입어도, 모든 비즈니스의 본질은 피플 비즈니스이다.

2024년은 새로운 차원의 HR 변화를 요구하고 있다. 이미 글로벌 기업들 뿐만 아니라 국내 통계에서도 전체 노동력의 75%가 X세대, Y세대를 지나 밀레니얼 세대1980년 이후 태어난 세대가 전체 노동시장의 주류가 될 것으로 예상하고 있다. 더불어 '취업자 마이너스 시대'가 시작되는 첫 해인 24년은 '인구 절벽'이라는 키워드와 함께 점점 더 변화하는 HR 조직에 대해 뉴스 헤드라인에 자주 등장하고 있는 뉴노멀의 핵심 키워드이다.

밀레니얼 세대의 주류는 이미 디지털 환경, 활발한 SNS 커뮤니케이션, 그리고 높은 자율성과 유연성을 강조하는 디지털 시대를 열어가고 있다. 이런 변화에 따라 이 세대의 조직에서 인적자원 관리는 기업의 핵심 경쟁력을 확보하고 지속 가능한 성장을 도모하는데 중요한 역할을 하고 있다. 디지털 기술의 발전은 HR의 역할에 혁신을 가져왔고, 현대 조직은 이런 변화를 받아들이며 자신의 HR 전략을 재평가하고 있다. HR의 과거, 현재, 그리고 미래를 살펴보며, 디지털 시대의 HR 변화와 현대 조직의 대응에 대한 인사이트와 새로운 변화에 대한 관점이 필요한 시점이다.

1

과거의 HR 관리: 역사적 회고

HR의 역사는 1800년대 산업혁명 시기로 거슬러 올라간다. 대규모 공장 설립과 노동력 수요의 폭발적 증가와 함께, 산업화가 진행됨에 따라 노동자의 역할과 중요성이 새롭게 인식되기 시작했다. 노동력을 기업의 성장과 직결된 중요한 자원으로 인식하는 시대적 전환점의 시기이기도 했다. 그러나 이 단계에서의 인사 관리는 주로 근로조건, 노동 효율성 향상, 그리고 기본적인 복지 제공에 초점을 맞춰졌다. 이 시기는 '인사 관리' 개념이 완전히 정립되지는 않았지만, 인력 관리의 중요성이 점차 인식되기 시작한 시기이다.

HR의 개념은 그 시대의 상황에 따라 변화해왔다. 산업혁명 시기1800년대는 HR의 역사의 초기 단계로, 대규모 공장 설립과 노동력 수요 증가가 특징이었다. 주로 노동력의 효율적 관리와 생산성 향상에 중점을 두었다. 이 시기는 '인사 관리' 개념이 아직 정립되지 않았지만, 인간 노동의 가치와 중요성이 점차 인식되기 시작한 시작점이다.

기업에서 인사 관리의 필요성을 인식하기 시작한 것은 20세기 초부터이다. 노동자 권리에 대한 인식이 높아지고, 노동 조건과 복지에 대한 관심이 증가했고, '인사관리'라는 용어의 사용이 확산되었다. 인간을 조직의 중요한 자원으로 보는 관점이 생기기 시작했다.

인사 전문가의 등장과 원칙이 만들어 진 것은 1900년대 중반이다. 이시기부터 인사 관리가 전문화되고 체계화되기 시작했다. 인사 관리의 이론적 기반과 실천 원칙이 개발되었고, 이는 조직의 인력 관리 방식에 혁신을 가져왔다. 또한, 노동법과 고용 정책이 발전하면서 조직과 노동자 간의 관계에 법적 틀이 마련되었다.

21세기에 접어 들면서 디지털 기술의 발전은 HR 분야에 혁신적인 변화를 가져왔다. 데이터 분석, 인재 관리, 직원 경험, 복지 등에 대한 접근 방식이 혁신되었다. 글로벌화는 다양한 국가와 문화 배경을 가진 직원 관리의 중요성을 증가시켰으며, 조직 문화, 지속 가능성, 다양성 및 포용성에 대한 전략적 접근이 강조되었다. HR이 단순한 관리 기능을 넘어 조직의 전략적 파트너로 인식되기 시작한 것이다.

이처럼, HR의 역사는 산업혁명 시기의 초기 단계에서 시작하여 20세기 초 인사 관리의 도입, 20세기 중반 이후의 전문화와 체계화, 그리고 21세기 디지털 기술과 글로벌화에 따라 혁신적으로 변화했다. HR은 단순한 관리 및 운영적 역할을 넘어 조직의 전략적 결정과 성장에 핵심적인 기여를 하며, 미래에도 이러한 역할은 더욱 강화될 것이다.

2

현재의 HR 변화: 디지털 시대의 적응

디지털 변화는 조직의 인사 전략에 큰 영향을 미치고 있기에 인사 전문가들은 두 가지 주요한 흐름을 강조하고 있다. 단기적인 경제 변동에 대응하는 것과 디지털 변화의 흐름 속에서 인사 관리 전략을 수립하는 것이다. 이 두가지가 상반된 것처럼 보일 수 있지만, 실제로는 서로 상호 보완관계에 있다.

기업은 폭풍의 중심에서도 굳건히 서 있는 나무처럼, 불황에도 불구하고 조직은 장기적인 경쟁력을 확보해야 한다. 이를 위해 인재를 단순한 인력이 아닌 조직의 핵심 자산으로 봐야 한다. 디지털 변화는 이러한 관점 전환에 중요한 역할을 한다.

"변화는 기회의 어머니"라는 말은 디지털 변화의 본질을 잘 담고 있다. 디지털 변화는 인사 전문가들에게 새로운 기회를 제공한다. 디지털 전환을 통해 조직은 더 효율적이고 효과적인 인사 전략을 구축할 수 있다.

예를 들어, 데이터 분석을 통해 조직은 인재의 역량과 잠재력을 더 정확하게 평가하고, 이를 바탕으로 더 개인화된 개발 계획을 제공할 수 있다. 디지털 기술을 이용해 실시간 피드백과 지속적인 학습을 제공함으로써 인재를 더 빠르게 성장시킬 수 있다.

디지털 전환은 또한 인사 전문가들이 더 효율적으로 업무를 수행하도록 돕는다. 인공 지능을 활용한 자동화된 인사 시스템은 인사 전문가들이 인재 개발과 전략적인 인사 관리에 더 많은 시간을 투자할 수 있게 한다.

2024년은 디지털 변화를 수용하고, 이를 통해 조직의 인사 전략을 혁신적으로 만드는데 중점을 둔 해로 볼 수 있다. 이런 변화를 통해 조직은 단기적인 경제 변동에 강하게 대응하고, 장기적인 성장을 위한 견고한 기반을 마련할 수 있다. 디지털 변화를 수용하고 적용함으로써, 조직은 디지털 시대의 HR 적응을 성공적으로 이루고, 이를 통해 조직의 지속 가능한 성장과 발전을 추구할 수 있을 것이다.

3

미래의 HR 대응: 변화와 혁신을 위한 준비

급변하는 디지털 환경에서 인적 자원 관리HR의 역할은 전통적인 틀을 넘어서 조직의 핵심 전략 파트너로 부상하고 있다. 이 변화의 핵심에는 디지털 변혁과 직원 경험의 중요성이 큰 역할을 하기 때문이다.

디지털 변혁의 중심에서 HR은 이제 단순한 인사 업무 수행자의 위치를 넘어서 조직의 디지털 전략을 이해하고 지원에 필요한 인재를 확보하고 키우는 역할이 중요해 졌다. 이러한 변화는 HR의 역량을 새롭게 정의하고, 특히 디지털 기술 및 데이터 분석 역량의 중요성을 강조하고 있다.

직원 경험EX의 중요성도 HR의 변화를 주도하는 주요 요인으로 부상하고 있다. 직원들은 자신들의 조직 내 경험을 높게 평가하고 있으며, 이는 직원들의 성과와 만족도에도 직접적인 영향을 끼친다. HR은 이제 직원들을 고객처럼 대하고, 그들의 필요와 기대를 이해하고 만족시키는데 중점을 두어야 한다. 이 접근 방식은 HR이 제공하는 서비스와 프로그램을 재편성하고, 직원들의 다양성과 포용성을 존중하며 이를 지원하는 방안을 찾는데 집중해야 한다.

국내외 기업들은 이제 대세가 된 글로벌 트렌드에 맞춰 HR의 역할을 재정의하고 있다. 특히 HR Business PartnerHRBP 및 HR People PartnerHRPP의 개념은 HR이 사업 전략에 더 밀접하게 연결되고, 직원들의 성장과 발전을 지원하는데 중점을 둔다. 이러한 역할 분담은 HR이 조직 내에서 더 중요하고 가치 있는 파트너로 인식되게 한다.

이러한 변화는 ESGEnvironmental, Social and Governance 이슈와의 연결성을 강화하고, HR이 조직의 사회적 책임과 지속 가능성 목표 달성에 기여하게 한다. 이는 HR이 단순한 인사 관리자에서 조직의 전략적 파트너로, 그리고 직원과 사회에 대한 책임을 지는 리더로 변화하는 계기를 제공한다.

HR의 미래는 끊임없이 발전하고 성장하고 있다. HR은 기업의 성공과 사회적 책임을 동시에 추구하며, 인간의 가능성을 최대화하는데 중요한 역할을 한다. 기술의 혁신과 인간의 감성이 결합된 HR의 미래는 기업과 사회에게 새로운 기회와 가능성을 제시하며, 우리 모두에게 더 나은 미래를 제시해 줄 것이다.

4

HR 역할의 변화 및 재정립

글로벌 경영 환경과 개별 기업의 환경은 악재와 부정적인 요소가 더욱 심화될 가능성이 높다. 신 냉전, 중국과 러시아, 미국의 패권 전쟁, 우크라이나 전쟁, 인플레이션, 전염병, 자연재해 등으로 인해 세계는 블록화되고, 각자 도생을 위한 이합집산 글로벌 공급망의 변화와 재편을 지속하고 있기 때문이다.

제조업 중심의 대한민국의 상황과 미국 중심의 경제체제 재편으로 인해, 중국과의 수출 수입 의존도가 높은 우리나라의 기업 환경은 블록화된 공급망과 신 냉전 패권 전쟁에 노출되어 있다.

출산율이 0.7명이라는 세계적으로도 유례없는 저출산과 고령화는 한국경제에 저성장 기조에 불을 붙이고 있으며, 정치적인 진보와 보수의 이념적 갈등은 24년의 경영 환경을 더욱 어렵게 만들 것으로 예상된다.

빠르게 변화하는 환경 속에서도 여전히 시대를 거스르는 혁신과 변화의 본질적 요소는 '사람'이다. 변함없는 글로벌 트렌드와 경영의 핵심 키워드 또한 '생존과 혁신'이다. 이제 기업들은 단순히 변화에 적응하는 것을 넘어서, 미래를 선도해야할 부서로 HR의 역할을 그 핵심 부서로 인식하고 있다.

전통적인 HR은 여러 변화를 거치면서도 HRM적 요소인 채용, 배치, 성과관리, 재배치 등과 HRD 중심의 인적 자원 육성, 교육, 경력개발CD, 조직개발OD, 훈련개발TD 등을 중심으로 발전해왔다. 최근의 역사적 사건인 '코로나19' 팬데믹, 기후변화, 자연 재해 등은 자원의 희소성에 대한 가치 재평가를 초래했다. 이로 인해 세계 경제는 퍼펙트 스톰의 상황에 직면하게 되었다.

한국의 경제, 정치, 사회 구조는 이러한 상황에 크게 영향을 받는다. 이로 인해 국내 전 산업군은 위기상황에 대처하기 위해 미리 준비하는 비상식적인 컨틴전시 플랜contingency plan을 가동해야 하며, 이에 따라 HR의 역할과 범위 역시 재정립 해야할 중요한 계기를 맞고 있다. 특히 제조기반 산업의 경우, 현재는 예측이 어려운 시기에 도달했다. 이러한 상황 변화에 따라 HR은 본질적인 대응과 책임에 대해 고민해야할 중요한 시기를 맞이하고 있다.

조직과 사람의 관점에서 접근해 보면, 조직의 경우 현재 구조를 유지할 것인지에 대한 진단이 필요하다. 하지만 매트릭스 조직이나 애드호크러시 조직 구조를 개편한다고 하더라도, 구성원들이 준비가 돼 있지 않다면 부작용이 클 것으로 예상된다. 따라서 조직 구조 개편은 성급히 진행하기보다 전략적 방향성 및 환경 변화에 대응하는 차원에서 필요한 부서부터 우선적으로 유연하게 개선해야 한다.

그럼 왜? HR의 역할과 그 의미가 재해석되고 다시 그 역할을 재 정의하는 기업이 많아졌을까? 위기와 기회의 시대의 냉탕과 온탕을 오가며, 기업의 영속성, 즉 지속성장이 가능하도록 하는 힘을 다르게 재해석하고 정의하고 있는 기업이 늘어났기 때문이다.

단순히 더 싸고 더 이익이 많이 남는 상품 이상의 가치뿐만 아니라, 또 다른 차원의 차별화된 가치를 함께 공유해야만 시장의 변화를 이기는 제품과 기업이 살아남을 수 있기 때문이다. 한 예로 애플의 제품이 스마트폰 중에 최고의 기술, 최고의 사양 제품이 아니지만, 혁신의 아이콘으로, 소위 간지 나는 디자인과 제품 가치 창출의 기막힌 마케팅 전략 그리고 플랫폼 전략을 통한 생태계 조성으로 경기변동 또는 저성장 시대에 시장의 가치를 새롭게 만들고 있기 때문이다.

이러한 변화의 핵심에는 디지털 혁명, 혁신, 디지털 기술 및 데이터 분석 역량, 직원의 변혁적 경험 등이 크게 작용하고 있다. 디지털 변혁의 파도 속에서, HR은 조직의 디지털 전략을 이해하고 이를 지원하는데 필요한 인재를 확보하고 육성하는 역할 수행이 강조되고 있다.

5

HR 역할 재정립과 평가제도 개선

　HR은 단순한 인력 관리에서 벗어나, 조직의 전략적 파트너로서 새로운 역할을 맡게 되었다. 평가제도 역시 이러한 변화의 일환으로 혁신적인 접근 방식을 필요로 한다. HR의 전략적 재정립은 조직의 핵심으로 부상하여, 기업의 성공을 이끄는 중추가 되었다. 구글, 아마존 같은 기업들은 직원의 재능과 역량을 중심으로 한 맞춤형 보상 체계를 도입했다. 이 접근은 재무적 보상을 넘어, 의미 있는 경력 개발 기회와 회사에 대한 깊은 애착, 동기 부여를 가져다주었다.

　평가제도의 혁신은 HR 분야의 주요 도전과제로 자리 잡았다. 기업들은 연간 평가 시스템에서 벗어나, 지속적인 피드백과 개발에 중점을 둔 동적 평가 시스템으로 전환했다. 어도비 사는 연간 성과 평가를 폐지하고, 정기적인 대화와 피드백을 기반으로 한 'Check-In' 시스템을 도입하여 직원들의 만족도와 성과를 크게 향상시켰다. 이 시스템은 직원들에게 실시간으로 피드백을 제공하며, 개인적인 성장과 조직 내 발전을 돕고있다.

　직원 경험의 중요성은 조직의 장기적 성공에 핵심적인 역할을 한다. 실제적으로 살아 있는 경험이 중요한 시대에, HR의 전략적 접근은 직원들에게 긍정적이고 의미 있는 경험을 제공하며, 만족도와 충성도를 높인다. 이는 조직 문화의 긍정적 변화를 가져오고, 조직의 이미지와 경쟁력을 강화할 수 있다.

　HR의 역할 확장은 조직의 지속 가능한 성장을 위한 필수적 요소로 자리잡고 있다. 기업들은 HR의 전략을 통해 재능을 발굴하고, 직원들의 잠재력을 최대한 활용하는 방법을 모색한다. 이는 변화하는 시대속에서 효과적으로 대응하고, 경쟁 우위를 확보하는 데 중요하다.

　결론적으로, HR은 조직과 직원 모두의 성장을 위한 중심축으로 자리매김하고 있다. 스티브 잡스가 말했듯, "혁신은 일종의 리더십이다. 새로운 것을 따라가는 것이 아니라, 미래를 만드는 것이다." HR의 혁신적인 접근은 직원들에게 잊지 못할 긍정적인 경험을 제공하며, 이는 조직의 성공으로 이어진다. HR은 단순한 관리를 넘어서 조직의 미래를 만드는 리더십 역할을 수행해야 한다.

6

디지털 기술의 적극적 수용과 활용

"끊임없이 발전하는 조직은 변화를 두려워하지 않는다. 그들은 변화를 수용하고, 디지털 기술을 통해 가능성의 지평을 넓힌다."

– 샘 알트만(Open AI CEO)

디지털 기술은 이제 단순한 도구를 넘어서 현재 조직이 꿈꾸는 미래를 현실화하는 중요한 열쇠가 되고 있다. 2022년 11월 OpenAI의 ChatGPT 출시 이후, AI 서비스의 수와 범위가 급격히 증가하였다. ChatGPT는 출시 2개월 만에 월 이용자 수 1억 명을 돌파했으며, 이러한 성장은 Microsoft의 Bing, Copilot 뿐만 아니라 Google, Meta, Amazon 등 수많은 기업들이 디지털 기술을 적극적으로 활용하는 현상을 부추겼다.

이러한 발전은 인공지능 기술이 소수의 전문가 영역에서 일반 대중에게 필수적인 기술로 변모하고 있음을 의미한다. 이제 대학생과 직장인들에게 AI는 엑셀이나 파워포인트처럼 일상적인 도구가 되어가고 있으며, 이는 AI에 대한 이해와 활용 능력이 컴퓨터 활용 능력만큼 중요한 역량으로 평가 받는 시대로 나아가고 있음을 보여준다.

AI와 디지털 기술의 빠른 발전은 GPT-4와 같은 고급 모델의 개발과 DALL-E와 같은 이미지 생성 도구의 결합으로 이어졌다. 이러한 기술들은 데이터 분석, 콘텐츠 생성, 프로그래밍 등 다양한 분야에서 활용되며 지속적으로 발전하고 있다. 이러한 기술의 발전은 실제적인 경영 환경에도 자연스럽게 통합되고 있으며, OpenAI의 ChatGPT와 같은 생성형 인공지능의 상업적 성공은 이 분야의 잠재력과 성장 가능성을 분명히 보여주고 있다.

오늘날 기업과 조직들은 디지털 기술을 단순히 '사용하는' 수준을 넘어서, 그것을 '적극적으로 수용하고 활용하는' 단계에 이르렀다. 이 변화는 단지 기술적인 면에서만 중요한 것이 아니다. 그것은 우리의 사고방식, 업무 수행 방식, 그리고 우리가 세상을 바라보는 방식에 깊숙이 영향을 미치고 있다. 디지털 기술과 인공지능의 결합은 전방위적인 사업 분야에 큰 '빅뱅'을 가져오고 있다.

AI와 머신 러닝의 효과적 활용 전략

사티아 나델라_{Microsoft CEO} 회장은 기술의 진정한 목적은 인간의 능력을 확장하는 것임을 강조하고, 샘 알트만_{Open AI CEO}은 AI는 인간의 능력을 확장하는 도구이며, AI를 통해 더 많은 것을 알고 더 잘 할 수 있음 강조했다. 이 두 인물의 발언은 디지털 시대 조직이 직면한 핵심 도전과 그 활용의 본질을 담고 있다.

기술은 단순한 수단이 아니라, 우리의 능력을 확장하고 새로운 가능성을 탐색하는 핵심 요소이다. 현대 기업과 조직들은 디지털 기술을 '사용하는' 것에서 '적극적으로 수용하고 활용하는' 단계로 발전하고 있다. 이 변화는 기술적인 면만이 아니라, 사고방식, 업무 수행 방식, 심지어 세상을 바라보는 방식에까지 영향을 끼친다.

2023년, AI와 머신 러닝은 여러 분야에서 혁신을 주도하고 했다. 구글은 직원들의 만족도와 생산성을 분석하기 위해 AI 기반 시스템을 도입했다. 이 시스템의 개발은 직원들의 피드백과 데이터 과학자, HR 전문가들의 협업을 통해 이루어졌다. 시스템은 직원들의 업무 환경, 팀 상호작용, 일과 삶의 균형 등을 분석했고, 이를 통해 구글은 직원들의 만족도를 측정하고 업무 환경을 개선하는 정책을 수립했다.

IBM은 Watson AI를 활용해 인재 관리와 직원 경력 개발을 지원하는 시스템을 도입했다. 이 시스템은 직원의 역량, 경력 목표, 성과를 포괄적으로 분석하며, 다양한 부서의 리더들과 직원들의 의견이 반영되었다. Watson을 활용한 인사 시스템은 직원들의 잠재력을 발견하고, 적합한 교육 기회를 제공하는 중요한 역할을 하고 있다.

한편, 삼성전자는 AI 기반 업무 효율성 분석 시스템을 도입해 활용하고 있다. 이 시스템은 직원들의 업무 패턴, 작업 시간, 결과물을 분석하며, 직원들의 의견을 적극적으로 반영하여 실제 업무 환경에 잘 적용될 수 있도록 했다. AI 시스템의 도입으로 삼성전자는 직원들의 업무 효율성을 크게 향상시키고, 이는 조직 전반의 생산성 증진과 직원 만족도 개선에 기여하고 있다.

네이버는 직원들의 워라밸을 개선하기 위해 AI 프로그램을 도입했다.

이 프로그램은 업무 부하, 스트레스 수준, 일과 삶의 균형을 분석하는 데 중점을 두었으며, HR부서, 건강 전문가, IT 전문가들의 협력으로 개발되었다. AI 프로그램을 통해 네이버는 직원들의 업무 부담과 스트레스를 정확하게 파악하고, 건강 관리 및 복지 정책을 마련했다. 이러한 AI 프로그램의 도입은 직원들의 워라밸을 개선하고, 직원 만족도를 높이는 데 기여하고 있다.

이 사례들은 AI와 머신 러닝이 조직의 업무 환경과 직원들의 삶에 긍정적인 영향을 미칠 수 있는 방법을 보여준다. AI는 단순히 기술적 도구에 그치지 않고, 사람들의 업무와 삶을 개선하는데 중요한 역할을 할 수 있음을 입증하고 있다.

디지털 클라우딩과 문서 디지털화

우리가 경험하고 있는 이 시대는 디지털 혁신의 변화가 빠르게 진행되는 시기다. 이 변화는 선택의 문제가 아니라 생존의 문제로 다가오고 있고, 각 기업들은 이 변화를 통해 새로운 경쟁력을 구축하고 있다. LG전자, 현대자동차, SK텔레콤 등의 국내 기업들은 이 변화의 중심에 서 있다.

이들 기업이 디지털 클라우딩과 문서 디지털화를 도입하는 과정은 단순한 기술적 변화를 넘어선 것으로 보인다. 업무 방식, 조직 문화, 시장 접근 방식의 재정립과 더불어, 디지털 혁신은 비즈니스의 새로운 언어가 되었고, 이 언어를 통해 기업들은 전 세계 경쟁자들과 소통하며 새로운 기회를 창출하고 있다.

각 기업의 벤치마킹 사례를 통해, 그들이 어떻게 업무를 수행하고, 소통하며, 혁신을 추구하는지를 살펴볼 수 있다. 디지털 시대에 적응하고 성공하는 기업들은 단순히 기술을 사용하는 것을 넘어, 그 기술을 통해 자신들의 비전을 재구성하고 있다. 이 과정에서 기업의 미래와 디지털 혁신이 어떻게 상호작용하는지를 이해할 수 있다.

LG전자는 2023년에 클라우드 기반 협업 도구를 전사적으로 도입하여 기업의 디지털 전환을 가속화했다. 이전까지는 전통적인 이메일 시스템과 내부 네트워크를 통해 국내외 사무실과 제조 공장 간 커뮤니케이션을 진행했으나, 정보 공유의 지연과 협업의 비효율성이 점차 문제가 되었다. 도입 과정은 IT부서의 주도로 이루어졌으며, 새로운 시스템은 클라우드 기반으로 언제 어디서나 문서에 접근하고 공동 작업을 할 수 있도록 설계되었다. 초기 도입 단계에서는 직원들의 교육과 적응에 상당한 시간과 노력이 필요했으며, LG전자는 직원들에게 충분한 교육을 제공하고 사용자 피드백을 바탕으로 시스템을 지속적으로 개선했다.

클라우드 도구의 도입은 놀라운 변화를 가져왔다. 직원들이 물리적 위치에 구애받지 않고 프로젝트에 실시간으로 참여할 수 있게 되었으며, 중요한 파일과 데이터에 즉시 접근할 수 있게 되었다. 이로 인해 팀 간의 커뮤니케이션 효율성이 크게 향상되었고, 제품 개발 주기를 단축하는 중요한 요소가 되었다. 또한, LG전자는 클라우드 기반 도구를 통해 글로벌 시장의 변화에 신속하게 대응할 수 있는 능력을 강화하게 되었다.

현대자동차는 자동차 산업의 경쟁력을 강화하기 위해 디지털 문서 관리 시스템을 철저히 혁신하기로 결정했다. 이전에는 대부분의 문서가 종이 형태로 관리되어 문서 접근성과 정보 공유에 많은 시간이 소요되었다. 새로운 시스템의 도입을 위해 시장 조사와 내부 요구 사항 분석을 철저히 수행했다. 새로운 시스템은 디지털 아카이빙, 고급 검색 기능, 사용자 친화적인 인터페이스를 갖추고 있다. 도입 과정에서는 직원들의 참여와 피드백을 바탕으로 시스템을 맞춤형으로 조정했다.

디지털 문서 관리 시스템의 도입은 업무 프로세스를 크게 개선했다. 문서 검색 시간이 크게 줄어들고, 프로젝트 관리의 효율성이 향상되었다. 또한, 종이 사용량 감소로 지속 가능한 환경 경영에도 기여했다. 현대자동차는 이를 통해 의사결정 과정을 가속화하고, 시장 변화에 민첩하게 대응하게 되었다.

SK텔레콤은 직원들의 지속적인 학습과 개발을 촉진하기 위해 혁신적인 디지털 교육 플랫폼을 구축했다. 이전에는 전통적인 교육 방식에 의존하고 있었지만, 기술의 발전과 직원들의 다양한 학습 요구를 반영하기 위해 변화가 필요했다. 이 플랫폼의 구축은 IT부서와 HR부서의 긴밀한 협력 하에 이루어졌다. 플랫폼은 온라인 학습 콘텐츠, 인터랙티브 학습 도구, 그리고 가상 협업 공간을 제공한다. 직원들은 자신의 시간에 맞춰 학습할 수 있게 되었고, 다양한 온라인 코스와 워크숍에 참여할 수 있게 되었다.

이 디지털 플랫폼은 직원들의 학습 경험을 혁신적으로 변화시켰다. 직원들은 필요한 기술과 지식을 더 쉽게 습득할 수 있게 되었고, 이는 업무 능력 향상과 창의적인 아이디어 생성에 직접적으로 기여했다. SK텔레콤은 이러한 디지털 학습 환경을 통해 직원들의 잠재력을 최대한 발휘할 수 있는 기회를 계속 제공하고 있다는 평가를 받고 있다.

스티브 잡스는 "우리는 점을 연결할 수 없다. 우리는 앞으로 나아가면서만 점을 연결할 수 있다."는 말을 통해 디지털 혁신의 여정을 강조했다. LG전자, 현대자동차, SK텔레콤과 같은 국내 기업들의 이야기를 되돌아보며, 이제 그 '점들'이 어떻게 연결되고 있는지에 대한 관심과 분석이 필요하다.

한 가지 분명한 것은, 각 기업들이 단순히 기술을 도입한 것이 아니라 업무 방식을 혁신하고, 조직 문화를 변화시키며, 새로운 시장 접근법을 개척했다는 것이다. 이것은 기술이 단순한 도구가 아니라, 우리의 생각과 행동을 변화시키는 강력한 매개체임을 보여준다. 이들의 여정은 우리에게 하나의 교훈을 남긴다. 혁신은 우리가 상상하는 미래를 현실로 만드는 힘인 것이다.

HR 레볼루션

제거

'HR 레볼루션: 제거'의 의미는 HR 분야에서 필요 없거나 더 이상 적합하지 않은 관행과 접근 방식을 제거하는 것을 의미한다. 이는 디지털 시대에 맞지 않는 전통적인 HR 관리 방식을 폐기하고, 현대적인 기술과 전략을 도입하여 HR 분야를 혁신하는 것을 포함한다. 이 과정에서 비효율적인 프로세스와 시스템을 제거하고, 더 효과적이고 혁신적인 접근 방식을 도입하여 HR의 역할을 강화하는 것이 핵심이다. - ERiC Story

CHAPTER 3

평가와 채용 레볼루션

박해룡

1

평가 레볼루션: 성과를 내는 도구 활용

우리는 왜 평가를 하는가? 평가의 목적부터 변화가 필요하다. 지금까지의 평가는 '당근과 채찍'을 명확히 하려는 목적이 강했다. 고성과자에게 큰 보상을 주어 동기를 부여하고, 직원 간 경쟁을 유도하려고 했다. 성과에 대한 상벌을 명확히 하여 조직의 목표를 달성할 것이라 믿었다. 그래서 결과 위주의 평가에 초점을 맞추고 보상 차등을 확대하려 했다. 이 모든 것은 성과를 더 크게 내기 위한 방안이었다.

그러나 이런 평가 방식에는 한계가 있다. 성과에 따른 차등 보상이 조직 내부 경쟁을 과도하게 자극했다. 개인이나 부서의 성과 목표를 위해 협업이나 소통을 소홀히 하는 경우도 있었다. 핵심성과지표KPI: key performance indicator를 철저히 관리하려는 노력은 관리비용을 늘리고 있다. 실제 현장에서는 평가의 무용론이 확산되고 있다. 평가를 잘 받기 위한 낮은 목표 설정, 형식적인 성과증빙 문서 준비, 결과 중심의 평가와 서열화로 인한 피로감이 증가하고 있다. 평가 제도가 더 큰 성과를 만들어 내는 역할이 아니라 관리를 위한 도구가 되고 있다는 지적이다.

그래서 평가제도의 변화가 필요하다. 이 변화는 평가제도가 성과를 내도록 돕는 도구enabler로 전환하는 것이다. 이에 우리는 '어떻게 더 큰 성과를 낼 것인가?'라는 질문부터 시작해야 한다.

물론 국내 기업의 평가제도가 조직의 성장에 기여한 것은 분명하다. 조직 내 경쟁을 유도하고, 도전적인 목표를 통해 직무에 몰입하도록 돕고, 성과 중심의 문화를 만들었다. 하지만 각 조직마다 기여 정도가 다르고, 오히려 문제가 되는 경우까지 생기고 있다는 점이다.

그러므로 현재의 평가가 어떤 문제를 가지고 있는지 이해하는 것이 중요하다. 많은 기업에서 '내부 경쟁이 성과를 더 크게 내는가?', '관리 목적의 평가가 바람직한가?'라는 질문과 함께 평가에 대한 성찰이 이루어지고 있다. 성과는 조직 내부의 협업을 통해 더 커질 수 있다는 인식이 확산되고 있다. 협업을 유도하고, 개인과 조직의 역량을 키워 성과를 낼 수 있는 제도가 필요한 것이다.

평가의 목적을 재설정하는 이유는 궁극적으로 기업의 성과를 높이기 위함이다. 분배의 기준을 정하는 것이 궁극적인 목표가 아니다. 즉, 파이를 나눠 먹는 것보다는 키우는 것이 더 중요하다. 이를 위해서는 개인이나 조직의 역량을 키우는 것이 병행되어야 한다.

그렇다면 개인과 조직이 키워야 할 '역량'이란 무엇일까? 좋은 성과를 내기 위해 필요한 요소들인가. 즉, 좋은 성과를 내기 위해서는 일을 하는 데 필요한 지식, 스킬, 그리고 좋은 태도가 필요하다. 직무를 통해 좋은 성과를 내는 데 필요한 지식, 스킬, 태도 등을 총체적으로 역량이라고 할 수 있다.

성과가 좋은 사람들이 공통적으로 갖고 있는 특징을 모아서 정리하는 것을 역량모델링이라고 한다. 예를 들어, 회사의 안전관리자를 생각해 보자. 안전관리를 잘 하기 위해서는 먼저 안전관리 관련 법규를 이해하고, 교육자료를 만들거나 강의를 하는 등의 스킬이 필요하다.

그 외에도 현장에서 안전 감독을 하고 개선 지시를 하는 등의 역량이 필요하다. 이와 같이 안전관리 직무를 수행하기 위해 필요한 지식, 스킬, 태도를 안전관리 직무 수행에 필요한 역량이라고 할 수 있다.

그동안의 평가는 대체로 안전사고율, 재해율 등 안전사고 관련 지표를 중심으로 결과를 평가했다. 안전관리자의 역량보다는 결과 중심으로 평가한 것이다. 결과 중심의 평가도 중요하지만, 안전관리자가 앞으로 더 잘 일하기 위해 필요한 것에 집중하는 것이 평가제도의 개선 방향이 되어야 한다.

평가제도는 직원의 성장growth이 목적이 되어야 한다. 그렇다면, 성장을 돕는 평가는 어떤 형태를 가져야 할까?

먼저, 평가의 주체를 변경해야 한다. 평가에는 평가자와 평가 대상자가 있다. 여기서 평가를 받는 대상을 '피평가자'로 하지 않고 직무를 주도적으로 책임지고 실행하는 '실행자'라고 칭하기로 한다. 지금까지의 평가는 대부분 상사인 평가자 중심으로 이루어졌다. 하지만, 앞으로는 실행자가 평가의 주체가 되어야 한다. 이는 국내 기업들의 평가 제도에서 가장 변화해야 할 부분이다. 실행자가 적극적으로 평가에 참여해야 한다. 이는 평가자의 역할이 중요하지 않다는 의미가 아니다. 오히려, 평가자의 역할은 더욱 중요해진다. 평가를 위한 평가자가 아니라 실행자의 성장을 돕는 '성장 지원자'가 되어야 한다.

그렇다면, 실행자는 어떻게 평가의 주체가 될 수 있을까?

실행자가 적극적으로 참여하는 방법은 여러 가지가 있다. 그 중 시작점은 목표 설정이다. 목표는 대체로 상위 조직에서 내려오는 '톱다운' 방식이 많다. 물론, 조직이 해야 할 과제와 목표는 실행자인 하위 조직으로 전달되어야 한다. 하위 조직은 과제와 목표를 일관성 있게 정렬해야 한다. 그렇게 결정된 과제의 실행 주체는 바로 실행자이다. 실행자는 자신이 수행할 과제를 정확히 이해하고, 그에 따른 목표를 설정할 수 있어야 한다. 또한, 상위 조직의 과제와 목표와 연결할 수 있어야 한다. 이때, 평가자는 실행자의 목표 설정을 돕는 역할을 한다. 상위 조직의 과제와 목표를 설명하고, 연결하는 노력이 필요하다.

'이중 연결고리double looping' 형태를 만들기 위해, 실행자와 평가자 사이에서 '하향식'과 '상향식'의 논의를 반복해야 한다. 이 과정에서 연결고리를 만드는 주체는 실행자가 되어야 하며, 평가자의 지원을 받아야 한다. 목표를 낮게 잡아 좋은 평가를 받기 위한 목표설정이 아니다. 도전적인 목표를 스스로 정하고, 목표를 위해 실행하는 과정에서 성장하며, 결과적으로 좋은 성과를 내고 좋은 평가를 받도록 하는 선순환의 고리를 이어가는 것이다. 평가를 잘 받기 위한 목표나 탑다운으로 떨어진 과제는 실행력이 떨어질 수 있다. 또한 실행자가 주도적으로 설정한 목표가 아닐 경우, 그 결과에 대한 평가는 받아들이기 어렵게 된다.

설정된 목표는 실행 과정 동안 수시로 점검해야 한다. 결과 위주의 평가에 매몰되면 과정이 무시된다. 기존 평가에서는 MBO 방식의 주도적인 관리를 강조하며 목표 설정 후 믿고 맡기는 현상이 강했다. 물론 결과만 챙기고, 결과에 대해 책임을 지게 하여 성과가 나올 것이라고 믿었다.

하지만 이러한 접근이 '성장'에 도움이 되고, 전체의 성과를 더 크게하고, 지속적으로 성과를 낼 수 있을지는 의문이다.

평가자는 실행자를 지원하는 역할을 해야 한다. 실행자에 더 관심을 가져야 한다. 목표 설정 후 1년이 지난 시점에서 결과를 평가하는 것은 평가만을 위한 활동이다. 실행자의 실행 과정에 적극 개입해야 한다. 실행자가 과제의 진척 상황을 점검하고 평가자와 소통할 수 있도록 관여해야 하며, 필요시 목표를 수정할 수 있어야 한다. 목표를 수정하는 것은 평가의 오류를 갖고 오거나, 실행력을 떨어뜨리고 책임감을 덜어준다는 주장도 있다. 이는 평가의 관점에서 생각하기 때문이다. 목표를 수정하는 것은 환경 변화와 리스크를 반영하여 회사의 잠재적 리스크를 줄이는 과정이며, 이 과정을 통해 실행자와 평가자 간의 오해를 줄이고 더 큰 성과를 달성할 수 있다.

평가의 주체는 실행자가 되어야 한다. 실행자의 평가 결과와 평가자의 평가 결과 사이의 차이gap가 없도록 하는 것이 목적이다. 이를 위한 시작점은 실행자가 주체가 되어 자신의 성과를 정확히 기술하는 것이다. 실행자는 성과 결과뿐만 아니라 과정을 정확히 알아야 하며, 자신의 성과가 조직에 어떤 기여를 하는지도 알아야 한다. 자신의 성과가 어떤 의미가 있는지를 인식할 수 있어야 한다. 그래서 실행자는 스스로 평가 등급을 정할 수 있어야 한다. 이를 위해 실행자는 자신의 성과를 객관적으로 판단할 수 있는 자기인식self awareness이 필요하다.

또한 평가자와 실행자는 평가 기준에 대해 사전에 합의해야 한다. 이때의 평가 기준은 상호 합의된 기대 수준expectation level이라 할 수 있다. 실행자는 평가자의 기대수준을 정확히 이해하고, 자신의 성과에 대해 객관적으로 평가할 수 있어야 한다. 자신의 성과를 객관적으로 보는 것이 가장 어렵고, 이로 인해 평가의 문제가 생기지만 결국 해결 방안도 여기서 찾아야 한다. 즉, 평가의 주체가 실행자가 되어야 하고, 실행자는 자신에게 기대하는 수준을 분명히 인식할 수 있어야 한다. 평가자는 실행자에게 기대수준을 명확히 하고, 목표를 함께 달성하도록 돕는 역할자이다. 실행자의 성과는 평가자가 공동책임을 질 수 있는 구조를 만들어야 한다.

평가지표의 개선은 필수

이전 평가지표의 개선은 필수가 되었다. 일반적으로, 평가 지표는 과제 수행 결과를 잘 설명하는 기준으로 설정해야 한다. 그러나 과제 수행 결과에 대한 인식은 실행자와 평가자가 다른 경우가 많다. 이로 인해 평가 결과에 대한 수용성에 큰 차이가 발생하곤한다. 평가지표는 활동량을 나타내는 지표가 아니다. 과제 수행을 통해 이루고자 하는 상태being를 측정하는 지표가 되어야 한다. 즉, 평가 지표는 산출물output이 아닌 성과물outcome을 측정하는 기준이 되어야 한다.

실행자가 분명히 알아야 할 것은 산출물과 성과물의 차이다. 평가자는 성과물을 평가하는 반면, 실행자는 산출물을 기준으로 자평하는 경우가 많다. 예를 들어, 쓰레기 수거하는 환경미화원의 과제와 목표를 생각해보자. 과제는 관할 구역을 청소하는 것으로 목표는 매일 1톤의 쓰레기를 수거하는 것으로 설정했다고 가정해 보자. 이때 미화원은 청소를 부지런히 하여, 쓰레기를 많이 수거하면 좋은 평가를 받을 것으로 생각할 수 있다.

만약 환경미화원이 좋은 평가를 받기 위해 쓰레기 수거량을 늘리는 방안을 생각할 수 있다. 하루에 2회 방문하던 곳을 방문 회수를 줄여 한꺼

번에 많은 양의 쓰레기를 수거하게 되었다. 결국 하루에 1톤 이상을 수거하고, 좋은 평가를 기대할 수 있다. 그런데 쓰레기 수거에 대한 민원이 늘어 나게 된 것이다. 쌓아 둔 쓰레기에서 악취가 나고 주변이 지저분해졌기 때문이다.

이처럼 수거한 쓰레기의 양은 활동의 산출물에 불과하며, 실제 성과물은 '깨끗한 상태'이다. 도시가 청결하며 시민의 만족도가 높은 상태가 진정한 성과이다. 이를 평가하기 위해서는 성과 지표를 산출물 중심이 아닌, 원하는 상태를 측정할 수 있는 방식으로 설정해야 한다. 즉, 지표가 정량적인지 정성적인지가 중요한 것이 아니라, 목표 상태를 측정할 수 있는지가 중요하다. 이를 위해 평가는 활동량 위주의 산출물output이 아니라 상태 위주의 성과물outcome이 되어야 하고, 이를 측정할 수 있는 지표로 개선해야 한다. 이 때 활동량이나 결과물은 정량적 측정이 쉽지만 상태나 성과물에 대한 판단은 정량적으로 측정하기 어려운 경우가 많다. 그래서 고객의 관점 등 다면평가가 중요해지고, 평가자의 종합적 판단이 더욱 중요한 것이다.

평가 프로세스의 다양성 접근

평가 프로세스는 다양하다. 일부 회사에서는 평가자가 사전에 정한 기준 없이 수행자의 성과를 관찰하며, 평가 결과는 비밀로 한다. 다른 회사에서는 목표를 제시하고, 산출물을 기준으로 평가하며, 평가 결과는 인사 결정에 활용한다. 이 두 가지 경우 모두에서 개선의 여지가 있다.

평가 프로세스의 시작은 실행자가 성과 기술서를 작성하는 것이다. 이 과정에서 평가 기간 동안의 성과를 구체적으로 기술해야 하며, 정량적 데이터와 정성적 내용도 포함해야 한다. 성과 리뷰를 통해 평가자는 실행자의 성과를 도와주는 성과코치 역할을 담당하며, 이를 통해 평가가 더욱 정교해진다. 이 과정에서 성장을 위한 코칭이 이루어질 수 있다.

성과 리뷰를 마친 후, 평가 등급에 대해 동의하고 최종 평가를 마무리하면, 그 결과에 대해 피드백하는 시간을 가져야 한다. 이 과정에서 차상위 평가자2차 평가 또는 최종 평가자의 의견을 실행자에게 공유하며, 이에 대한 피드백을 제공한다.

평가 결과에 대한 피드백은 성장의 기회를 제공하지만, 평가 등급에 대해 이견이 생길 수 있다. 이럴 경우, 실행자의 의견을 확인하고, 성과 리뷰를 다시 해야 한다. 평가자는 이 과정에서 자신이 실행자에게 기대하는 수준을 명확히 전달해야 한다. 실행자 중심의 평가제도에서는 최종 평가 결과를 실행자가 확인하게 된다. 이 결과는 평가자와 실행자가 최종 확인한 것이다.

결국, 평가 프로세스에서 실행자가 주도적인 역할을 하는 것이 핵심이다. 성장을 위한 과정이기 때문에, 실행자는 목표 설정에서부터 중간 점검, 평가에 참여해야 하며, 성과 리뷰를 평가자와 함께 하고, 경과와 결과를 공유하며, 피드백 세션을 가지고, 평가자의 기대치를 전달하는 것이 필수적이다.

평가 프로세스에 대한 레볼루션

누가 평가할 것인지, 평가권을 얼마나 부여해야 하는지에 대한 고민은 깊을 수밖에 없다. 평가는 성과를 잘 알고 있는 사람이 해야 한다. 팀장, 본부장 등의 직급에 따라 권한이 일률적으로 부여되는 것이 아니라, 성과를 잘 아는 사람에게 더 많은 권한을 부여해야 한다.

평가권의 분배는 실행자의 성과와 역량을 정확히 알고 있는 사람에게 주어져야 한다. 예를 들어, 어떤 팀원이 다른 프로젝트에 참여하여 팀장이 팀원의 성과를 잘 모른다면, 그 프로젝트를 같이 한 동료나 프로젝트 매니저가 평가하는 것이 바람직하다. 프로젝트에 참여한 팀원들끼리 상호 피드백 세션을 가지고 그 결과를 참조하는 것이 좋다.

평가 등급을 강제로 할당해야 하는지에 대한 고민도 있다. 상대평가와 절대평가 중 어느 것을 해야 할지 결정해야 한다. 평가의 목적이 성장을 위한 과정이라면 절대평가를 해야 한다. 절대평가를 하면 관대화현상이 생길 수 있다. 이를 개선하기 위해 평가의 기준이 되는 수준을 개발해야 하며, 평가자가 기대하는 수준을 사전에 정의하고 공유해야 한다.

조직에 따라 절대평가가 힘들 수 있다. 예를 들어, 공무원 조직은 순환근무를 하고, 성과의 기준이 평가자마다 달라 절대평가가 어려울 수 있다. 하지만 공무원 조직에서도 누가 일을 잘 하고, 누가 태도가 좋은지를 잘 알고 있다. 문제는 평가자가 기대치를 너무 낮추고, 직원들에게 싫은 소리를 듣고 싶지 않아서이다. 평가자가 기대치를 명확히 전달하고, 그 결과를 기반으로 평가해야 한다.

사기업에서도 절대평가에 대한 불만이 많다. 평가는 절대평가를 하지만, 보상은 상대 조정을 하므로 결국 상대평가라는 불만이 있다. 평가는 절대 기준에 따라, 보상은 보상 재원에 따라 결정해야 한다. 팀원의 성장을 돕는 평가는 절대평가가 되어야 한다. 보상 재원이 한정되어 있거나, 절대 평가를 위한 요구 수준이나 평가기준이 개발되지 못하고, 리더의 평가 역량이 미흡하기 때문에 어려운 것이다. 성장과 성과를 위해서 어떤 방안이 좋을지 생각해야 한다.

평가 주기는 어떻게 바꿔야 할까?

평가 주기는 짧을수록 좋다. 이는 환경 변화에 신속히 대응하고 실시간으로 성과를 피드백하고 코칭하는데 효과적이다. 국내 기업에서는 OKRObjective, Key Result를 활용하여 3개월 단위 이하로 성과 리뷰를 하는 것을 권장하고 있다. 그러나 모든 기업이 평가 주기를 짧게 할 필요는 없으며, 6개월 또는 1년 주기로 충분할 수도 있다.

그러나 중요한 점은, 공식적인 평가 주기는 일정 기간을 정해야 하지만 평소 피드백에는 주기가 필요 없다는 것이다. 공식적인 평가 주기나 시점은 회사마다 다르게 적용하는 것이 바람직하다. 많은 직원이 평가 활동에 참여하게 되므로 평가 준비와 활동에 많은 시간이 소요된다. 성과를 내기 위한 활동에 더 많은 시간을 투입해야 한다.

성과 리뷰 프로세스는 주기를 짧게 하는 것이 더 효과적이다. 간단한 업무 성과 리뷰는 매일 또는 매주 실시할 수 있다. 간단한 평가도 이루어질 수 있으며, 피드백도 할 수 있다. 이런 수시 활동의 결과를 시스템에 실시간으로 기록할 수 있다. 퇴근 및 이동 동선이 자동으로 관리되며, 업무 성과물을 시스템에 업로드하고, 평가자의 의견을 모두 기록할 수 있다. 동료나 고객의 피드백도 기록할 수 있다.

평소 기록한 내용을 종합적으로 리뷰하고 코칭하는 시간을 주기적으로 가지되, 일상적인 리뷰와 피드백은 실시간으로 하는 것이 가장 효과적이다. 가능한 한 실시간 피드백 시스템을 구축하는 것이 개선 방향이다. 성과를 기록하는 방법도 중요하다. 구체적인 성과를 숫자로 표현할 수도 있고, 구체적인 행동 사례를 기록하거나 상황과 판단 기준을 기록할 수도 있다. 도움을 준 사례와 도움을 받은 사례를 적을 수도 있다. 성과 기술은 다양한 방법으로 할 수 있다.

물론, 성과를 정량적 숫자로만 기술해야 한다는 의견이 있지만, 측정 가능한 것만이 관리나 개선이 가능한 것은 아니다. 잘못에 대한 판단이 정량적 숫자로 표현하기 어려운 경우가 많다. 따라서 성과는 종합적으로 기술해야 한다.

정량적인 지표와 정성적인 지표를 병행해서 사용해야 하며, 중요한 것은 '성과 기술'이다. 잘한 것, 부족한 것, 개선할 계획을 모두 기록해야 한다. 성과를 정확하게 판단할 수 있도록 성과를 빠짐없이 기록하는 것이 핵심이며, 이를 정량적이나 정성적으로 표현하는 방식에 얽매일 필요는 없다.

평가 방식에 대한 레볼루션

평가 방식에 대한 레볼루션의 키워드는 성장, 셀프, 공개, 기술식, 데이터 기반, 오디션이 될 수 있다. '성장'과 '성과'는 평가의 최종 목표이다.

평가는 성장을 돕는 도구가 되어야 한다. 성장은 궁극적으로 성장을 담보하기 때문이다. 성장과 성과 창출의 주체는 실행자 자신이다. 스스로 목표를 설정하고, 평가하며, 성과를 어필하고, 평가 결과에 동의하여 제출하고, 개선 계획을 수립하는 것을 의미한다. 이를 통해 평가 결과의 수용성을 높일 뿐만 아니라 성과 자체를 크게 이루는 지름길이다. 또한 모든 성과와 과정을 공개하는 것을 지향하며, 이를 통해 평가 과정과 결과를 모두 공개하여 평가 결과의 수용성을 높인다.

'기술식$_{description}$' 평가를 확대하며, 지표$_{KPI}$를 이용한 정량적 평가만이 최선이 아니다. 실행자가 스스로 기술한 내용으로 평가하며, 정량적 기술이 필요하지만 정성적 기술도 중요하다.

'데이터$_{data}$'기반 종합 평가를 하며, 평가자는 평가 의견을 자신있게 공유해야 한다. 평가가 끝난 후에는 우수 평가자에 대한 평가 근거를 제시할 수 있어야 한다. 이를 위해 데이터를 계속 구축해야 하며, 누적된 성과와 행동이 중요합니다. 기록 관리를 하고 AI 분석을 활용한다.

'오디션$_{audition}$'처럼 평가하며, 성과를 공개적으로 심의한다. 부서가 다른 사람도 참여하며, 이를 통해 부서간 소통과 협업을 향상시킨다.

오디션형 평가가 확대되고 있다. 피플세션, 성과심의회, 인사위원회 등과 같이 여러 사람이 참여하여 성과를 심의하는 방식이지만, 대부분 고위직이 참여하여 조정하는 형태이다. 이를 개선하여 활성화해야 한다.

예를 들어, 2개 파트, 7명의 팀원으로 구성된 팀이 있다고 가정해 보자. 공식 조직인 팀으로는 팀장 1명, 비공식 조직인 파트장 2명, 팀원 5명이 있다. 비공식 조직인 파트는 인사 예산권이 분리되어 있지 않지만 일을 하는 과정에서는 구분해서 책임을 진다.

오디션형 평가는 이렇게 진행된다. 모든 팀원은 팀장과 전 팀원이 참석한 자리에서 자신의 성과를 발표한다. 참석한 모든 팀원은 자신을 제외한 다른 팀원에 대해 점수를 부여한다. 팀장도 참여하며, 팀장과 파트장에게는 가중치를 줄 수 있다. 예를 들어, 팀장에게는 3배수, 파트장에게는 1.5배수, 팀원에게는 1배수의 가중치를 부여한다.

팀원 각각이 성과를 발표하고, 참석한 모든 팀원이 오디션 형태로 점수를 부여한다. 또한 성과에 대한 질의응답을 하고 피드백을 할 수 있다. 서로 도와줄 수 있는 부분이나 고려해야 할 사항에 대한 의견을 나눌 수도 있다. 이렇게 진행하면 반나절이면 충분하다.

오디션형 성과 리뷰 과정을 통해 서로를 이해하고 협업을 할 수 있으며, 팀 내에서 다른 사람에게 협조를 받았거나, 협업을 통해 성과를 낸 것을 반드시 포함하도록 하는 등 운영에 따라 그 효과는 매우 크다. 이와같이 언급한 키워드를 지향하는 과정이 레볼루션이다.

결국 평가 레볼루션은 '실행자가 스스로 평가할 수 있는 상태'를 달성하는 수준으로 정의할 수 있다. 실행자가 주도적으로 목표를 세우고 실행하며, 성장을 통해 장기적으로 성과를 내는 주체가 되어야 한다. 평가자는 실행자를 관찰하고, 피드백하여 성과를 내도록 도와주고, 성장을 위해 도와주는 역할을 하는 것이다. 평가자와 피평가자가 아닌 지원자와 실행자가 되어 함께 성과를 만드는 것이다.

2

채용 레볼루션: 현실적인 채용 변화의 대응

국내 기업의 채용은 산업 발전과 함께 변화하고 있다. 80-90년대에는 많은 노동력이 필요했었다. 그때는 일을 잘하는지의 문제보다는 얼마나 많은 사람을 빠르게 동원할 수 있는지가 중요했다. 90년대 말 외환위기를 겪으면서 전문성의 중요성을 깨달았다. 이에 따라 채용에서도 직무분석과 역량 모델링을 통해 직무 적합성을 더욱 검증하게 되었다.

2000년대가 되면서 디지털 기술이 급속히 발전하고, 최근에는 전 산업 분야에서 디지털 변혁이 이루어지며 채용 분야도 디지털 기술 관련 분야에 초점을 맞추고 있다. 채용 방식에도 변화가 있었다. 대량으로 공개채용을 하던 시대에서 직무 분야별 채용으로 바뀌었고, 최근에는 특정 직무 분야를 중심으로 채용이 이루어지고 있다.

기업의 채용에서는 어떤 문제가 있는지, 어떻게 변화해야 하는지에 대한 고민도 점점 깊어지고 있다. 그러나 기업의 규모, 산업, 정체성 등이 다양하기 때문에 일괄적으로 채용제도를 적용하는 것은 어렵다. 예를 들어, '지원자가 없는데 어떤 채용 기법이 필요한가?'라고 말하는 소기업이 있고, 'AI 전문가를 고용하고 싶지만 사람이 없다'라고 말하는 기업도 있다. 또한 한 기업 내에서 채용 대상이 다양하므로, 사무직, 엔지니어, 일반 관리직, 연구직 등을 채용한다는 전제하에 채용 제도 개선 방안을 고민해야 한다.

채용에서 레볼루션revolution이 필요한 부분은 무엇일까? 이 질문에 대한 답을 찾기 위해서는 채용 현황을 파악하고, 그에 따른 해결책을 찾아 나가야 한다.

먼저 채용의 주체가 변해야 한다. 누가 주체가 되어야 할까? 인사팀이 주도적으로 채용을 하는 것이 적절한가? 그것은 아니다. 함께 일할 사람이 채용의 주체가 되어야 한다. 회사가 뽑아 준 사람과 일한다는 생각에서 나는 필요한 사람을 뽑아 성과를 내겠다는 마인드로 바뀌어야 한다. 간단히 말해, 조직의 책임자가 함께 일할 사람을 뽑을 수 있어야 한다. 결국 각 조직 단위에 따라 채용 주체가 정해진다. 대표이사는 임원을 뽑고, 임원은 팀장을 뽑고, 팀장은 팀원을 뽑는 주체가 되어야 한다.

먼저, 최고경영자인 오너나 대표는 리크루터recruiter가 되어야 한다. 그들은 리더십 조직을 구축하고, 필요한 인재를 모집하는 책임이 있다. 임원이나 팀장급 조직을 구축하고, 외부 인재를 모집해야 한다. 다음으로, 임원급 조직책임자도 리크루터가 되어야 한다. 이 계층은 대부분 채용에 소극적인 모습을 보이지만, 각 임원은 자신이 맡은 조직에서 성과를 내기 위해 필요한 핵심 인재를 직접 모집해야 한다.

예를 들어, 연구개발 성과를 책임지는 CTO는 R&D에 필수적인 인재를 모집하는 것이 중요한 역할이다. 성과 단위의 기초가 되는 팀장이나 파트장은 팀원을 모집하는 책임이 있다. 지원자를 검증하고, 경력직을 모집하는 노력이 필요하다. 항상 인재를 모집하여 조직을 강화하겠다는 마음이 중요하다.

회사의 모든 직원이 리크루터라는 마인드를 가지는 것이 중요하다. 물론, 채용 담당자를 전문가로 육성해야 한다. 채용 업무가 전문화되고 있고, 이에 따라 전문가가 필요하다. 채용 담당자는 직원 경험을 중요하게 생각해야 하며, 입사 전부터 좋은 경험을 제공해야 한다. 채용 프로세스를 잘 알고, 회사나 직무에 대한 충분한 이해가 필요하다. 직무 전문가가 채용팀에 필요하며, 직무를 잘 아는 부서가 직접 채용하는 것이 이상적이다.

채용 담당자는 직무 이해뿐만 아니라 디지털 기술도 필요하다. 지원자 모집을 위한 홍보, 회사와 직무 소개 영상 제작, SNS 대응, 메타버스를 통한 가상 회사 운영 등 다양한 스킬이 필요하다. 채용 플랫폼의 운영 시스템을 알아야 하며, 챗봇을 통한 문의 대응과 화상 면접에 필요한 스킬도 갖추어야 한다.

선발 방식에 대한 레볼루션

과거에는 범용형 인재를 대량으로 확보하는 것이 중요했다. 하지만 지금은 즉시 일을 시작할 수 있는 인재가 필요하다. 일을 해 본 경험이 있고, 약간의 가이드만으로도 스스로 일을 처리하고 문제를 해결하며 성과를 내는 사람이 필요하다. 이런 변화에 따라, 선발 방식에도 변화가 필요하다.

직무 역량에 대한 검증이 강화되어야 한다. 직무 적합성Job fitness 관점에서의 판단이 중요하다. 직무 수행에 적합한 스킬과 태도를 검증하며, 직무 수행에 적합한 인성과 타고난 기질이나 적성도 검증해야 한다.

직무 역량은 지식, 스킬, 태도의 세 가지 관점에서 검증해야 한다. 직무 수행에 필요한 지식은 매우 중요하다. 예를 들어, 연구에 필요한 공학 지식, 공정 개선을 위한 자동화 설비 기술, 소송 업무를 위한 법률 지식 등을 이해해야 한다. 지원자의 지식 수준을 파악하는 방법은 다양하다. 필기시험, 구술면접, 분석 발표 등 다양한 형태로도 가능하다.

직무 수행에 필요한 스킬 검증 방법도 개선이 필요하다. 스킬은 직무 수행에 필요한 구체적인 기술과 공통적인 스킬, 두 가지로 구분할 수 있다. 기술적인 요소 외에도 커뮤니케이션, 협상 스킬 등 공통적인 스킬도 필요하다. 스킬을 검증하는 방법은 경험을 묻거나, 관련 기술 요소를 물어보거나, 실행 과정에서 겪은 문제를 묻는 등 간접적으로 검증했다.

직무 수행에 필요한 태도와 기질도 중요하다. 개인의 기질이나 태도는 성과에 큰 영향을 미치며, 기질은 개선하기 어렵다. 이를 검증하기 위해 다양한 도구를 사용하고, 뇌 검사를 하는 것은 참고할 만한 가치가 있다. 지식, 스킬, 태도가 중요하고, 이를 검증하기 위해 다양한 도구를 활용할 수 있지만, 가장 중요한 기준은 바로 "직무"이다. 직무 수행을 통해 성과를 낼 수 있을지 검증하는 방식은 최대한 실제 상황에 맞추는 것이 바람직하다.

실제 상황에 가깝게 직무능력을 검증하는 방법에는 인턴십, 수습기간, 프로젝트 과제 수행 등이 있다. 그러나 고용주가 충분히 검증할 수 있는 도구는 구직자에게 부담을 주기도 한다. 때로는 이것이 인재 채용 경쟁에서 지나치게 고용주에게 유리한 도구로 작용할 수 있다. 따라서 시뮬레이션 도구를 활용하여 이를 보완하는 것이 필요하다. 가장 유사한 상황을 만들어 직접 해보는 것이다. 개발자에게는 코딩 테스트를, 쉐프에게는 요리를 시키는 등의 방법이 있다. 또한 의견 발표를 하거나 토론을 진행할 수도 있다.

직접 테스트나 시뮬레이션이 어려운 경우 상황면접 기법을 활용할 수 있다. 가상의 상황을 제시하고 지원자의 의견을 듣는 것이다. 예를 들어, 품질이 기준에 미달하는데도 상사가 출하를 지시한다면 어떻게 대응할 것인지, 이에 대한 지원자의 의견을 듣는 형태이다. 중요한 것은 채용 방식이 실제 상황에 가까울수록 타당성이 높아지며, 이를 위해 기존의 채용 방식을 개선해야 한다는 것이다.

면접관의 역량 레볼루션

면접관의 역량은 크게 세 가지로 나눌 수 있다. 면접관의 태도, 면접 질문, 그리고 판단 기준이다. 어떤 변화가 면접관의 태도에 필요한지 생각해볼 필요가 있다. 면접관이 지원자를 선택하는 것이 아닌, 지원자가 회사를 선택한다는 관점의 전환부터 시작해야 한다. 이는 당연해 보일 수 있지만, 실제로는 매우 어려운 일이다. 면접관이 지원자를 평가하고 합격 여부를 결정하는 권한을 가지고 있기 때문이다. 하지만 한 번 더 생각해보면, 면접관에게는 우수한 지원자를 채용하는 책임이 있다는 것을 알 수 있다.

내가 좋아하는 지원자는 다른 면접관도 마음에 들어할 가능성이 높으며, 내가 선택한 지원자는 다른 회사에서도 합격할 가능성이 높다는 것을 인지해야 한다. 결국, 지원자가 회사를 선택할 권한이 있으며, 면접은 서로를 평가하는 과정이다.

면접관에게 필요한 태도는 무엇일까? 간단히 말하자면 배려와 존중이다. 면접관이 지원자에게 어떻게 배려하고 존중하는 행동을 할지 고민하고 실천해야 한다.

면접관이 지원자를 배려하고 존중하는 구체적인 방법을 알아보자. 우선, 면접관은 예정된 시간에 면접을 진행하며 지각하지 않아야 한다. 또한 최소 5분 전에 도착해서 지원자를 맞이해야 한다. 면접관은 지원자와 인사를 나누고, 눈을 마주치며, 지원자를 자리로 안내해야 한다. 면접관은 근엄하게 앉아 있기보다는 가능하면 일어나서 인사를 나눠야 한다.

면접 진행 중에는 모든 면접관이 질문에 참여하며, 미소를 지으며 눈을 마주치고, 답변 내용을 경청하며 주요 내용은 메모해야 한다. 답변을 듣고 바로 평가하거나 피드백하지 않으며, 표정이나 행동으로 평가를 드러내지 않아야 한다. 지원자의 답변을 중단시키지 않도록 주의해야 하며, 답변이 길어질 때는 간결하게 대답하도록 요청할 수 있다. 하지만 답변 중에 '그 정도만 하실까요', '됐고요', '다음 질문으로 넘어가죠' 등의 표현으로 중단시키는 것은 피해야 한다. 이외에도 지원자를 배려할 수 있는 다양한 행동을 고민하고 실천해야 한다.

면접관의 질문 레볼루션

면접관은 직무 관련 역량을 확인할 수 있는 명확한 질문을 해야하는 기본이다. 역량과 무관한 질문은 피해야 한다. 질문의 타당성과 신뢰성을 유지하는 것이 중요하다. 지원자의 역량을 검증할 수 있는 구조화된 질문이 좋다. '구조화'는 검증하려는 역량에 대해 초기 질문을 하고, 그 답변에 따른 후속 질문을 하는 것을 말한다. 이는 지원자의 답변에 따른 시나리오별 후속 질문을 할 수 있게 한다. 이것 만으로도 면접관의 질문 레볼루션은 시작된다.

시작 질문은 지원자의 과거 행동 사례를 확인하는 것이 좋다. 과거의 실제 경험에 기반한 판단이 타당성이 높기 때문이다. 따라서 면접은 지원자의 구체적인 행동 사례를 확인하는 과정이어야 한다. 역량을 판단하기 어려운 질문이나 불필요한 질문, 관련 법규를 위반하는 질문은 피해야 한다.

질문의 핵심은 과거 경험을 확인하는 것이다. 이를 BEI_{Behavioral Event Interview} 면접이라고 한다. 예시로, '최근에 스트레스 상황을 극복한 경험이 있습니까?'라는 질문을 시작으로 할 수 있다. 어떤 상황에서 스트레스를 받았는지, 어떻게 해결했는지, 그 결과 현재 상태는 어떤지 물어보는 방식이다. 이런 경험을 통해 깨달은 점이나 변화된 행동까지 확인하는 것이 좋다. 이러한 면접이 현장에서 그대로 반영되고 있어야만 하는 것 그 자체자가 면접관의 질문 레볼루션인 것이다.

면접 질문은 초기 질문과 후속 질문으로 이어지며 과거 경험을 물어보는 형태로 진행되어야 한다. 미래의 상황을 가정해 어떻게 대처할 것인지 묻는 것은 타당성이 낮을 수 있다. 스트레스 상황에서 어떻게 행동했는지와 가정한 스트레스 상황에서 어떻게 행동할 것인지 묻는 것은 매우 다르다.

과거 경험을 물어보면 지원자가 솔직하게 답변할 가능성이 높지만, 미래 계획이나 의지를 묻는 질문은 실제 행동과 다른 답변을 할 가능성이 높다. 면접관은 질문을 개발하고 면접 과정에서 이를 활용해 원하는 인재를 선발하는 책임이 있다. 'BEI-STAR' 기법을 활용해 보라. 즉, 과거 경험을 묻는 질문에서 시작해, 그 때의 상황Situation, 해결해야 할 과제Task, 이를 해결하기 위해 취한 행동Action, 그 결과Result를 확인하는 과정이다.

면접관의 판단 기준도 변화가 필요하다. 기존에는 면접관의 주관적 판단에 의존했다. 이로 인해 면접관의 확증 편향 오류를 방지하기 어려웠다. 확증 편향 오류는 면접관의 신념이나 경험에 의존한 판단으로 발생하는 오류이다. 예를 들어, '영업사원은 술을 잘 마셔야 한다'는 생각에 강한 영업 담당 임원은 술을 못하는 지원자를 불합격시킬 가능성이 높았다. 또한, 답변이 길면 반드시 저평가하는 면접관도 있었다. 간결한 말은 좋지만, 과도하게 짧은 답변도 문제가 될 수 있다. 면접관은 확증 편향 오류에서 벗어나려는 노력을 해야 한다. 면접관의 질문 레볼루션을 시도해 보는 것이다.

채용 프로세스 레볼루션

조직이나 직무별로 인력 보충이 필요할 때마다 채용 프로세스가 변화하고 있다. 필요할 때마다 신속하게 인력을 보충하기 위해 가장 먼저 전문가 그룹을 관리해야 한다. 전문가 그룹은 회사와 제품을 좋아하며 입사를 원하는 사람들의 집단, 즉 '팬덤'이 되어야 한다. 이를 위해 지원자 경험 관리는 필수이다. 입사 전부터 좋은 경험을 제공하기 위해 노력해야 하며, 채용 전형 과정에서의 경험도 중요하다. 특히, 불합격자에 대한 관리에 더욱 신경을 써야 한다. 불합격자의 불쾌한 경험을 최소화해야 한다.

지원자 모집을 위한 홍보 방법도 변화하고 있다. 회사 홈페이지와 취업 포털은 물론, 인스타그램, 페이스북, 카카오톡 등의 SNS를 적극 활용해야 한다. 또한 회사와 직무를 소개하는 동영상을 만들어 공유하거나, 메타버스로 구현할 수도 있다. 직무 전문가들을 통해 블로그나 브런치에 직접 직무 소개 글을 올리는 방법도 좋다.

서류심사 프로세스도 개선이 필요하다. 자기소개서를 작성하는 데 취업 컨설팅 전문가의 도움을 받거나 인공지능을 활용할 수 있기 때문에, 서류심사는 객관적인 정보를 확인하는 용도로 활용해야 한다. 대학, 전공, 학점, 활동 경험, 수상, 어학점수, 국내외 연수, 연구분야, 논문주제 등 모두 확인해야 한다.

인적성검사의 활용도가 감소하고 있고, 면접의 중요성이 다시 증가하고 있다. 이는 인공지능 기반 면접의 타당도가 높아지면서 대체가 가능하기 때문이다. 검사는 지원자가 스스로 체크한 내용을 기반으로 하므로, 한계가 있다. 그러므로 인적성검사 결과는 참고자료로만 활용하되, 대규모 채용에서는 지원자의 기초 능력을 판단하는 잣대로 활용하는 것이 효과적이다.

인공지능의 활용으로 면접에도 혁신이 일어나고 있다. 전문 면접관이 판단하는 기준을 인공지능이 학습해서 판단하게 된다. 데이터량이 많아짐에 따라 타당도가 높아지고 있다. 그러나 기존 면접관이 판단하는 기준 자체가 문제일 때 인공지능의 한계가 존재한다. 이를 위해 빅데이터 분석이 필요하다. 지원자에 대한 분석 데이터, 입사 후 성과와 연계된 데이터, 면접관의 판단 데이터가 모두 필요하다. 이를 통해 지원자의 SNS를 통해 어떤 일에 관심이 있고, 어떤 생각을 갖고 있는지 등을 알 수 있다. 또한, 면접 결과의 누적 관리도 매우 중요하다. 회사의 면접관이 관찰하고 평가한 내용을 빅데이터로 관리하고, 직무 성과와의 연계성을 분석해야 한다.

3
채용 레볼루션을 위한 방법 5가지

방법1. 외부 전문 면접관 활용하기

최근에 정부와 공기업들은 외부 면접관을 활용하고 있다. 공정성 이슈로 인해 외부 전문가를 활용하고 있는 현실이며, 이 과정에서 채용 절차의 공정성이 많이 개선되었다. 부정한 채용청탁이 줄었고, 학연, 지연, 혈연으로 채용하는 현상도 많이 줄었다. 면접 과정부터 부당한 질문과 차별이 줄어들었고, 면접관의 태도도 많이 개선되었다.

또한, 검증의 타당도를 높이기 위해 좋은 질문을 하려고 노력하고 있다. 적합한 인재를 채용했는지에 대한 의문은 여전히 존재하지만, 전문 면접관이 인성 면접을 객관적으로 판단하고 있다. 직무 전문성에 대한 검증은 어렵지만, 이를 위해 직무를 잘 아는 외부 전문가를 섭외하거나 내부 전문가를 육성하는 것이 필요하다.

방법2. 면접 전문가 육성하기

면접은 높은 직급의 사람이 보면 되고, 어렵지 않다는 인식이 있었다. 그러나 면접의 중요성을 알면서도 면접 전문가를 키우지 못했다. 면접 전문가를 육성하는 과정은 리더십 교육과 직결되며, 면접 역량은 단순히 채용을 잘 하는 역량이 아니라 사람을 보는 역량으로 발전하고, 이는 리더십 역량으로 더욱 발전한다. 면접에서 사람을 잘 보는 역량을 가지고 있으면, 조직을 관리할 때 구성원의 말과 행동을 관찰하여 강점과 약점을 파악할 수 있다. 이는 면접 결과에 대해 각자가 판단하는 기준이 다를 때, 서로 조율하는 과정에서 면접관이 성장하게 된다.

방법3. 표준 질문과 평가 잣대 개발하기

각 직무별로 인재를 선발하기 위해 타당도가 높은 질문과 판단 기준을 정리해야 한다. 면접의 핵심은 '질문과 판단'이다. 타당도와 신뢰도가 높은 질문을 개발해야 한다. 타당도가 높은 질문은 그 질문을 통해 역량을 파악하기 좋은 질문이며, 신뢰도가 높은 질문은 누가 판단하더라도 비슷한 결과가 나오는 질문이다.

공통의 표준 질문을 개발해야 하며, 이는 다양한 질문에 대해 비슷한 판단을 할 수 있게 한다. 또한, 모든 지원자에게 공통으로 할 질문, 각 직무별로 해야 할 질문, 학력별로 해야 할 질문, 역할에 따라 달라질 질문 등을 구분할 수 있다. 이를 통해 직무별로 필요한 질문을 개발하고, 역할별로 구분하는 질문을 활용할 수 있다.

방법4. 시뮬레이션 도구 개발하기

인재 검증 기법은 다양하다. 서류심사, 인적성검사, 시험, 면접, 평판조회 등이 있다. 이 중에서 면접은 중요한 도구이다. 면접의 타당성을 높이기 위해 여러 기법을 개발하고 적용하고 있다. 이러한 기법 중에 하나가 시뮬레이션 도구 개발이다.

시뮬레이션 도구는 발표presentation 면접, 토론discussion 면접, 롤플레이Role Play 등과 같은 다양한 형태를 가지고 있다. 발표 면접은 주어진 주제나 과제에 대해 발표하는 형식으로, 내용 이해, 분석 정리, 발표 및 의사소통 스킬 등을 확인한다. 토론 면접은 공동 목표 달성을 위해 협업과 소통을 평가하는 도구로, 참가자의 이해력, 소통력, 협업능력, 문제해결 능력 등을 판단한다. 롤플레이는 실제 상황을 시뮬레이션하여 지원자의 직무 수행 능력을 검증하는 방법이다.

방법5. AI 면접 적극 활용하기

AI 면접의 타당성을 높이기 위해서는 면접 데이터와 입사 후 성과 평가 데이터를 분석하는 것이 중요하다. AI 면접의 한계는 주로 Input data 오류로 발생하므로, AI 면접 결과에 영향을 미치는 대면 면접 결과를 꾸준히 업데이트 하는 것이 필요하다. 입사 후 성과를 분석해 데이터를 입력하는 것도 중요하다. AI 면접은 면접관의 면접 역량 향상에도 도움이 된다.

지원자 풀 관리와 산업계 인재 생태계 구축도 중요하다. 한번 지원한 사람은 우리 사업과 상관성이 높다고 생각할 수 있으므로, 모든 지원자를 인재풀로 관리하는 것이 필요하다. 지원자는 개별 기업의 고객이 될 수 있으며, 신입 사원 지원자는 몇 년 후 경력직으로 입사할 수 있다. 그리고 세계 시장에서 성장하려면 많은 인재가 필요하므로, 산업에 생태계를 만들듯이 Talent Eco-System이 필요하다. 이는 개별 회사가 구축해야 한다.

다양한 기법과 전략이 있을 수 있으며, 기존 방식을 개선하고 새로운 아이디어를 도입하는 데 있어 많은 선택지가 있을 것이다. 그러나 이러한 모든 선택지 중에서 가장 중요한 것은 그것들을 각자의 조직과 문화에 맞게 적절하게 활용하고 적용하는 것이다. 각 조직의 특성과 필요성을 고려하여 효과적인 방법을 선택하고 구현하는 것이 기본적으로 중요하다. 이러한 접근방식이 바로 채용 과정과 인력 관리에 있어서의 혁신, 즉 '채용의 레볼루션'이다.

CHAPTER 4

교육 및 훈련 방식의 변화

조용민

1

기업 교육과 훈련 패러다임의 변화

HR 관점에서 기업의 생존과 성장을 좌우하는 요소를 살펴보면, 매우 다양한 곳에서 발견할 수 있다. 이러한 요소들은 내부적, 외부적, 환경적, 인적인 요소로 분류되며, 사회, 경제, 정치, 종교, 역사, 문화 등 다양한 측면이 기업의 운명에 영향을 끼친다. 그 중에서도 가장 중요한 것은 "사람"이다.

신입사원이나 기존 직원들의 관리와 육성은 기업의 성패를 좌우하는 중요한 과제이다. 기업은 능력과 재능 있는 사람을 선발하여 일을 시키는 것이 좋은지, 아니면 능력과 재능을 키워주어 일을 잘 할 수 있도록 하는 것이 좋은지에 대한 논의가 계속되고 있다. 이는 기업의 규모에 따라 다르며, 대기업과 중소기업에서도 차이가 있다.

대기업들은 능력 있는 사람을 선발하여 일에 투입할 수 있는 자원과 시스템을 가지고 있지만, 중소기업들은 능력 있는 사람을 선발하는 데 한계가 있고, 직원을 육성하여 인재로 키우는 데 상당한 시간과 비용이 필요하다. 이는 중소기업들이 인재 육성에 특히 주의를 기울여야 함을 의미한다.

인재 육성과 관련된 중요한 개념 중 하나는 "교육"과 "훈련"이다. 두 용어는 종종 같은 의미로 사용되지만, 엄밀히 말하면 차이가 있다. 교육은 학습자에게 무엇인가를 알려주는 것으로, 정보 전달과 지식 습득에 중점을 둔다. 반면, 훈련은 교육 받은 것을 반복적으로 학습하여 실제 행동과 습관으로 확고하게 습득하도록 하는 것으로, 연속성의 특징을 가진다.

기업에서 "교육"과 "훈련"은 흔하게 사용되는 용어이며, 이 둘의 목적과 방법은 다르다. 교육은 필요한 기초 지식을 제공하고 이해를 돕는 역할을 하며, 지식의 확장과 이해를 촉진한다. 반면, 훈련은 기존 지식을 바탕으로 실제 업무나 상황에서 적용하고 개발하는 기능을 수행하는 데 필요한 기술과 습관을 강화하고 향상시키는 데 중점을 둔다. 이 둘은 개인 및 조직의 능력을 향상시키고 발전시키는 데 중요한 역할을 한다.

따라서, 기업은 교육과 훈련을 조화롭게 활용하여 직원의 역량을 향상시키고 인재를 육성해야 한다. 이를 통해 기업은 경쟁력을 확보하고 지속적인 성장을 이룰 수 있을 것이다. 교육과 훈련은 인재 육성과 기업 성과 개선의 핵심 도구로서, 이를 통해 기업은 변화하는 환경에 대응하고 발전할 수 있을 것이다.

이와 함께, 교육자료는 큰 변환기를 맞이하게 된다. 종래의 종이 기반 자료에서 디지털 형식으로의 자료 전환으로 정보의 효율적인 관리와 전달을 가능케 했다. 이는 교육 자료의 보관, 업데이트, 개발, 공유 등에 편의성을 제공하여 교육 프로세스를 혁신적으로 발전시켰다. 또한 IT 기술의 도입으로 인한 교육 생산성 향상과 직원들의 교육 활용 능력 향상을 지원하는 계기가 되었다고 볼 수 있다.

2000년대에는, 기업의 교육과 훈련 환경이 디지털 기술 및 인터넷의 급속한 발전으로 큰 변화를 겪었다. 이 시기의 주요 교육 방식은 e러닝과 웹 기반 교육 플랫폼의 확장이었으며, 이는 전통적인 교육 방식을 현대적이고 유연한 형태로 대체하려는 시도였다. 기업들은 직원들에게 더 효과적이고 편리한 학습 경험을 제공하기 위해 노력했다.

e러닝은 전자적으로 제공되는 교육 자료를 활용해, 직원들이 언제 어디서나 학습할 수 있도록 하는 혁신적인 교육 방식으로 등장했다. 이는 공간과 시간에 제약을 받지 않는 학습 기회를 제공하였고, 직원들은 자신의 일정에 맞춰 필요한 정보를 습득할 수 있었다.

웹 기반 교육 플랫폼의 확장은 온라인 교육을 강화하는 계기가 되었다. 이러한 플랫폼을 통해 기업은 전 세계 어디에서나 업데이트 된 교육 콘텐츠를 실시간으로 제공할 수 있었다. 직원들은 각자의 위치에서 편리하게 접근하여 학습할 수 있었으며, 이는 교육의 일관성과 효율성을 향상시켰다.

스마트폰과 인터넷의 활용은 이러한 교육 방식을 더욱 강조하였다. 스마트폰의 보급과 함께, 모바일 학습이 강조되었고, 직원들은 언제 어디서나 휴대폰을 통해 교육 콘텐츠에 쉽게 접근할 수 있었다. 이는 학습의 유연성을 극대화하고, 직원들의 개인적인 학습 환경을 고려한 맞춤형 교육 경험을 가능케 하였다.

2010년대에는, 기업의 교육과 훈련 방식이 새로운 학습 패러다임에 맞춰 진화하면서 참여형 교육과 마이크로러닝이 주목받았다.

참여형 교육은 직원들이 학습에 적극적으로 참여하는 방식을 강조한다. 토론, 그룹 활동, 프로젝트 등을 통해 직원들은 자신의 의견을 나누고, 실제 경험을 통해 학습할 수 있었다. 이는 상호작용적이고 사회적인 학습 환경을 조성하여, 직원 간 협력과 의사소통 능력을 향상시키는 것을 목표로 하였다.

마이크로러닝은 짧은 시간 동안 특정 주제나 기술을 학습하는 방식으로, 긴 교육 세션 대신 짧은 학습 모듈을 통해 필요한 정보를 빠르게 습득할 수 있게 하여 학습의 효율성을 극대화했다. 직원들은 자신의 일정에 맞춰 짧은 시간 동안 몰입해서 학습할 수 있었고, 이는 업무와 교육의 효율성을 동시에 높이는 결과를 가져왔다.

참여형 교육과 마이크로러닝은 기업의 학습 문화를 혁신하며, 직원들의 학습 의욕과 역량 개발에 기여했다고 볼 수 있다. 이러한 방식은 기업들이 끊임없이 변화하는 업무 환경에 대응하고자 하는 노력의 일환으로, 현대적인 교육 방식의 모델이 되었다고 필자는 생각한다.

2020년대, 코로나의 영향으로 기업들은 혁신적인 기술을 도입하고 새로운 학습 환경을 구축하는 데 집중하고 있으며, 교육과 훈련은 더욱 다양한 형태로 발전했다. 교육 방식에서 혼합형 교육과 가상 현실VR 교육의 확대가 예상되며, 이는 재택근무 및 비대면 업무가 일반화됨에 따라 기업들이 직원에게 보다 효과적이고 맞춤형 학습 경험을 제공하기 위한 노력을 반영하는 것이다.

혼합형 교육은 전통적인 강의와 온라인 학습을 결합한 방식으로, 유연성과 편의성을 동시에 제공한다. 직원들은 일정에 맞춰 온라인 강의를 듣고, 필요한 경우 실제 교실에서 진행되는 세션에 참여하여 다양한 학습 경험을 얻을 수 있다. 이 방식은 다양한 자원과 방법을 활용할 수 있는 기회를 제공하면서 교육 효과를 극대화하는 목적을 달성했다.

가상 현실VR 교육은 현실감 있는 시뮬레이션을 통해 학습자들이 실제 상황을 체험하는 방식이다. 제조업이나 의료 분야에서는 가상 현실을 이용해 실제 작업 환경이나 병원 상황을 모델링하고, 이를 통해 안전한 환경에서 실전과 유사한 상황에서의 훈련을 받을 수 있다.

인터랙티브 교육도 강조된다. 학습자들은 수업에 직접 참여하고 토론하여 지식을 습득하며, 자신의 의견과 아이디어를 나눌 수 있는 환경이 조성되고 있다. 이는 지식 전달보다는 학습자들이 학습 과정에 직접 참여하여 깊이 이해하고 기억하는 효과를 가져온다.

데이터 분석과 인공지능AI 활용도 주요 특징이다. 학습 데이터를 수집하고 분석하여 학습자의 진행 상황과 성과를 측정하고, 이를 바탕으로 맞춤형 피드백을 제공하는 시스템이 구축되고 있다. AI는 학습 경로를 예측하고 최적화하여, 각 학습자에게 최적의 학습 경험을 제공하는 데 도움을 준다.

마지막으로, 맞춤형 학습 경향이 강조되었다. 직원들의 성향, 수준, 역량에 맞춰 개별적인 학습 경로를 제공하여 효과적인 학습을 도모하고자 했다. 이를 통해 개성 있는 직원들은 학습에 더욱 적극적으로 참여하고, 자신의 역량을 개발할 수 있도록 하는데 집중했다.

2

전통적인 기업 교육 및 훈련 방식

기업에서의 교육과 훈련은, 직원의 역량과 업무 성과를 향상시키는 핵심 활동 중 하나이다. 이러한 과정들은 다양한 형태와 목적을 가지며, 주요 프로그램은 다음과 같다.

- 신입사원 입문 교육: 새로 입사한 직원을 조직의 문화, 가치관, 정책, 및 업무 프로세스에 익숙하게 하는 교육 프로그램이다.
- 기술 향상 교육: 직원들에게 특정 기술, 소프트웨어, 하드웨어 사용 및 업무 도구 활용에 대한 교육을 제공하여 업무 수행 능력을 향상시키는 프로그램이다.
- 제품 및 서비스 교육: 제품 또는 서비스에 대한 이해를 높이고 고객에게 효과적으로 설명하기 위해 엔지니어들에게 제공하는 교육 프로그램이다.
- 리더십 개발 교육: (예비)리더나 (예비)관리자들에게 리더십 역량을 향상시키는 훈련을 제공하여 조직 내에서 효과적인 리더 역할을 수행할 수 있게 하는 프로그램이다.

- 역량 개발 교육: 직원들에게 직무에 맞는 역량과 기술을 개발하고 성장 시키는 프로그램으로, 업무 역량과 전문성을 향상시키는 프로그램이다.
- 5대 법정의무 교육: 법에 따라 기업에서 필수적으로 받아야 하는 5가지 의 무교육을 일컫는 용어로, 산업안전보건교육, 직장 내 성희롱 예방교육, 개 인정보보호교육, 직장 내 장애인 인식개선 교육, 퇴직연금교육 등이 해당 된다. 이러한 교육은 관련 법령에 따라 대상기업이 교육 미실시에 따른 과 태료나 과징금 등의 벌칙을 받을 수 있다.

과거의 전통적인 교육 및 훈련 방식은 다음과 같은 몇 가지 특징으로 요약할 수 있다.

- 강의 중심 교육: 과거 교육은 내부 또는 외부 강사를 중심으로 진행됐다. 내부 강사는 사내 업무 지식과 경험을 통해 교육 내용을 전달했고, 학습 자는 이를 수동적으로 수용했다. 전문성이 필요한 부분은 외부 강사를 초 청해 진행했다. 이는 객관적이고 시대에 맞는 교육을 실시하기 위한 방법 이었다.
- 사내 교육과 오프라인 교육: 교육은 주로 회사의 교육실이나 회의실에서 오프라인으로 이루어졌다. 이에 따라 교육 인원, 비용, 시간 및 장소에 제 약이 있었다. 대면하지 않는 교육의 효과는 보장할 수 없었으며, 대면 교 육이 가장 효율적이라고 여겨졌다. 집단 중심의 사회 특성 때문에 이런 방 식의 교육이 가능했다.
- 기존의 지식과 스킬 강조: 교육은 기존의 지식과 업무 스킬을 중심으로 실 시됐으며, 조직이나 산업에서 필수적으로 요구되는 내용에 초점을 맞추었 다. 사내 강사 육성으로 이러한 필수 교육들은 체계적으로 사내 지식으로

쌓였고, 이는 LMSLearning Management System의 기반을 마련했다.

- 일반적인 교육: 교육은 조직 내 모든 직원을 대상으로 동일한 내용으로 진행됐다. 이는 직무나 역할과는 무관하게 계층별로 실시됐으며, 조직의 수직계열 문화로 인해 필연적으로 나타났다. 직급에 따른 역할과 행동이 강조되어 진급자 대상 교육으로 발전했다.

- 입사 초기 교육 중심: 기업은 신입 직원에게 기업 문화와 정신교육을 제공하는데 중점을 뒀다. 직원들은 입사 후 제한된 기간 동안 교육을 받았으며, 이 교육을 통해 기업의 일원으로서 일체감과 동질감을 심어주었다.

- 제약적 교육 체계: 교육은 규정적이고 제한적인 절차와 일정에 따라 진행되었다. 직원들은 조직의 요구에 따라 교육을 받아야 했다. 외환위기나 금융 위기 시에는 기업 생존을 위한 TF팀을 구성하고, 워크샵 형태로 교육을 진행했다.

- 테스트 및 평가: 교육 후에는 테스트와 평가를 통해 학습 성과를 측정하고 결과를 문서화했다. 이 교육 결과는 KPI의 교육 점수에 반영되었고, 인사 고과의 일부로 활용되었다.

이런 교육과 훈련 방식들은 과거의 산업 환경과 조직 문화를 반영하며, 직원들의 필수 업무 기술 습득을 지향했다. 그러나 현대의 경제 환경과 조직의 요구에 대응하기 위해 더 다양하고 전문적인 교육과 훈련 방식이 필요했다.

3

현대 기업 교육 및 훈련 방식

과거에 비해 현대 기업의 교육 방식은 각 개인의 다양성과 개성을 더욱 중시하며, 지속적이고 연속적인 교육을 제공하는 것이 필요하다. 사회의 발전 속도가 급격히 빨라지고 고도화되며 전문화되면서, 학습은 일회성이 아닌 연속적인 과정으로 개인과 조직의 역량을 지속적으로 발전시켜야 한다.

최근 기업들은 평생 학습을 강조하며, 직원들이 변화하는 시장 환경에 성공적으로 적응하고 능동적으로 발전할 수 있도록 지원한다. 이러한 평생 학습 개념은 다음과 같은 방식으로 실현된다.

첫째, 온라인 학습 플랫폼을 적극적으로 활용한다. 모바일 학습 앱, 온라인 강의 플랫폼, 기업 내 교육 포털 등을 이용하여 직원들이 언제 어디서나 학습할 수 있도록 지원한다. 동영상 강의, 인터랙티브 콘텐츠, 토론 혹은 퀴즈 등 다양한 학습 도구를 활용하여 적극적이고 흥미로운 학습 경험을 제공한다.

둘째, 개인화된 학습 경험을 제공한다. 기업은 직원들의 역량 수준, 학습 성향, 직무 요구사항 등을 고려하여 맞춤형 학습 로드맵을 제공한다. AI와 빅데이터 기술을 활용하여 학습 데이터를 분석하고, 효과적인 학습을 위해 맞춤형 교육 콘텐츠를 추천한다.

셋째, 현실적인 시뮬레이션과 가상 현실 기술을 활용한 교육을 강화한다. 업무 상황을 반영한 시뮬레이션을 통해 직원들은 실제 업무에서 경험할 수 있는 상황을 체험할 수 있다. 가상 현실을 통해 현실적이고 몰입감 있는 학습이 가능하며, 특히 실제 상황에서의 의사 결정과 역량 향상에 효과적이다.

넷째, 소셜 러닝과 협업을 강조하는 플랫폼을 도입한다. 직원들 간의 지식 공유, 토론, 팀 프로젝트 등을 통해 상호작용과 협업을 진행한다. 온라인 커뮤니티나 그룹 학습 플랫폼을 구축하여 직원들이 서로의 경험을 나누고 함께 학습하는 문화를 만든다.

다섯째, 교육에 대한 인센티브와 인식을 강화한다. 성과에 따른 인센티브나 학습 과정에서의 성취를 인식하는 시스템을 도입하여, 직원들의 학습 의욕을 높이고 지속적인 학습 문화를 조성하는데 도움이 된다.

기업에서 디지털 교육이 중요한 전략으로 부상하고 있다. 온라인 교육, 모바일 학습 플랫폼, 비디오 콘텐츠, ChatGPT 등의 디지털 기술을 활용하여 직원들의 학습 경험을 혁신적으로 발전시킬 수 있다.

온라인 교육 플랫폼은 언제 어디서나 학습 가능한 환경을 제공하며, 모바일 학습 플랫폼의 도입으로 학습의 이동성이 강화되었다. 이를 통해 직원들은 스마트폰이나 태블릿을 이용해 학습 콘텐츠에 간편하게 접근하며 학습 진행 상황을 확인할 수 있다.

비디오 콘텐츠를 통해 시각적이고 생동감 있는 학습 경험을 제공하고, 인터랙티브한 콘텐츠를 도입하여 학습의 참여성을 높인다. 게임 기반 학습, 토론 플랫폼 등을 활용하여 학습자들이 적극적으로 참여하고 의견을 나눌 수 있게 한다.

현대 기업에서는 맞춤형 교육이 핵심 전략으로 부각되고 있으며, 현대적 교육 플랫폼을 활용하여 이를 효과적으로 수립하고 진행할 수 있다. 데이터 기반의 개인화된 학습 경험을 제공하면서, 교육 플랫폼은 학습자의 진단 결과, 성과, 선호도, 학습 경로 등 다양한 데이터를 수집하고 분석하여 학습자의 강점과 약점, 선호하는 학습 방식 등을 파악하고 개인에게 맞춤형 교육 계획을 수립할 수 있다.

개인 학습 로드맵에는 다양한 학습 콘텐츠와 방법을 포함시키며, 플랫폼은 다양한 형태의 콘텐츠를 제공하고, 학습자의 수준에 맞는 적절한 자료를 선택하여, 학습자들 간의 소통과 협업을 강화한다.

맞춤형 교육은 개인의 역량 강화와 동시에, 팀 프로젝트, 토론 그룹, 소셜 러닝 등을 통해 직원들 간의 협력과 지식 공유를 가능하게 한다. 교육 플랫폼은 학습자의 진척 상황을 실시간으로 추적하고, 성취한 내용에 대한 피드백을 즉시 제공하여 학습자가 자신의 성과를 파악하고 개선할 수 있게 발전하고 있다.

직원들의 업무 역량 향상과 지원

기업 현장에서는 이론과 실무를 결합하여 직원들의 업무 역량 향상과 적응을 돕는다. 가상 현실VR과 증강 현실AR을 이용한 실무 시뮬레이션을 통해 현장 경험을 제공하며, 교육 플랫폼은 VR 및 AR로 현실적인 작업 환경을 모방하고, 실무 상황에서의 의사결정과 문제 해결 연습을 가능하게 한다.

온라인 실습 플랫폼을 통해 실무 경험을 강화한다. 실제 업무에 가까운 과제를 제공하고, 학습자들이 실제 업무 환경에서 경험할 수 있는 도전 과제를 해결하며 경험을 쌓는다. OJT현장 교육는 업무 프로세스에 대한 실무적 이해를 강화하며, 교육 플랫폼은 업무 프로세스를 시각적으로 설명하고, 학습자들은 실제 업무 상황에서 발생할 수 있는 다양한 상황을 가정하여 문제 해결과 의사 결정 연습을 할 수 있다.

실무 중심 교육은 직원들의 지식 공유와 협업을 강화시켜준다. 교육 플랫폼은 학습자들의 토론 그룹, 프로젝트 협업, 지식 공유 플랫폼을 제공하여 실무 경험을 공유하고 함께 성장하는 기회를 제공한다. 현장 중심 교육은 지속적인 피드백과 성과 측정을 통해 학습자의 성장을 지원하며, 학습자의 업무 역량 향상을 정량적으로 측정하고, 개별적인 피드백을 제공하여 지속적인 개선을 돕는다.

협업 교육을 통해 협력과 참여를 촉진하며 조직의 창의성과 문제 해결 능력을 향상시킵니다. 그룹 학습과 토론을 통해 협력적인 학습 환경을 조성하고, 실시간 협업 도구를 활용하여 그룹 프로젝트를 효과적으로 관리한다. 문제 해결 중심의 시나리오 기반 학습을 도입하고, VR과 AR 기술을 활용한 협업 시뮬레이션을 제공한다. 또한, 학습자들의 경험 공유를 촉진하고 적극적인 참여를 유도하는 기능을 제공한다.

4

효과적인 협업도구 활용과 팀 성과 극대화

협업 도구는 그룹 프로젝트와 협업 활동을 효율적으로 관리하고 지원하는 다양한 소프트웨어와 플랫폼을 포함하는 광범위한 범주를 의미한다. 이러한 다양한 협업 도구들은 각각 이들 소프트웨어와 플랫폼이 담당하는 특정 기능이나 목적에 초점을 맞추고 있다. 이러한 기능들은 그룹 프로젝트의 관리, 팀원들 사이의 커뮤니케이션 향상, 작업의 효율성 및 생산성 향상 등을 목표로 한다.

기업에서 활용되는 주요 협업 도구는 그 특징에 따라 다양하게 활용되고 있다. 이들 각각의 도구는 협업 활동을 지원하는 다양한 방식을 제공하며, 이를 통해 팀의 생산성과 효율성을 향상시키는 데 크게 기여한다.

- Slack은 실시간 메시징 및 채팅 플랫폼으로, 팀 간의 신속한 소통을 지원한다. 채널별로 구성되어 프로젝트나 주제에 따라 다양한 대화가 가능하며, 파일 공유와 통합된 알림 기능을 통해 효율적인 소통 환경을 제공한다.
- Microsoft Teams는 마이크로소프트에서 개발한 협업 및 비즈니스 통합

플랫폼으로, 채팅, 온라인 미팅, 파일 공유, 협업 문서 작성 등 다양한 기능을 통해 팀의 협업을 강화한다. Microsoft 365와 연동하여 업무의 효율성을 높일 수 있다.

- Trello는 칸반 보드 방식을 사용한 프로젝트 관리 도구로, 할 일 목록, 진행 중인 작업, 완료된 작업 등을 시각적으로 표현하여 팀원 간의 업무 현황을 쉽게 파악할 수 있다. 이를 통해 팀의 생산성을 높일 수 있다.

- Asana는 프로젝트 및 작업 관리를 위한 플랫폼으로, 할 일 목록, 프로젝트 로드맵, 작업 상태 추적 등을 지원하여 팀원 간의 협업을 간편하게 할 수 있도록 설계되었다. 이를 통해 프로젝트의 진행 상황을 쉽게 확인하고 관리할 수 있다.

- Google Workspace구 G Suite는 구글의 클라우드 기반 협업 도구 세트로, Gmail, Google Docs, Google Sheets, Google Slides 등을 포함하고 있다. 실시간 공동 작업 및 문서 공유가 가능하며, 비즈니스 이메일과 캘린더 기능도 제공하여 업무의 효율성을 높여준다.

- Zoom은 온라인 비디오 회의 및 웨비나 플랫폼으로, 화상 회의, 화면 공유, 채팅 기능을 제공하여 원격으로 작업하는 팀원 간의 소통과 협업을 지원합니다. 이를 통해 원격으로도 효과적인 회의를 진행할 수 있다.

- Jira는 소프트웨어 개발 및 프로젝트 관리를 위한 도구로, 이슈 트래킹, 프로젝트 관리, 팀 협업 등에 특화되어 있다. 애자일 및 스크럼 개발 방법론을 지원하여 프로젝트의 진행 상황을 체계적으로 관리할 수 있다.

- Notion은 다목적 협업 도구로, 노트 작성, 프로젝트 관리, 데이터베이스 생성, 협업 문서 작성 등 다양한 기능을 하나의 플랫폼에서 통합적으로 제공한다. 이를 통해 업무의 복잡성을 줄이고 효율성을 높일 수 있다.

- Monday.com은 시각적이고 직관적인 인터페이스를 가진 프로젝트 관리 도구로, 작업 일정, 업무 상태, 팀원 간의 협업 등을 시각적으로 관리할 수 있다. 이를 통해 프로젝트의 전반적인 관리가 용이해진다.
- Airtable은 스프레드시트 형태로 구성된 협업 도구로, 데이터베이스 및 프로젝트 관리를 위한 유연한 작업 환경을 제공한다. 이를 통해 팀원 간의 협업을 간편하게 할 수 있다.

이러한 도구들은 각자의 강점과 특징을 가지고 있으므로, 팀의 목적과 업무 환경에 따라 적합한 도구를 선택할 수 있다. 협업 도구를 효과적으로 활용하면, 팀 간의 소통 및 협업을 강화하고 프로젝트를 효율적으로 관리할 수 있다.

미래의 기업 교육과 훈련에는 변화가 불가피하며, 이러한 변화를 예측하고 대비하는 것이 중요하다. 이러한 변화에 대비하기 위해 필요한 전략을 수립하고 이를 실현하기 위한 시간 투자는 기업의 성장을 위해 필수적인 요소이다.

기술의 발전으로 인한 인공 지능의 활용과 자동화는 교육에 큰 영향을 미칠 것으로 예상되며, 이를 통해 개인화된 학습 콘텐츠와 학습자의 역량 진단의 방식의 적용은 중요하다. 이런 변화를 미리 예측하고 대비하여, 효과적인 교육 플랫폼을 구축하는 것이 필요하며, 이는 기업의 경쟁력을 높이는 데에 크게 기여할 것이다.

미래 교육은 단순한 지식 전달을 넘어서 디지털 역량, 문제 해결 능력, 창의성, 커뮤니케이션 스킬 등의 역량 강화에 초점을 맞추고 있다. 이런 변화에 맞춰 다양한 컨텐츠를 개발하고, 역량 중심의 교육 방향을 설정하는 것이 필요하다. 이를 통해 학습자는 더욱 고도화된 역량을 갖출 수 있게 된다.

특히, 경영진 및 리더십 교육에서는 혁신적이고 변화에 능동적인 리더십이 급변하는 환경에서 기업의 경쟁력을 유지하고 성장하는 데 필수적이다. 이를 위해 리더십 개발에 주력하며, 혁신적인 리더십 스킬을 갖춘 리더를 양성하는 교육 프로그램에 투자하는 것이 필요하다. 이렇게 양성된 리더들은 기업의 성장을 이끌어 나가는 핵심 인적 자원이 될 것이다.

현대 기업 교육 및 훈련 플랫폼은 온라인 접근성, 다양한 콘텐츠, 맞춤형 학습 경험, 상호작용과 협업, 모바일 및 다중 기기 호환성, 데이터 분석 및 인텔리전트 기반, 사용자 피드백, 보안 등을 고려하여 설계되고 운영되어야 한다. 그러나 가장 중요한 것은 "사람"이 중심이 되어 스스로 노력하지 않으면, 아무리 훌륭한 시스템이라도 그 효과를 누리지 못할 것이다. 이를 잊지 않고 학습자의 자기 주도적인 학습 의지와 노력을 유도하는 교육 시스템을 만들고 활용하는 것이 중요하다. 이렇게 되면 학습자는 시스템을 통해 최대한의 학습 효과를 얻을 수 있을 것이다.

CHAPTER 5

낡은 조직 문화의 변화

신유환

현대 비즈니스 환경은 급격한 글로벌 경쟁과 지속적인 기술 혁신에 노출되어 있다. 이러한 동적인 환경에서 기업과 조직은 민첩성을 발휘할 수 있는 조직문화를 가지고 있어야 한다. 다양한 세대의 직원들이 한 조직에서 협업하는 환경에서, 조직 문화는 각 세대별 문화적 다양성을 존중하고 통합하는 중요한 역할을 한다.

급변하는 시장 환경에서 조직은 유연하고 개방적인 문화를 통해 신속한 의사 결정과 효율적인 업무 수행을 실현할 수 있다. 개방적인 문화는 직원들이 새로운 아이디어를 제시하고 혁신을 추진할 수 있는 환경을 조성하며, 이는 조직이 끊임없이 발전하고 사업 경쟁력을 유지하는 데 기여한다. 유연하고 개방적인 문화는 직원들의 참여를 유도하고 팀 간 협력을 강화하여 조직의 목표를 달성하는 데 도움을 준다.

최근에는 디지털 기술을 활용하여 HR의 운영 프로세스와 작업 방식을 획기적으로 개선하는 HR DT Digital Transformation 활동이 확산하고 있다. 디지털화와 원격 근무의 증가 추세로 인해 유연한 조직문화는 더욱 중요해졌다. 조직문화는 이러한 환경에서 원활한 협업과 소통을 지원해야 한다. 특히 현대 비즈니스는 고객의 요구사항이 빠르게 변화하는 환경에 직면하고 있다. 유연하고 개방적인 문화는 고객 중심성을 강화하고 새로운 시장 기회에 대응할 수 있는 민첩성을 제공한다.

환경 문제와 사회적 책임의 중요성이 강조되는 현대 사회에서, 조직 문화는 지속 가능한 경영을 실현해야 하고, 사회적 가치 창출에 기여해야 한다. 현대 비즈니스 환경에서 조직 문화의 중요성은 단순히 내부적인 문화만이 아니라 외부적인 환경과의 상호작용을 통해 더욱 강조되고 있다. 조직은 이러한 동적인 환경에 대응하면서 유연하고 개방적인 문화를 구축함으로써 비즈니스 성과를 향상시키고 지속적인 성장을 이룰 수 있다.

1

새로운 조직문화 구축을 향한 도전

기존 조직문화는 강력한 위계 구조로 의사결정의 중앙집중화를 유발하며, 결과적으로 조직 전반에 미치는 영향이 상당히 느리게 나타난다. 구성원들이 창의적 의견을 표현하고 새로운 아이디어를 제시하기 어렵고, 직원들 간의 참여를 막는 경향이 있다. 하위 구성원들은 의견을 주장하기보다는 상급자의 결정을 따르는 것에 초점을 맞춘다.

또한 시장의 빠른 변화에 효과적으로 대응하기 어렵게 만든다. 급변하는 환경에서는 조직이 민첩하게 행동할 수 있는 능력이 필수적이다. 느린 피드백은 고객의 변화하는 요구사항을 충족시키기 어렵게 만든다. 고객 중심성을 강조하는 현대 비즈니스에서 이는 심각한 문제로 작용할 수 있다.

기존 조직문화에서는 각 부서 간의 소통이 미흡하고 정보가 효과적으로 전달되지 않는 경우가 많다. 이로 인해 정보의 차단과 중복된 작업이 발생할 수 있다. 상급자에서 하위 직원으로의 소통 시 역행적인 소통 구조가 형성될 가능성이 높다. 하향식 소통은 직원들의 참여와 창의성을 억누를 수 있다. 새로운 아이디어를 제시하기 어렵고, 실패 리스크에 대한 인정이 낮은 경우가 많다. 이는 직원들의 창의성과 혁신적 사고를 억누를 수 있다. 또한 안전한 업무 수행이 우선시되는 경향이 있어, 혁신적인 프로젝트나 실험에 대한 지원이 충분히 이루어지지 않을 수 있다. 기존 조직문화의 이러한 문제점들은 조직이 변화의 필요성을 인지하고, 유연하고 개방적인 새로운 문화를 구축함으로써 극복될 수 있다.

조직의 중심을 이루고 있는 MZ세대는 기존의 세대에 비해 유연성과 워라밸Work-Life Balance에 큰 중요성을 둔다. 그러나 전통적인 한국 기업의 조직문화는 종종 업무 중심적이고 엄격한 근무시간을 요구하는 경향이 있어, MZ세대에게 부담이 될 수 있다. 이로 인해 높은 퇴직률이나 불만족이 발생할 수 있다.

MZ세대는 개인의 의견이 존중되고, 참여할 수 있는 기회를 가지는 것을 선호한다. 그러나 기존의 상하위 구조와 명확한 권한 분배 중심인 한국 기업에서는 의견 제시 및 참여의 기회가 부족할 수 있다. 소통의 부재는 창의성과 혁신을 저해하며, 조직 내에서의 효율성을 감소시킬 수 있다. 또한 MZ세대는 다양성과 포용성에 높은 가치를 둔다. 그러나 한국 기업에서는 여전히 성별, 연령, 출신지 등에 따른 차별이 존재하는 경우가 있다. 이로 인해 다양한 배경을 가진 인재들이 조직에서 차별을 느끼게 되고, 이는 창의성과 혁신을 억누르는 결과로 이어질 수 있다.

이러한 문제점을 해결하기 위해서는 조직 문화의 근본적인 변화가 필요하며, MZ세대의 가치관을 존중하고 수용하는 것이 중요하다. 개인의 참여를 장려하고 다양성을 존중하는 조직문화로의 전환은 장기적으로 기업의 성공과 지속 가능한 발전에 기여할 수 있다.

2

유연성과 개방성 중심의 조직문화 구축

조직문화는 조직경쟁력의 원천이며, 이를 통해 인간의 본질적 역량을 확보하고, 이 역량들이 시스템, 프로세스, 업무도구 등을 개선하여 상호 시너지를 만들어낸다. 이렇게 조직의 경쟁력이 강화되면, 조직과 구성원의 사고방식이 변화하고, 지속 가능하며 차별화된 사업경쟁력을 확보할 수 있다. 이 같은 조직문화적 변화는 고객이 인식하는 기업 브랜드와 잘 맞아떨어져, 고객의 신뢰를 강화하고 독보적인 기업 브랜드로서의 경쟁력을 확보하게 된다.

조직문화는 구성원들이 업무를 수행하는 과정에서 서로 영향을 주고받으며 형성된다. 특히 리더는 업무 일상을 공유하며 직원들에게 큰 영향력을 미치는 동시에, 권한과 책임을 갖고 업무적 영향력을 행사하는 위치에 있으므로, 조직 변화는 리더가 주도할 때 가장 효과적으로 이루어질 수 있다.

유연성과 개방성 중심의 비전 제시

기업은 미래의 불확실성에 대응하면서도 조직의 지속 가능성을 확보하려 노력한다. 비즈니스 목표를 재정의하여 시장을 선도하고 변화에 대응하는 데 초점을 맞춘다. 특히, 유연성과 개방성이라는 핵심가치를 강조하여, 조직 전반에 이를 심어 문화적 변화를 이끌어낸다. 이러한 가치 활동을 통해 직원들이 새로운 아이디어를 제시하고 실험할 수 있는 환경을 제공한다.

유연하고 개방적인 조직은 시장의 동향을 신속히 파악하고, 이에 대응할 수 있는 능력을 갖추게 된다. 이는 경쟁 우위를 확보하고 새로운 기회를 발견하는 데 도움이 된다. 개방적인 문화는 직원들이 의견을 나누고 참여할 수 있는 환경을 조성하며, 창의성이 존중되고 촉진되는 조직은 새로운 솔루션과 혁신을 쉽게 발굴할 수 있다.

또한 유연하고 개방적인 문화는 고객과의 긴밀한 관계를 강조한다. 고객의 요구사항을 신속하게 수용하고, 그에 맞춰 제품 및 서비스를 개선하는 것이 중요하다.

변화 주도와 문화 창조의 리더십

변화를 주도하는 리더십은 조직의 새로운 비전과 목표를 수립하는 데서 시작된다. 이는 조직 구성원들에게 변화의 방향을 제공하고, 명확한 목표를 설정하는 데 도움이 된다. 리더는 변화의 중요성을 강조하고, 그로 인한 긍정적인 영향을 지속적으로 전달한다. 통찰력 있는 리더십은 변화의 이유와 필요성을 명확하게 전달하여 조직 내 갈등을 해소한다.

리더는 변화를 효과적으로 관리하기 위한 전략을 수립해야 한다. 이는 변화의 단계를 정의하고, 리스크를 최소화하며, 구성원들이 적극적으로 참여할 수 있는 환경을 조성하는 데 중점을 둔다. 또한 다양한 의견을 수렴하는 방법을 적극적으로 도입하여, 조직 구성원들이 자유롭게 의견을 나누고 존중 받을 수 있는 환경을 조성하는 데 기여한다.

개방적인 리더십은 의사결정 구조를 상향식으로 바꿔 팀원들이 의사결정에 적극적으로 참여하고, 창의적인 아이디어를 나눌 수 있는 기회를 확대한다. 의사결정 프로세스를 투명하게 제공하고, 구성원들이 언제든지 의사결정에 대한 정보에 접근할 수 있는 기회를 제공하여 투명성을 강조한다.

특히 HR 팀은 변화의 주도자로서, 기존 체계를 혁신하여 새로운 가치와 문화를 조직에 주입한다. 적극적으로 변화를 수용하고 촉진하는 역할을 수행한다. 유연성과 개방성이라는 새로운 문화를 조직에 뿌리내리는데 중요한 역할을 한다. 이는 조직 내 분위기와 직원들의 사고방식에 대한 변화를 촉진한다. 비전은 미래의 도전에 대응하고 지속적인 성장을 이루기 위해 유연성과 개방성에 대한 새로운 길을 제시한다. 이를 통해 조직에 변화의 파도를 더욱 효과적으로 일으키고, 새로운 비즈니스 환경에서 성공적으로 진화할 수 있다.

새로운 문화를 구축하기 위한 전략수립을 통해 조직의 가치, 행동기준 및 기대치를 새롭게 명시하여 조직 구성원들이 변화를 수용하고 적극적으로 참여할 수 있도록 돕는다. 문화의 변화를 이해하고 받아들일 수 있도록 조직 구성원들에게 교육과 훈련을 제공한다. 이는 새로운 가치와 행동 양식을 습득하고 적용할 수 있는 능력을 향상시킨다.

리더십은 개인적인 행동과 모범 사례를 통해 변화를 촉진한다. 리더가 변화에 적극적으로 참여하고 모범이 되면, 조직 구성원들은 새로운 문화를 받아들이기에 기꺼이 협력할 것이다. 리더의 역할은 변화의 주도와 문화 창조를 통해 조직을 새로운 방향으로 이끄는 것이다. 효과적인 리더십은 조직 구성원들에게 변화에 대한 신뢰와 자신감을 부여하며, 새로운 조직문화의 정착을 지원한다.

참여적 의사결정과 소통 강화

참여적 의사결정은 조직 구성원들의 다양한 의견을 수렴하는 기회를 제공하며, 다양성을 존중하고 창의성을 촉진한다. 의사결정에 직원들이 참여하면 조직에 대한 소속감이 높아지고, 자신의 의견이 존중 받는다는 인식이 강화된다. 이로 인해 조직 내 직원 만족도가 향상되고 구성원 간의 신뢰가 강화된다.

현재 기업 내 소통은 디지털 플랫폼을 통해 이루어지며, 조직은 온라인 플랫폼이나 소셜 미디어를 활용하여 구성원들 간 의사소통을 촉진하고 정보를 공유한다. 주기적인 회의와 워크숍을 통해 조직 구성원들은 의견을 나누고 토론하는 기회를 얻게 되며, 이는 문제 해결과 의사결정에 참여하고 소통의 활성화를 도모한다.

조직은 정보의 투명성을 유지하여 구성원들에게 조직의 현황, 목표 및 의사결정에 대한 정보를 효과적으로 전달한다. 투명한 정보 공유는 소통의 장벽을 낮추고 신뢰를 높인다.

소통 기술을 향상시키기 위한 교육을 통해 효과적인 소통 기술 역량을 향상함으로써 갈등 해결과 의사결정에 도움을 준다. 갈등은 피할 수 없는 현상이지만 갈등 해결 능력을 강화하기 위한 교육을 지속적으로 제공해야 한다. 구성원 간의 소통 스타일의 일치를 위한 교육은 조직 내 소통의 일관성을 유지하는 데 도움이 된다. 일관된 소통은 업무상 혼란을 방지하고 커뮤니케이션의 효율성을 향상시킨다.

결국 참여적 의사결정과 소통 강화는 조직 내 투명하고 협력적인 분위기를 조성하여 직원들의 업무 참여와 창의성을 극대화한다.

직원 참여와 역량 개발의 촉진

프로젝트 팀을 구성함으로써 직원들에게 의사결정에 참여할 기회를 제공하고, 각 팀원은 자신의 강점을 발휘하고 의견을 제시하여 팀의 성과에 기여한다. 조직은 의견 수렴을 촉진하기 위해 효과적인 피드백 메커니즘을 도입한다. 참여적 의사결정 과정에서 합의를 이끌어내는 것이 중요하며, 직원들의 의견을 존중하고 조화를 이루며, 결정에 대한 공감대를 형성하는 데 집중한다.

맞춤형 교육 계획을 수립하여 각 직원의 역량과 성장을 지원하며, 멘토링 프로그램을 통해 직원들이 더 경험 많은 동료나 상급자로부터 지도를 받을 수 있는 기회를 제공한다. 교육은 실무 프로젝트에 적용되어 직원들은 실제 업무 상황에서 활용도가 높은 역량을 개발한다.

조직은 직원 참여와 역량 개발의 성과를 측정할 수 있는 명확한 성과 지표를 설정하고, 이는 프로젝트 성과, 역량 향상 정도 및 직원 만족도 등을 종합적으로 고려한다. 성과 지표에 기반하여 직원들에게 정기적인 피드백을 제공하고, 우수한 성과를 보인 직원들은 적절한 보상과 인정을 받아 자신감과 동기부여를 할 수 있다.

직원 참여와 역량 개발의 촉진은 조직 내에서 지속적인 성장과 혁신을 이루기 위한 기반을 마련하고, 참여적 의사결정과 역량 개발은 직원들의 자부심과 전문성을 향상시키며, 조직이 동적인 환경에서 더욱 안정감을 준다.

조직 문화 확장을 위한 다양성과 포용성 강화

조직은 다양성 인식 캠페인을 정기적으로 개최하며, 이를 통해 직원들에게 다양성의 중요성을 강조한다. 이는 인종, 성별, 성적 지향성 등 다양한 요인에 대한 이해를 높이고 차별을 예방하는 데 도움이 된다. 다양성과 관련된 교육 프로그램을 직원들에게 제공하여, 편견과 선입견을 극복하고 조직 내에서 포용적인 분위기를 조성한다. 또한 상호 문화간 소통, 다양성 관리 기술, 효과적인 팀 협력 방법 등을 학습하여 조직의 다양성을 최대한 활용하도록 지원한다.

조직은 포용성을 강조하는 정책을 명확히 수립해야 한다. 이에는 차별 금지 정책, 다양한 출퇴근 시간 제공, 유연한 근무 환경 제공 등을 포함함으로써 모든 직원이 포용적으로 일할 수 있는 환경을 제공한다. 인사 평가 과정에서는 다양성을 고려하면서, 모든 직원에게 공평한 성과평가 및 승진기회를 제공한다. 다양성과 관련된 의사결정에 직원들을 적극적으로 참여시켜, 조직 내 다양한 관점을 수렴하고 이를 전략 수립과 실행에 활용한다.

리더십 교육은 조직 구성원의 다양성에 대해 포용적 리더십을 발휘할 수 있도록 지원한다. 이를 통해 리더는 팀의 성과를 향상시키는 관리 방법을 학습하고, 팀원들을 효과적으로 이끌며 다양성을 조직의 경쟁력으로 활용할 수 있다.

리더는 개별적인 차이를 존중하고 다양한 리더십 스타일을 이해하고 적용하는 방법을 학습한다. 이를 통해 팀원과의 상호작용에서 효과적이고 포용적인 리더십을 구축하게 된다. 포용성은 조직의 미래를 위한 핵심 요소이며, 다양성과 포용성을 강화하면 조직 내 협력과 창의성이 높아지고, 조직 문화가 더욱 풍부하고 개방적으로 변화된다.

유연한 업무 환경 개선 및 디지털 전환

고성능의 원격 회의 시설을 구축하여 지역 및 국제 간 회의를 효율적으로 진행할 수 있게 한다. 이는 원격 근무 환경에서의 더욱 효과적인 소통을 가능케 한다. 특히 보안이 중요한 산업에서는 안전한 원격 근무를 위한 데이터 액세스를 보장하는 시스템을 도입하고, VPN가상 사설망 및 다중 인증 시스템 등을 통해 보안 수준을 높인다. 직원들에게 텔레커뮤팅 및 원격 근무 도구의 사용 방법과 효과적인 원격 근무 전략에 대한 교육 프로그램을 제공하여, 새로운 업무 환경에서의 효율적인 작업을 돕는다.

조직은 직원들에게 유연한 근무 시간을 허용하는 정책을 도입하고, 직원들이 자신의 생활 패턴에 맞춰 일할 수 있도록 하며, 이러한 정책은 업무와 생활의 균형을 유지하는 데 도움이 된다. 원격 근무를 허용하고, 교통 혼잡 문제를 완화하고, 다양한 지역의 인재를 유치하는 데 도움이 된다. 유연한 근무 시간과 원격 근무를 결합한 하이브리드 원격 근무 모델을 도입함으로써 직원들에게 업무 유연성을 제공하면서도 팀 협업을 유지할 수 있는 방안을 제시한다.

조직은 성과 중심의 평가 시스템을 도입하여 직원들의 성과를 객관적으로 측정하고 보상하는 방식을 개선하고, 근무 시간보다 성과에 중점을 두는 문화를 조성한다. 조직은 문화적 변화를 지원하기 위한 교육과 훈련 프로그램을 제공하고, 이는 직원들이 유연한 업무 환경에 대한 이해를 높이고, 변화에 대한 긍정적인 태도를 형성하는 데 도움이 된다. 유연한 업무 환경을 조성하기 위한 시설과 정책 개선은 조직의 생산성과 직원 만족도를 향상시키는 중요한 단계이다. 이는 민첩성을 강화하고 현대적인 업무 환경에 대한 조직의 대응력을 향상시키는데 기여한다.

"디지털 전환Digital Transformation"은 기업이나 조직이 디지털 기술을 효과적으로 도입하여 비즈니스 모델, 프로세스, 고객 경험 등을 혁신하는 과정을 의미한다. 이는 전통적인 비즈니스 방식에서 현대적이고 효율적인 디지털 방식으로의 전환을 의미하며, 이는 조직의 경쟁력을 강화하고 지속 가능성을 확보하는 데 도움이 된다. 디지털 전환은 다양한 측면에서 발생할 수 있다.

디지털 기술을 활용하여 기존의 비즈니스 모델을 혁신하거나 새로운 비즈니스 모델을 창출한다. 업무 프로세스에서 수동적이거나 반복적인 작업들을 자동화하고, 데이터 분석 등을 통해 프로세스를 최적화하여 효율성을 높이고, 이를 통해 생산성이 향상되고 비용이 절감될 수 있다. 고객과의 상호작용에서 디지털 기술을 적극적으로 활용하여 개선된 경험을 제공한다. 빅데이터 및 데이터 분석기술을 활용하여 조직 내부 및 외부의 다양한 데이터를 수집하고 분석함으로써 의사 결정에 기여하고, 그러한 통찰력은 전략 수립 및 실행에 도움이 된다.

협업 도구와 플랫폼을 통해 조직 내부의 소통과 협업을 강화하고, 원격 작업 환경을 지원하여 팀 간의 유연한 협업이 가능하도록 한다. 디지털 전환은 동시에 사이버 보안과 규정 준수에 대한 중요성을 강조한다.

기존의 위협에 대응하고 데이터 보안을 강화하는 것이 중요하며, 새로운 규제에 대한 준수도 고려되어야 한다. 디지털 전환은 기업의 성과와 경쟁력에 큰 영향을 미치며, 신속한 기술의 발전과 시장 변화에 대응하기 위해서는 필수적인 전략이 되어가고 있다.

유연하고 개방적인 조직 문화의 실현과 유지

조직 내 리더십 발휘는 유연하고 개방적인 문화를 실현하고 유지하기 위해 지속적으로 커뮤니케이션을 강화하며, 직원들과의 열린 대화를 통해 문화적 가치와 목표에 대한 공감대를 형성한다. 개방적이고 유연한 행동을 모델로 삼아 직원들이 벤치마킹하도록 함으로써 조직문화의 변화를 이룰 수 있다. 또한 직원들로부터 피드백을 수렴하고, 조직의 문화와 정책에 대한 지속인 개선 프로세스를 구축한다.

유연한 근무 시간과 업무 공간을 제공하는 정책은 실제 업무 상황에서 적용이 가능해야 하며, 직원들에게는 유연한 근무 환경에서의 효과적인 작업 방법과 관련한 교육과 필요한 자원을 제공한다. 이는 유연성을 최대한 활용할 수 있는 능력을 키우는 데 도움이 된다. 그러나 개방적이고 유연한 문화의 실현은 시간이 소요되는 과정이므로, 이러한 문화적 전환이 지속적으로 이루어질 수 있도록 필요한 시간과 노력을 투자한다.

유연하고 개방적인 문화를 유지하려면 새로운 아이디어와 도전을 적극적으로 수용하는 분위기여야 한다. 조직은 유연성과 개방성을 유지하면서 지속적으로 향상시키는 방안을 모색한다. 정기적인 조직문화 평가와 피드백을 통해 개선점을 파악하고, 적절한 조치를 취해 지속가능한 조직문화 향상을 도모한다.

조직이 변화하는 환경에 빠르게 적응할 수 있도록 문화적 적응성을 발전시킨다. 이는 새로운 도전에 대응하고 변화에 대한 긍정적인 태도를 조성하는 데 기여한다. 유연하고 개방적인 조직 문화의 실현과 유지는 지속적인 노력과 리더십의 역할이 중요하다. 이 과정은 조직의 성공과 직원의 만족도를 높이며, 민첩성을 통한 지속 가능한 경영을 가능케 한다.

3

MZ세대와 함께 성장하는
리더십 구축과 실행

21세기의 조직 환경은 과거와 비교하면 상당히 진화했다. 이러한 변화를 이해하고 효과적으로 대응하기 위해서는 새로운 리더십 모델이 필요하며, 그 필요성이 점차 강조되고 있다. 특히, MZ세대가 실무의 중심인 조직 환경에서 어떤 리더십 스타일을 필요로 하는지를 새롭게 이해해야 한다.

MZ세대는 기존의 리더십에 대한 관점과는 근본적으로 다른 가치관과 특성을 가지고 있다. 디지털 기술의 진보와 함께 성장한 이들은 변화에 적응력이 있으며, 창의적이고 다양성을 존중하는 문화를 선호한다. 개인주의적인 성향이 강하고 공정성을 중시하는 이들에게는 기존의 리더십 모델이 그들의 특성과 요구를 충족시키지 못할 수 있다.

MZ세대를 위한 현대적 리더십 프로그램의 필요성과 구축 방안에 대해 좀더 깊이 있게 다루고자 한다. 이들이 추구하는 가치, 선호하는 소통 방식, 그리고 어떤 리더십 스타일에 영감을 받는지를 살펴보고, 이를 기반으로 혁신적이고 효과적인 리더십 프로그램을 개발하는 방향을 모색해야 한다.

MZ세대의 특성과 가치관

MZ세대는 디지털 시대의 대표적인 세대로, 그들은 디지털 기술과 인터넷의 발전을 경험하며 자랐다. 이들은 새로운 기술 도구와 플랫폼을 빠르게 익히며, 정보에 쉽게 접근하고 소통에 능숙하다. MZ세대는 다양성을 존중하고 포괄성을 강조하는 가치관을 가지고 있다. 이들에게 다양성은 인종, 성별, 출신지 등의 차이뿐 아니라 아이디어와 경험의 다양성까지 포함한다. 그들은 협력과 팀워크를 통해 창의적이고 혁신적인 아이디어를 만들어 내는 것을 선호하며, 이는 조직 내에서 다양성과 포용성을 중요시하는 리더십 스타일을 요구한다. 리더십 프로그램에서는 MZ세대의 특성과 가치관을 고려하여, 디지털 기술을 활용하고 다양성을 존중하며 포괄성을 촉진하는 방법을 탐구해야 한다. 이를 통해 조직 내에서 협력과 창의성을 촉진하고, 미래의 도전에 대응할 수 있는 기반을 마련할 수 있을 것이다.

디지털 소통의 중요성

MZ세대는 디지털 환경에서 성장한 만큼, 디지털 소통에 능숙하며 이를 중요시 한다. 그들은 실시간 소통을 선호하며, 다양한 디지털 플랫폼과 소셜 미디어를 통해 정보를 공유하고 소통한다. 이는 기존의 비즈니스 환경이 경험하지 못한 새로운 소통 패러다임을 필요로 한다.

MZ세대와 효과적으로 소통하기 위해서는 그들이 선호하는 채널과 방식을 이해하고 적극적으로 활용해야 한다. 비즈니스 채팅 애플리케이션, 소셜 미디어 플랫폼, 화상회의 등을 활용하여 조직 내외에서 원활한 의사소통을 도모해야 한다. 또한, MZ세대의 창의적이고 신속한 의사결정을 지원하기 위해 디지털 소통 도구를 적극적으로 활용하는 방법을 교육해야 한다. 이를 통해 리더들은 조직 내 효율적인 소통을 향상시키고 MZ세대와 원활하게 소통하며 팀의 협업과 업무 효율성을 높일 수 있는 전략을 채택할 수 있을 것이다.

유연성과 혁신을 중시하는 리더십

MZ세대는 빠르게 변화하는 환경에 유연하게 대응하는 능력을 중요시한다. 그들은 전통적인 계획과 제어 중심의 접근보다는 실험과 조정을 통한 학습을 선호한다. 따라서 리더십 프로그램은 변화에 민첩하게 대응하고, 조직 내에서 실험을 통한 혁신을 장려하는 방식으로 설계되어야 한다.

MZ세대의 유연성을 고려한 리더십은 계층적이고 엄격한 규제보다는 팀원들과의 적극적인 소통을 강조하며, 의사결정에 있어 다양한 의견을 수렴하는 문화를 조성해야 한다. 프로그램은 실패를 허용하고 그로부터 학습하도록 독려하여, 팀원들이 새로운 아이디어에 적극적으로 참여하고 혁신을 주도할 수 있도록 지원해야 한다.

팀 문화의 혁신 조성

MZ세대는 새로운 아이디어와 기술을 통한 혁신을 중요하게 생각한다.

따라서 리더십 프로그램은 창의성을 촉진하고, 팀 내에서 다양한 배경과 전문성을 존중하는 문화를 만들어야 한다. 프로그램은 팀원 간의 협력을 강조하고, 각자의 강점을 최대한 발휘할 수 있는 기회를 제공해야 한다.

리더십은 이제 단순한 명령과 통제의 체계가 아니라, 팀원들과의 긴밀한 협력과 개인의 창의성을 향상시키는 형태로 변화해야 한다. 이는 조직 전체의 유연성과 혁신성을 향상시키고, MZ세대를 비롯한 다양한 세대의 팀원들과의 긍정적인 상호작용을 가능하게 할 것이다.

효과적인 교육과 훈련 방안

현대적인 리더십 프로그램은 MZ세대의 발전과 성장을 촉진하기 위해 다양한 학습 경로를 제공해야 한다. 프로그램은 MZ세대의 학습 스타일에 부합하는 체계적이고 유연한 교육과정을 제공해야 한다. 온라인 학습 자료, 인터랙티브한 워크숍, 그리고 가상 현장 체험 등을 통해 다양한 학습 경험을 제공하고, 이들이 적극적으로 참여하고 학습을 확장할 수 있도록 지원해야 한다.

MZ세대는 개별적이고 맞춤형 학습을 선호하므로, 개인의 강점과 약점을 반영하여 이를 고려한 훈련을 제공해야 한다. 이를 통해 개개인의 리더십 능력을 향상시키는 데 보다 효과적인 결과를 얻을 수 있다.

개인의 성장을 지원하기 위해 MZ세대를 위한 맞춤형 멘토링 시스템을 구축해야 한다. 이는 경험 많은 리더로부터의 지속적인 피드백을 통해 MZ세대가 자신의 리더십 스타일을 발전시키고, 조직 내에서 더욱 효과적으로 참여할 수 있도록 돕는다. 멘토링은 양방향으로 이루어져야 하며, 혁신적인 아이디어와 시각을 받아들이는 문화를 만들어야 한다. 이러한 요소들을 조화롭게 결합하여, MZ세대의 리더십 능력을 향상시키고, 조직 전체의 성과에 긍정적인 영향을 미칠 수 있는 효과적인 도구로 활용되어야 한다.

실용적인 리더십 프로그램 개발 가이드라인

MZ세대는 실시간 소통을 중요시하므로, 비즈니스 채팅 앱을 통해 신속하고 효율적으로 응답하는 것이 중요하다. 오프라인 소통의 한계를 극복하고 팀 간 원활한 소통을 유지하기 위해 가상 회의 도구를 활용한다.

팀원들이 다양한 경험을 공유하고, 서로를 더 잘 이해하게 하는 팀 빌딩 활동을 도입하고, 다양한 의견을 수렴하여 포용적인 의사결정 문화를 조성해야 한다. 실제 업무에 적용 가능한 프로젝트를 통한 학습과 경험이 풍부한 리더가 제공하는 맞춤형 멘토링 프로그램을 통해 리더십 역량을 향상시킨다.

유연한 근무 모델을 도입하여 팀원들이 워라밸과 균형 잡힌 일상을 유지하도록 돕고, 아이디어를 공유할 수 있는 디지털 플랫폼을 개선한다. 이를 통해 조직 내 혁신을 촉진하고, 주기적인 피드백과 함께 실시간 피드백을 제공하여 개선 기회를 제공한다. 조직 내의 다양한 시각을 반영하는 360도 피드백 시스템을 도입하여 전체적인 성장을 도모한다.

이러한 전략들을 통해 조직은 미래의 리더를 위한 프로그램을 효과적으로 구축하고, MZ세대와의 긍정적인 상호작용을 촉진할 수 있다. 지속적인 평가와 수정을 통해 프로그램을 최적화하고 발전시키는 것이 중요하다.

MZ세대 리더십의 미래 전망

미래의 도전에 대응하고, 지속적인 성장을 위한 새로운 기회를 창출하는 과정에서 MZ세대를 위한 현대적 리더십 프로그램의 도입은 중요한 첫걸음이다. 이 프로그램을 통해 우리는 MZ세대와 함께 협력하며, 조직의 변화와 발전에 적응하면서 미래를 향해 나갈 것이다.

리더들은 팀원들과의 개방적인 소통을 통해 신뢰를 쌓아야 한다. MZ세대는 솔직하고 투명한 의사소통을 중요시하므로, 이를 위한 효과적인 소통 전략을 채택해야 한다. 조직은 리더들에게 학습의 기회를 제공하고, 자기계발을 촉진함으로써 그들의 능력을 계속해서 향상시켜야 한다.

최신 기술과 혁신적인 도구를 활용하여 학습 경험을 풍부하게 만들어야 한다. 가상 현실VR이나 인공지능AI과 같은 기술을 통해 맞춤형 교육을 실현할 수 있다. 실전 프로젝트를 통해, 리더들은 이론적인 지식 뿐만 아니라 현장에서의 문제해결 능력을 기를 수 있다.

리더십 프로그램은 미래의 도전에 대응하고 기회를 놓치지 않기 위한 필수적인 도구이다. MZ세대와 함께 협력하며, 새로운 아이디어와 창의성을 존중하며, 조직의 문화를 변화시키는 것은 지속적인 성장의 핵심이다.

MZ세대는 미래의 리더로서 새로운 가치를 창출하고 지속 가능한 변화를 이끌어낼 능력이 있다. 지속적인 혁신을 통해, MZ세대와의 협력으로 조직을 강력하고 적응력 높은 커뮤니티로 성장시킬 것이다. 이는 더 나은 리더십과 조직, 더 나은 미래를 향한 공동의 도전이다.

HR 레볼루션

줄임

'HR 레볼루션: 줄임'의 의미는 HR 분야에서 비효율적이고 시간이 많이 걸리는 절차와 프로세스를 최소화하고 간소화하는 것을 의미한다. 이는 기존 HR 시스템과 프로세스를 더 효율적이고 간결한 방식으로 재구성하여, HR 작업의 생산성과 효과를 높이는 것을 목표로 한다. 디지털 도구와 자동화 기술을 적극적으로 활용하여 HR의 업무 부담을 줄이고, 조직의 성과 향상에 중점을 두는 것이 중요하다. – ERiC Story

CHAPTER 6

근로 문화 개선을 위한
유연근무제의 전략적 도입

한정민

1

유연근무제 활성화와
한국 근로 문화의 새로운 방향

　대한민국은 OECD 회원국 중에서 가장 오랜 시간 동안 근무하는 국가로 알려져 있다. 이러한 장시간 근로 문화는 대체로 1960년대 이후의 경제 발전 과정에서 유래했다.

　이 시기에는 '한강의 기적'이라 불리는 빠른 경제성장을 경험했고, 그 결과 '빨리 빨리' 문화가 생겼다. 이 문화는 모든 것을 신속하게 처리해야 한다는 생각을 강조하며, 장시간 근무를 합리화하는 요소가 되었다. 이런 문화는 한국인의 고유한 특성으로 여겨지기도 한다.

　산업화 초기에는 노동 집약적인 산업이 주를 이루었고, 이로 인해 자연스럽게 장시간 근로가 필요했다. 이런 산업 환경은 근로자들에게 지속적으로 과도한 노동을 요구하는 문화를 조성했고, 경제 발전을 위한 국가적 목표가 강조되면서 개인의 희생이 강요되는 분위기가 형성되었다.

　한편, 한국의 전통적인 직장 문화는 상하 관계가 뚜렷하고, 상사의 권위를 중시하는 경향이 있다. 이로 인해 상사가 퇴근하기 전에는 부하 직원들도 퇴근하기 어려운 문화가 생겨났다. 이러한 문화는 '눈치 보기' 현상을 낳았고, 이는 근로자들이 필요 이상으로 장시간 근무하는 원인 중 하나가 되었다.

한국의 직장 문화에서는 종종 업무 외적인 활동들, 예를 들어 회식이나 뒤풀이 등이 업무의 일부로 여겨진다. 이러한 활동들은 종종 정규 근무 시간 이후에 진행되며, 이는 장시간 근로 문화를 더욱 공고히 하는 요인이 되었다.

한국의 빠른 경제 발전은 근로자들의 희생과 밀접하게 연관되어 있다. 과거에는 이런 장시간 근로가 경제 발전을 위한 필수적인 요소로 여겨졌지만, 현재는 이런 근로 문화가 근로자의 삶의 질과 건강에 부정적인 영향을 미치고 있다는 인식이 점차 높아지고 있다.

이제 한국 사회는 경제 발전뿐만 아니라 근로자의 복지와 삶의 질을 동시에 중시하는 방향으로 변화하고 있다. 이 변화는 장시간 근로 문화를 개선하기 위한 정부 정책 및 기업 문화의 변화로 이어지고 있으며, 앞으로 한국 사회의 중요한 과제로 남아 있다.

정부는 장시간 근무 문제를 해결하기 위해 다양한 방안을 도입하고 있다. 이는 법적 규제 강화, 근로시간 단축 및 노동자 복지 증진을 중점으로 하고 있다.

근로시간 단축 중 가장 중요한 방안은 2018년부터 시행된 주 52시간 근무제다. 이 제도는 기업의 근로시간을 주당 최대 52시간기본 40시간 + 연장 12시간으로 제한한다. 이는 기존에 허용된 주 68시간 근무보다 크게 줄어든 것이다.

정부는 기업에 유연근무제 도입을 권장하고 있다. 이는 근로자가 자신의 상황에 맞게 근무시간을 조정할 수 있도록 하는 제도이다. 예를 들면, 선택적 근로시간제, 탄력적 근로시간제, 재량근로제, 시차출퇴근제, 교대제 등 다양한 유연근무제가 있다.

정부는 근로기준법 위반에 대한 감독을 강화하여 장시간 근무를 줄이는 데 노력을 기울이고 있다. 이를 위해 최근에는 근로감독관을 늘리고, 위반 기업에 대한 처벌을 강화하는 방침을 발표했다.

법적 조치 외에도, 정부는 직장 내 문화 변화를 촉진하기 위한 캠페인 및 교육 프로그램을 운영하고 있다. 이는 장시간 근무가 일상적인 것으로 인식되지 않도록 하는 목적이다. 대기업이나 중견기업은 자체적으로 캠페인을 실시하지만, 중소기업에 대해서는 정부가 적극적인 캠페인을 운영하고 있다.

이러한 정부의 노력은 장시간 근무 문제를 해결하고, 더 건강한 근로 환경을 만드는 데 중요한 조치다. 그러나 이런 변화는 기업 문화, 근로자의 인식, 경제적 요인과 복잡하게 관련되어 있으므로, 실질적인 변화를 이루기 위해선 다양한 접근법과 지속적인 노력이 필요하다.

2

야간 및 주말 근무에 대한 현대적 접근

정부의 장시간 근로 해결 노력에 맞춰, 기업들은 야간 근무 및 주말 근무를 줄이기 위한 다양한 방안을 모색하고 있다. 이들의 주요 목표는 근로자의 삶의 질 향상과 업무 효율 증진이다. 기업들의 야간 근무 및 주말 근무 축소 노력은 다음 5가지 유형으로 분류할 수 있다.

유연근무제 도입은 대부분의 IT 기업, 스타트업 및 일부 대기업들이 정부가 권장한 유연근무제, 즉 시차출근제와 선택적근로시간제를 도입하고 있다. 이들은 불필요한 야간 근무를 줄이고 근무시간의 유연성을 높이는데 도움이 된다.

근무시간 관리 시스템 강화로 근무시간을 철저히 관리하고 효율화하기 위해 전산시스템을 도입하여 근무시간을 기록하고 모니터링한다. 일부 기업들은 근무시간이 일정 수준을 초과하면 경고하거나 상사의 승인을 필요로 하는 시스템을 도입하였다.

문화적 변화 촉진은 많은 대기업, 중견기업, IT기업 및 스타트업들이 워라밸Work-Life Balance 캠페인을 적극적으로 실시하여 업무와 개인 생활 간 균형을 강조하는 문화를 조성하고 있다. 이들은 불필요한 회식이나 야간 회의를 줄이고, 근무시간 내에 업무를 마무리하도록 장려한다.

보상 및 인센티브 제공은 야간 또는 주말 근무가 필요한 경우, 추가 수당 지급이나 대체 휴가 제공 등을 통해 근로자를 보상한다. 또한, 결과와 생산성을 기준으로 인센티브를 제공하여 효율적인 근무를 장려한다. 이는 기업입장에서 인건비 효율화를 위해 근무시간을 줄이는데 도움이 된다.

교육 및 인식 개선은 관리직에 대한 교육을 통해 건강한 근무 환경의 중요성을 인식시키고, 이를 실천할 수 있도록 지원한다. 또한, 직원들의 건강과 웰빙을 위한 프로그램을 운영하여 장시간 근무로 인한 건강 문제를 예방한다.

이러한 노력들은 한국 기업들이 장시간 근로 문제를 인식하고 이에 대한 대응책을 마련하고 있다는 사실을 보여준다. 그러나 이 변화가 모든 기업과 산업에 일관되게 적용되는 것은 아니며, 지속적인 개선과 문화 변화가 필요하다는 점을 인지해야 한다.

주요기업의 근로시간 단축 노력

기업	근무시간 제도	주요 내용
카카오	완전선택적 근무시간제	월 총 근로시간 내에서 근로자가 업무 시작 및 종료 시간을 자율적으로 결정
SK텔레콤	2주 단위 선택근무제	2주간 총 80시간 근무 원칙, 근무 시간 유연 조정 가능
네이버	선택적 근로시간제	오전 6시부터 오후 10시 사이에 하루 8시간 근무, 일주일 40시간 기본
삼성전자	선택적 근로시간제 및 재량근로제	월 평균 주 40시간 이내 근로시간 조정, R&D 직군에는 재량근로제 적용

3

유연근무제의 혁신과
근로 효율성 향상을 위한 기업 대응

장시간 근무 단축은 전 세계적으로 주목받는 현상이다. 특히 우리나라는 엄격한 노동법 규제로 인해 근무시간 운영방식에 상당한 변화를 겪었다. 이 중 대표적인 예는 최근 주 52시간 근무제 도입으로, 이에 따라 많은 기업들이 유연근무제 도입 등 근로시간 운영방식을 대폭 변경하게 되었다.

법적 제약은 기업들에게 혁신적이고 유연한 근무 환경을 창출하라는 도전을 던졌다. 이는 법적 제약이 단순히 규제의 역할을 넘어, 기업들에게 업무 효율성과 유연성을 높이는 방향으로 변화를 자극한 것으로 볼 수 있다.

근로시간 단축 노력은 한국에만 한정되지 않는다. 전 세계 기업들도 이를 적극 도입하고 있으며, 규제가 덜 엄격한 국가들에서는 생산성 향상을 위한 전략적 선택으로 이런 변화를 받아들이고 있다.

이는 근로 환경의 글로벌 표준이 변화하고 있다는 것을 나타낸다. 각국의 법제도는 기업들에게 근무 형태를 재고하도록 요구하며, 이는 더 건강하고 지속 가능한 근무 환경으로 이어질 가능성이 크다. 이 변화의 배경에는 기술 발전, 근로자의 삶의 질에 대한 인식 증가, 그리고 경제적 효율성에 대한 새로운 이해가 있다.

결국, 장시간 근무 단축은 단순히 법적 요구를 충족시키는 것이 아니라, 더 나은 근로 조건과 생산성 향상을 위한 중요한 단계로 인식되고 있다. 근로자의 삶의 질 향상과 기업의 경쟁력 강화라는 두 가지 측면에서 긍정적인 효과가 기대된다.

다음은 대표적인 근무시간 효율화 방안을 정리한 것이다. 이를 통해 각 업종의 특성에 따라 기업들이 어떤 전략으로 근무시간 효율화를 추구하는지 대략적으로 이해할 수 있을 것이다.

구분	주요 내용	기대효과	도입 유형
근무시간 모니터링(관리)	직원 활동 모니터링과 시간 낭비 활동 식별을 위한 시간 추적 시스템 도입	생산적인 작업에 대한 집중 증가, 시간 관리 개선, 효율성에 기반한 업무 할당	IT 기업
프로세스 문서화	불필요한 과정을 식별하고 해결하기 위해 업무 프로세스를 명확히 문서화	직원 교육 효율성 향상, 프로세스 스트림라인화	제조업, 서비스업
업무 자동화	반복적인 업무 자동화를 통해 중요한 업무에 집중할 수 있도록 기술 활용	시간 절약, 인간 오류 감소, 중요한 업무에 집중력 향상	IT기업, 금융업
회의 축소	회의 횟수와 길이 감소, 무 회의일 설정	비생산적인 회의 시간 감소, 집중력 있는 업무 수행에 더 많은 시간 할애	스타트업
프로젝트 관리 소프트웨어 사용	프로젝트 계획 및 업무 할당을 위한 소프트웨어 도구 사용	커뮤니케이션 스트림라인화, 업무 할당 개선, 파일 공유 효율성 증가	소프트웨어 개발

업무 위임	직원 강점에 기반한 업무 할당과 창의적이지 않은 업무 자동화	효율성 증가, 중요 업무에 집중, 직원 기술 효과적 활용	글로벌 대기업
직원 교육 개선	직원 업무 효율성을 높이기 위한 충분한 교육 제공	업무 수행 속도 및 품질 향상, 직원 사기 향상, 직원 유지율 증가	대다수 기업
업무 중복 방지	중복 업무 방지를 위한 부서 간 강력한 커뮤니케이션	비용 절감 및 팀 협업 향상	대다수 기업
효율적인 장비 사용	장비 및 도구의 효율성 최대화	장비 고장으로 인한 노동 비용 낭비 방지, 생산성 향상	제조업

대한민국이 경제성장을 통해 선진국에 오른 것은 근로자들의 무한한 자기헌신과 기업들의 끊임없는 노력 덕분이라는 것을 부인할 수 없다. 그러나 이제 우리는 시대의 전환점에 서 있다. 장시간 근무와 개인 희생을 요구하는 시대는 종료되어가고, 근무시간 단축에 대한 요구가 커지고 있다. 이제 우리가 직면한 도전은 단순히 시간을 줄이는 것이 아니라, 조직 문화와 직원들의 인식 변화에 기반한 근본적인 전환을 요구한다.

장시간 근로의 관행을 뛰어넘고, 업무의 질과 생산성을 동시에 향상시키는 지속 가능한 변화는 근본적인 문화와 태도의 전환을 필요로 한다. 이를 위해 정부, 기업, 그리고 근로자가 함께 협력하여, 포괄적이며 혁신적인 접근 방식을 찾아야 한다. 이 변화는 단순히 정책적 조치를 넘어서, 조직 내의 근본적인 변화를 촉진하고, 직원들의 인식과 태도에 긍정적인 영향을 미칠 것이다.

이 과정은 결코 쉽지 않을 것이다. 그러나 이 노력이 결실을 맺는다면, 우리나라는 글로벌 경쟁력을 더욱 강화하고, 근로자들의 삶의 질을 향상시키는 선순환 구조를 구축할 수 있을 것이다. 장시간 근무 문화의 탈피는 근로자의 삶의 질과 업무의 질 모두를 향상시키는 중요한 발걸음이다.

이는 우리 사회의 건강한 진보와 발전을 위한 필수적인 단계이며, 전 세계적인 추세에 부합하는 현명한 선택이 될 것이다.

4

다양성과 포용성에 의한
기업 문화의 혁신적 변화

현대 비즈니스 환경에서 '다양성과 포용성D&I: Diversity and Inclusion'은 조직의 성공과 지속 가능한 성장을 위한 필수 요소로 인식되고 있다. 다양성은 다른 배경, 경험, 관점을 지닌 사람들의 집합을, 포용성은 이 다양성이 조직 내에서 활용되고, 모든 구성원이 존중받고 가치 있게 여겨지는 문화를 의미한다. D&I의 중요성은 인적 자원 관리를 넘어서 조직의 핵심 전략과 결합되어 있다.

혁신적이고 지속 가능한 성장을 추구하는 조직들은 다양한 배경을 가진 직원들의 창의적인 아이디어와 독특한 관점을 경쟁력의 핵심으로 보고 있다. 이는 특히 글로벌화된 경제와 기술의 발전이 가져온 복잡한 문제들을 해결하는 데 필수적이다. 그러나 단순히 다양한 인재를 모으는 것만으로는 충분하지 않다. 진정한 D&I는 조직 내에서 모든 구성원이 자신의 의견을 자유롭게 표현하고, 그 의견이 중요하게 여겨지는 환경을 조성하는 것에서 시작된다.

이런 맥락에서, '투명한 의사소통 체계'의 구축은 D&I 전략의 핵심 요소로 간주되고 있다. 투명한 의사소통은 직원들이 정보를 공유하고, 자유롭게 의견을 나눌 수 있는 환경을 의미한다. 이는 다양한 배경을 가진 사람들이 자신의 생각과 경험을 표현할 수 있는 기회를 제공하며, 조직 전체의 의사결정 과정에 다양한 관점을 반영할 수 있게 한다.

'다양성과 포용성 캠페인'은 조직 문화 내에서 이러한 가치들을 증진하고, 구성원 간의 차이를 이해하고 존중하는 문화를 조성하는데 중요한 역할을 한다. 이러한 캠페인은 교육 프로그램, 워크숍, 공개 행사 등을 통해 직원들에게 D&I에 대한 지식과 이해를 제공하며, 차별과 편견에 맞서는 조직 문화를 구축하는 데 기여한다.

'직원 웰니스 및 건강 프로그램'은 D&I 전략의 중요한 부분을 차지한다. 이 프로그램은 각 직원의 개별적인 건강과 웰빙에 집중하며, 이는 포용적인 작업 환경을 조성하는 데 필수적이다. 직원들의 신체적, 정신적, 감정적 건강을 지원하는 것은 그들이 각자의 독특한 배경과 경험을 바탕으로 최대한의 기여를 할 수 있도록 돕는다. 이는 조직 전체의 성과와 만족도에 긍정적인 영향을 미치며, 다양성과 포용성의 실질적인 증진에 기여한다.

결론적으로, D&I는 조직의 성공과 지속 가능한 성장의 핵심 요소가 되었다. 다양성과 포용성을 통해 조직은 더 넓은 시야를 갖게 되고, 창의적인 해결책을 발견하며, 더욱 건강하고 활기찬 작업 환경을 조성할 수 있다. D&I 전략의 성공적인 실행은 조직의 혁신력을 증대시키고, 근로자의 만족도를 높이며, 결국 조직의 장기적 성공과 성장에 중요한 역할을 한다. 이는 단순히 다양한 인재의 채용을 넘어서, 조직 내에서 각 구성원의 독특한 가치와 기여를 인정하고 증진하는 것을 의미한다.

투명한 의사소통 체계 구축

현대 기업 환경에서 다양성과 포용성D&I의 관점에서 '투명한 의사소통 체계 구축'은 조직 내 모든 구성원이 정보를 자유롭게 공유하고, 의견과 생각을 자유롭게 나눌 수 있는 환경을 조성하는 것을 의미한다. 이 체계는 의사결정 과정에서 다양한 목소리가 들릴 수 있도록 하며, D&I의 중요성을 부각시키고, 노사 간 신뢰 구축과 기업 문화의 적응력 강화에 큰 역할을 한다.

글로벌 주요기업 사례

기업명	사례 설명
Netflix	리더들이 자신의 판단을 공개적으로 설명하도록 장려하는 'sun-shining' 실천. 이는 모든 정보를 명확히 하는 것을 의미하며, 직원 해고나 CEO 급여 인상과 같은 민감한 사항들에 대해 '극단적 투명성' 철학을 따름.
Buffer	소셜 미디어 관리 플랫폼인 Buffer는 특히 급여와 지분 공식을 공개적으로 밝히는 것으로 투명성을 실천. 이 데이터를 포함한 스프레드시트가 공개적으로 발행되며 모든 직원이 이용 가능.
Levi's	Levi's의 CEO인 Chip Bergh는 "Chips & Beer"라는 정기적인 전사 회의를 주최. 이 회의에서는 3~5분간의 비즈니스 업데이트 후 1시간 동안 질의응답 세션이 진행되며, 코로나바이러스 팬데믹부터 회사의 총기 폭력에 대한 입장까지 어떠한 주제도 제한 없이 논의됨.

다양한 배경을 가진 직원들이 의견과 경험을 공유할 수 있는 환경은 조직의 의사결정에 다양한 관점을 반영하는 데 중요하다. 이러한 환경은 효과적이고 혁신적인 해결책을 도출하는 데 기여하며, 조직 내 신뢰 구축에 중요한 역할을 한다. 직원들이 조직의 목표와 방향에 대해 명확하게 이해하고, 자신의 목소리가 들리고 존중받는다고 느낄 때, 그들의 참여

와 헌신은 강화된다.

문화적 적응력도 강화된다. 직원들이 서로의 차이를 이해하고 존중하며, 다양한 문화와 경험을 조직의 일부로 받아들이게 되면, D&I 관점에서 기업의 혁신과 직원 만족도 향상, 적응력 있는 조직 문화 형성이 가능해진다.

자유롭게 생각을 공유하는 환경에서는 새로운 아이디어와 접근법이 나타나며, 이는 조직의 혁신적 성장을 촉진한다. 직원들이 자신의 의견이 중요하다고 느끼며 조직의 일부로 인식되면, 만족도와 참여도가 향상되고, 이는 높은 직원 충성도와 생산성으로 이어질 수 있다. 변화하는 환경에 적응하는 데 필요한 유연성과 적응력을 갖추는 데 도움이 된다.

이와 같이, 의사소통의 개선은 조직 내 다양성과 포용성을 실현하는 핵심 수단이 된다. 이를 통해 조직은 복잡한 문제를 해결하고, 창의적이고 혁신적인 접근을 채택할 수 있으며, 직원들에게 창의력을 발휘할 수 있는 안전한 공간을 제공한다.

조직 외부와의 관계에서도 중요한 역할을 한다. 고객, 파트너, 다른 이해관계자들과의 소통에서도 적용되어, 조직은 외부와의 신뢰를 구축하고 긍정적인 이미지를 형성할 수 있다. 이는 조직의 명성과 브랜드 가치를 높이고, 더 넓은 고객 기반과 시장 접근을 가능하게 한다.

이러한 소통 방식의 구축은 D&I의 핵심 가치를 실현하는 데 필수적이며, 조직의 내외적 성장에 긍정적인 영향을 미친다. 성공적으로 이를 구현하면, 다양성의 진정한 가치를 실현하고, 포용적 문화를 조성하며, 지속 가능한 경쟁 우위를 확보할 수 있다. 이는 현대 기업이 직면한 도전에 대응하고, 지속적으로 변화하는 시장 환경에서 성공하기 위한 중요한 전략적 자산이 된다.

조직 내외에서 다양한 아이디어와 관점을 수용하고 포괄적인 의사결정을 가능하게 하는 의사소통의 개선은 내부적으로 다양한 의견을 수렴하고, 이를 바탕으로 더 강력하고 탄탄한 전략을 수립하는 데 기여한다. 이는 전체적인 조직의 혁신과 진화에 큰 기여를 한다.

그리고 의사소통의 개선은 조직 내 신뢰와 상호 존중의 문화를 구축하는 데에도 중요하다. 직원들이 자신의 의견이 존중받고, 조직의 중요한 결정에 참여할 수 있다고 느끼게 함으로써, 그들의 참여도와 헌신도를 높인다. 이러한 환경은 조직 내에서 협력과 팀워크를 촉진하며, 각 직원의 소속감을 강화한다.

결국, 조직의 의사소통 체계를 개선하는 것은 조직의 경쟁력을 강화시켜 준다. 직원들의 만족도를 높이며, 조직의 지속 가능한 성장을 가능하게 한다. 다양한 배경을 가진 직원들의 창의력과 혁신적인 아이디어가 조직의 발전에 필수적임을 인정하고, 이를 적극적으로 활용하는 것은 현대 기업의 중요한 전략이다.

다양성 및 포용성 캠페인

"다양성과 포용성 캠페인"은 조직 내에서 다양성과 포용성의 중요성을 강조하며 이를 증진하는 다양한 활동과 이니셔티브를 포함한다. 이 캠페인은 교육 프로그램, 워크숍, 공개 행사, 인식 증진 캠페인 등을 통해 조직 내 모든 구성원에게 다양성과 포용성에 대한 인식을 높이고 필요한 도구와 지식을 제공한다.

이 캠페인은 차별과 편견의 해소, 다양한 가치 인정 등을 통해 구성원들의 인식과 태도 변화에 기여하며, 조직 문화의 변화를 촉진한다. 이는 건강하고 포용적인 작업 환경을 유지하는 데 필수적이다.

글로벌 주요기업 사례

기업명	사례 설명
Slack	다양성과 포용성을 핵심 가치로 삼고, Zoom과 Dropbox와 같은 기업과 협력하여 'The Next Chapter'라는 견습 프로그램을 시작. 이 프로그램은 전과자들을 숙련된 엔지니어로 훈련시킴. 또한, 'Rising Tides' 프로젝트는 지원이 부족했던 고성능 직원 및 신진 리더들을 위한 지원 커뮤니티를 조성.
Microsoft	매년 Comparably가 발표하는 최고의 다양성 기업 순위에서 2020년에 1위를 차지. 팬데믹 기간 중 돌봄 휴가 프로그램을 도입하고, 회사 내 소수 집단에 대한 경력 기회 확대 및 교육 프로그램 제공. 'Allyship in Microsoft' 프로그램을 통해 포용적 문화를 채택하는 방법을 교육.
Accenture	성별 평등, 장애인 포함, LGBTQ+ 커뮤니티 지원, 인종 및 민족 다양성 증진, 정신 건강 및 웰빙 중시 등 다섯 가지 핵심 분야에 중점을 두고 포용성 달성을 목표. LGBTQ+ 커뮤니티를 지원하기 위해 직장 내 포용의 경제적 이점을 강조하고, 이들이 경력 중 겪는 독특한 도전을 드러냄.

조직은 이 캠페인을 통해 다양한 배경을 가진 직원들의 가치와 기여를 인정하고 활용하는 방법을 찾는다. 이러한 접근법은 조직의 혁신과 창의성을 촉진하며, 다양한 배경과 경험을 가진 직원들이 자유롭게 의견을 나눌 수 있는 환경을 조성한다.

이 캠페인은 조직 문화에 긍정적인 변화를 가져오고, 모든 구성원이 존중받고 가치 있게 여겨지는 환경을 만들어낸다. 이를 통해 기업은 더 높은 충성도와 생산성을 가진 직원들을 양성하고, 고객과 이해관계자들의 인식을 개선하며, 유능한 인재를 유치할 수 있다.

다양성과 포용성 캠페인은 조직의 경쟁력을 강화하고 사회적 책임을 강화하는 데 중요한 역할을 한다. 이를 통해 조직은 사회적으로 책임 있는 기업으로서의 이미지를 구축하고 긍정적인 관계를 발전시킬 수 있다.

다양성과 포용성 캠페인은 지속적이고 체계적인 접근이 필요하며, 조직의 핵심 가치와 문화에 깊이 통합되어야 한다. 조직은 이를 일상적인 업무의 일부로 만들고, 모든 구성원이 이를 실천할 수 있도록 지원해야 한다.

다양성과 포용성 캠페인은 조직의 지속 가능한 성장과 발전을 위한 중요한 전략이며, 이를 통해 조직은 더 혁신적이고 포용적인 환경을 조성하며 경쟁력을 강화할 수 있다. 이는 현대 기업이 직면한 다양한 도전과 기회에 효과적으로 대응할 수 있는 지속 가능한 경로를 제시할 수 있다.

직원 웰니스 및 건강 프로그램

D&I 관점에서 "직원 웰니스 및 건강 프로그램"은 조직의 모든 구성원의 신체적, 정신적, 감정적 건강을 증진하는 다양한 프로그램과 정책을 포함한다. 이 프로그램들은 개인의 건강과 직장에서의 성과, 전반적인 웰빙에 중점을 두며, 다양한 배경과 필요성을 가진 직원들을 고려하여 설계된다.

이러한 프로그램은 포용적인 환경 조성, 직원 참여 및 생산성 향상, 그리고 직원 유지 및 만족도 증진 등의 세 가지 중요한 측면을 내포한다. 첫째로, 직원의 개별적인 필요와 상황을 인정하고 지원하는 것이 포용적인 작업 환경을 조성하는 데 중요하다. 이는 다양한 배경을 가진 직원들이 각자의 건강과 웰빙에 대한 지원을 받고, 그들의 독특한 요구가 충족됨을 의미한다.

둘째로, 건강하고 행복한 직원들이 더욱 효과적으로 일하며, 조직에 대한 긍정적인 태도를 가지므로 웰니스 프로그램은 직원들의 건강을 증진시키고, 그 결과로 생산성과 참여도가 향상될 수 있다.

마지막으로, 직원들이 자신의 건강과 웰빙이 조직에 의해 중시되고 지원된다고 느낄 때, 그들의 직장 만족도와 충성도는 증가하게 되며, 이는 재능 있는 인재를 유지하는데 중요하다.

글로벌 주요기업 사례

기업명	사례 설명
Salesforce	정신 건강 및 웰빙에 대한 다섯 가지 접근 방식을 통해 직원들의 건강을 중시. Lyra Health와 파트너십을 맺고 직원 및 그 가족들에게 무료 상담 제공. 성별 확인 의료 비용 환급 및 휴가 등 포괄적인 의료 서비스를 제공하며, 미국 내 정규직 직원에게 무제한 휴가 제공.
Nike	직원 및 그 가족들에게 20회 무료 상담 및 코칭 세션을 제공. 명상, 마음 챙김, 돌봄 자원을 통해 정서적 웰빙 지원. 무료로 Nike Sports Centers 이용, 다양한 피트니스 할인, 종합 예방 프로그램 제공. 유연한 근무 환경 및 넉넉한 휴가 혜택여름 금요일 및 8월의 웰빙 주간 포함을 통해 신체적 웰빙을 증진.
BrainPOP	정신 건강 제공자 및 파트너를 통해 비용 없이 이용 가능한 정신 건강 서비스 제공. Talkspace와 Ginger와 같은 온라인 정신 건강 서비스, 직원 지원 프로그램EAP, 정신 건강 휴가, ClassPass 무료 이용. 휴직 및 단계적 복귀 계획, MyWellBeing과 협력하여 직원들을 위한 개인 소규모 세션을 개최.

기업은 이를 통해 직원들의 전반적인 건강 증진 효과를 확인할 수 있다. 웰니스 프로그램은 신체적 건강, 정신 건강, 스트레스 관리, 감정적 웰빙 등을 증진시키고, 건강한 직원들은 활기찬 작업 환경을 조성한다. 또한 스트레스 관리와 감정적 지원을 제공함으로써 직장 내 스트레스를 줄일 수 있다. 이는 직원들의 일상적인 성과와 직장 만족도에 긍정적인 영향을 미친다. 또한 건강하고 만족스러운 작업 환경은 직원들이 새로운 아이디어와 혁신적인 접근법을 모색하는 데 도움이 된다. 이는 조직의 전반적인 창의성과 혁신 능력을 향상시킬 수 있다.

직원의 웰빙을 중시하는 조직은 긍정적인 기업 브랜드를 구축하게 되며, 이는 훌륭한 인재를 유치하는데 중요한 역할을 한다. 즉, 기업은 직원들에게 조직이 그들의 건강과 행복을 중요하게 여긴다는 강력한 메시지를 전달한다. 뿐만 아니라, 웰니스 프로그램은 팀 빌딩 활동, 건강 챌린지, 공동의 건강 목표 달성 등을 통해 직원 간의 사회적 연결과 협력을 강화하고, 다양한 문화적, 사회적 배경을 가진 직원들의 필요를 반영하여 설계될 수 있다. 이는 조직 내 다양성에 대한 인식과 이해를 증진시키고, 장기적으로는 조직의 성과에 긍정적인 영향을 미칠 수 있다. 병가 사용률의 감소, 직원 유지율의 상승, 생산성의 증가 등은 모두 조직의 전반적인 성과 향상으로 이어진다.

직원 웰니스 및 건강 프로그램은 D&I 전략의 중요한 부분으로, 조직이 직원의 다양한 필요와 배경을 인정하고 존중함으로써 실질적인 포용성을 실현할 수 있다. 조직은 이를 통해 모든 구성원이 최고의 성과를 낼 수 있는 건강하고 지원적인 환경을 조성함으로써, 직원들의 만족도와 충성도를 높이고, 전체적인 조직의 성공과 지속 가능한 성장을 촉진할 수 있게 된다.

현대 비즈니스 환경에서 다양성과 포용성D&I은 윤리적 선택을 넘어서 조직의 성공과 지속 가능한 성장을 위한 핵심 전략이다. '투명한 의사소통 체계 구축', '다양성과 포용성 캠페인 실행', 그리고 '직원 웰니스 및 건강 프로그램 도입'을 통해 이를 실현할 수 있다. 이러한 전략들은 각각 조직에서 다양한 목소리를 듣는 것, 포용적인 문화를 조성하는 것, 모든 직원의 건강과 웰빙을 증진하는 것은 매우 중요한 활동들이다.

투명한 의사소통 체계는 다양한 배경과 경험을 가진 직원들이 의견과 아이디어를 자유롭게 공유할 수 있는 환경을 제공한다. 이는 혁신과 창의성을 촉진하며, 조직 내 신뢰와 문화적 적응력을 강화한다. 다양성과 포용성 캠페인은 이러한 가치에 대한 인식을 높이고, 차별과 편견에 대한 태도를 변화시킨다. 이는 조직의 혁신 능력과 브랜드 이미지를 강화한다. 또한, 직원 웰니스 및 건강 프로그램은 직원들의 전반적인 건강과 웰빙을 증진시키며, 이는 생산성과 직원 만족도의 향상으로 이어진다. 따라서 D&I는 핵심 전략으로서 지속적인 관심과 투자가 필요하다. 조직이 이러한 가치를 내면화하고 실천함으로써, 혁신적이고 생산적이며 포용적인 작업 환경을 조성하고, 조직의 지속 가능한 성장과 성공을 촉진할 수 있을 것이다.

CHAPTER 7

MZ세대의 회의와 보고문화 개선

이 환

1

보고 같은 회의와 회의 같은 보고

합리성과 효율성, 공정성을 중요하게 여기는 MZ세대들에게 비효율적인 회의와 보고문화는 견디기 힘든 부분이다. 단순히 MZ세대에게 맞춘다는 접근보단 실제로 합리적이며 효율적으로 회의와 보고문화가 개선이 된다면 의사결정권자나 참여자들 모두가 행복해 질 수 있다. 보고와 회의를 효율적으로 관리하는 것은 다수가 모여 일하는 직장 내에서 협업을 통한 성공적인 목표달성을 위해 매우 중요한 부분이다. 많은 직장에서 보고와 회의로 많은 시간과 에너지가 사용되고, 이를 관리하려 다양한 방법을 시도하고 있다. 그러한 노력들 중 비교적 체계적인 방식으로 접근했던 회의/보고 개선 프로젝트의 경험을 바탕으로 다양한 고민과 시도, 그리고 그 결과를 살펴보고자 한다.

어떤 문제를 해결하기 위해서는 그 문제에 대한 명확한 정의를 내리는 것에서 시작된다. 먼저 보고와 회의에 대해 정의했다.

보고는 주로 조직 내에서 정보, 결과, 상황, 이슈 또는 업무 진행 상황

등을 문서나 말로 전달하는 과정이며, 정보를 공유하고 전달하기 위한 형식적인 방법이다. 회의는 두 명 이상의 사람이 모여 의견 교환, 정보 공유, 의사결정, 문제 해결 등을 위해 상호 논의하는 과정이다.

보고와 회의는 그 목적이 다르지만, 어려움을 토로하는 많은 회사들은 이 둘을 명확하게 구분하지 않거나, 혼동하여 인식하는 경우가 많다. 개선을 하고 싶은 의지가 있다면, 현재 문제 상황을 명확히 인지하고 최대한 객관적으로 받아들이는 것이 중요하다.

2

회의 기획자와 퍼실리테이터를 위한 운영 가이드

개선을 함에 있어서 조직이나 회사 내에서 회의와 보고가 어떻게 사용되고 있는지 현황을 파악하는 것이 매우 중요하다. 일회성이거나 단편적으로 진행되는 회의와 보고가 있고, 정기적으로 운영되는 회의 또는 보고도 있을 것이다. 회의 운영에 있어서 문제가 있다고 느낀다면, 이미 회의와 보고가 모호하게 혼용되어 운영되고 있을 확률이 높다. 개선을 하기 위해서는 회의와 보고의 현황을 모두 파악하고 유용한 데이터 베이스로 활용할 수 있어야 한다. 모든 과정에 대해 그 진행 방식을 효율화하여 보고와 회의에 소요되는 노력과 시간을 줄이는 방법을 모색해야 한다.

* 진행 프로세스: 회의 및 보고 현황정보 파악 → 직급별, 조직별, FGIFocus Group Interview 진행 → 회의와 보고 개별 개선 인사이트공통/개별 도출 → 경영진 보고 → 피드백 수신 및 임직원 변화 관리 진행 → 개선 안정화 모니터링

효율적이고 효과적인 회의 운영을 하기 위해서는 단계적 접근이 필요하다.

첫째, 현황 파악이다. 만약 사내에서 회의 예약 시스템을 사용한다면, 예약 목록을 통해 다양한 정보를 얻을 수 있다. 각 회의의 참석자 인원수, 주관팀, 회의 목적, 회의 시간, 회의 진행 순서 등이 이용 가능한 유용한 백데이터back data가 될 수 있다. 만약 시스템이 없다면, 사내에서 사용 중인 이메일, 메신저, 팀즈 등 커뮤니케이션 툴을 통해 데이터 베이스로 활용할 사전 정보를 얻는 것도 좋다.

둘째, FGI를 진행을 한다. 처음에 얻은 정보를 바탕으로 인터뷰 대상자를 선정한다. 동일한 회의나 보고에서 직급별로 인터뷰를 진행하여 다양한 관점을 파악하려 하는 것이 도움이 된다. 담당자 자신이 갖고 있는 편견을 스스로 객관화하는 과정이기도 하다. 인터뷰 대상자를 파악하기 전에 미리 분석한 자료를 통해 인사이트 있는 질문을 도출한다. 회의 전 사전 준비 과정과 절차, 보고 또는 회의 자료의 구성 방법, 자료 공유 방식, 회의 또는 보고의 최고직급 참석자의사결정권자와의 커뮤니케이션 방식 등 다양한 정보를 인터뷰를 통해 파악한다. 이 과정에서 보고와 회의의 기본적인 정의 구분을 시작하게 된다. 조직에서 생각하는 회의와 보고의 기본적인 정의를 파악하면 개선 포인트와 방향성이 점점 명확해질 수 있다. 각 조직의 업무와 리더의 리더십 스타일이 다르므로, FGI를 왜 하는지 진행 목적과 기본 가이드를 인터뷰 대상자에게 인지시키고 다양한 인원을 인터뷰하는 것이 객관적인 결과물 도출에 도움이 될 것이다.

셋째, 개선 인사이트공통/개별를 도출을 한다. 실제 프로젝트 진행과정에서 도출한 사례는 다음과 같다.

회의 기획자 가이드

회의 기획자 가이드 매뉴얼은 〈행동요령〉과 〈실천사항〉으로 구분하였다. 이 매뉴얼은 이용자가 쉽게 이해할 수 있는 간결한 문장과, 실천 사항에서는 구체적인 방법론을 통해 회의 기획자들의 이해도를 높이고자 했다. 효율적인 회의 기획이 회의의 질을 크게 좌우하기 때문에 이와 같은 가이드가 필요하다. 명확한 목적, 회의 장소, 시간+진행 시간, 참석자의사결정권자 필수 참석, 퍼실리테이터, 아젠다, 진행 순서 등을 잘 고려하여 구성한다면 효율적인 운영과 명확한 결과물을 얻어낼 수 있다.

회의 기획자 가이드: 행동요령

회의 구상 시: 꼭 필요한 회의인지 다시 한번 생각한다.

회의 기획 1단계: 회의 목적과 아젠다를 구체화한다.

회의목적과 아젠다 체계도

회의 기획 2단계: 회의 유형을 선택하고 회의 명칭을 정한다.

회의 기획 3단계: 꼭 필요한 사람만 참석한다.

회의 기획 4단계: 회의 전 자료와 회의정보를 공유한다.

회의 종료 1단계: 회의록을 공유한다.

회의 종료 2단계: 회의 결과 이행여부를 관리한다.

회의운영 가이드

회의운영시 모든 참석자에게 적용되는 Rule로 퍼실리테이터가 중심이 되어 진행한다.

원칙1: 목적 없는 회의는 하지 않는다.

원칙2: 꼭 필요한 사람만 참석한다.

원칙3: 회의의 핵심은 토론이다.

원칙4: 회의에 집중한다.

원칙5: 결론은 반드시 공유한다.

퍼실리테이터는 목표 달성을 위해 회의가 원활하게 진행되도록 참석자들을 돕는 중요한 역할을 한다. 이들은 회의를 주관하는 주체가 아니라, 중립적인 중재자로서 업무 환경에서 의사소통과 협력을 촉진하는 데 집중한다.

퍼실리테이터의 첫번째 역할은 회의 주관 및 진행이다. 퍼실리테이터는 회의의 주체가 아니지만, 회의 진행을 주도하고 주제에 따라 논의를 촉진하는 역할을 한다. 그들은 회의 일정을 준수하고 논의 주제를 관리하여 참석자들이 주제에서 벗어나지 않도록 한다.

참석자들의 참여 촉진을 위해서 퍼실리테이터는 모든 참석자가 의견을 나누고 토론에 참여할 수 있도록 격려하고 활발한 토론이 진행되도록 유도한다. 그들은 조용한 참석자나 과도하게 언변이 많은 참석자의 활동에 적절하게 개입하여 모든 참석자가 다양한 의견을 제시할 수 있도록 지원한다.

의사소통 개선에 있어서 퍼실리테이터는 의사소통이 원활하게 이루어지도록 혼선을 해소하고 정보가 명확하게 전달되도록 돕는다. 이는 효과적인 의사결정을 할 수 있도록 하는 주요한 활동이다.

문제 해결과 의사결정 지원은 회의에서 발생하는 문제나 이슈에 대한 해결책을 찾도록 도우며, 의사결정 과정을 효과적으로 조직하고 이끌어준다. 갈등이 발생할 경우, 퍼실리테이터는 중립적인 입장에서 갈등을 조절하고 해결책을 찾도록 돕는다.

회의 기록 작성은 중요한 의사결정과 토론 내용을 문서화하여 나중에 참고할 수 있도록 보존한다. 이처럼 퍼실리테이터의 존재와 역할수행으로 효율적이고 생산적인 회의를 유도하며, 참석자들이 협력적으로 일할 수 있도록 돕는 데 큰 영향을 미치게 된다. 중요한 의사결정이 필요한 회의 일수록 중요도는 굉장히 커지기 때문에, 퍼실리테이터 제도 활용을 조직에 적용하는 것은 매우 중요한 이슈이다.

회의 내 역할별 가이드

회의 내 각자의 역할을 인지하고 참석하는 것은 회의의 효율적 운영에 있어서 매우 중요하다. 회의 참석자별 역할에 대해 다음과 같이 구분했다.

〈참석자 전원 공통〉

- 상호 간 존대어를 사용해 주세요.
- 불필요한 행동은 자제해 주세요.
- 회의에 대한 사전 학습을 철저히 해주세요.
- 대리 참석은 지양해 주세요.
- 자신의 의견을 제시해 주세요.

〈의사결정권자〉

• 자유로운 발언 분위기를 만들어 주세요.

• 가장 마지막에 의견을 제시해 주세요.

• 안건에 대해 명확한 결론을 내려 주세요.

〈회의진행자〉

• 회의 시작 전 달성 목표와 안건을 공지해 주세요.

• 지난 회의 결과 실행여부를 Follow-up 해 주세요.

• 계획된 시간대로 진행해 주세요. 시작,안건,종료

• 회의 결과를 반드시 공유해 주세요. 회의록

회의 진행 여부 Yes or No 로직트리

※ 정말 회의를 해야 할까요? 회의필요여부 Check Process_YES or NO

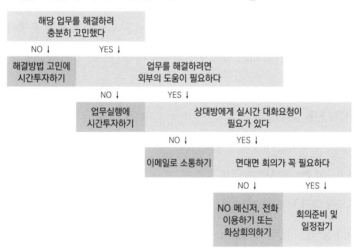

출처: REAL LIFE E TIME COACHING & TRAINING/HBRORG

해당 로직트리는 'REAL LIFE TIME COACHING & TRAINING/HBR. ORG'에서 인용했던 것으로 캐쥬얼하게 회의가 필요한지 가볍게 접근할 수 있는 Tool 이다. 아래 내용을 참고해 꼭 필요한 회의인지 확인해 보게 된다면 전과 비교했을 때, 회의를 줄 일 수 있는 확률이 높아질 수 있다.

회의체 유형별 가이드

회의 문화 개선 방향성을 논의하면서 가장 중요한 기준점으로 논의된 부분이 '회의'와 '회의체', '의사결정기구'를 구분하는 부분이었다. 일반적으로 진행되는 캐쥬얼한 실무자들의 회의와 임원의사결정권자이 참여하여 의사결정이 반드시 필요한 회의는 구분이 필요하다. 프로젝트를 진행하거나, 정기적 또는 단발성으로 운영되는 업무의 담당자급 회의는 '회의'로 명칭하고, 직접적 필요성에 의해 진행되는 회의가 대부분이라 변화관리 수준에서 가이드를 정리했다.

매월 지역별 영업 실적을 공유하고 전략적 의사 결정을 통해 세일즈 방향성을 정하는 본부급 정례 회의는 '회의체'로 정의했다. 즉 임원급의 의사결정권자가 참석을 하고, 정규적으로 운영되는 회의를 '회의체'라는 네이밍을 붙여 회의 명칭으로도 회의의 중요성을 판단할 수 있는 직관성을 부여했다. 이런 '회의체' 구분 내에서도 목적에 의한 유형을 구분하여 회의 준비 대상자와 참석 대상자가 자신의 역할을 명확히 인지할 수 있도록 하였다. '의사결정기구'는 가/부를 결정해야 하는 유형, 포럼, 심포지엄, 세미나, 워크샵 같은 유형들로 회사에서 정의하는 회의 그룹에서 제외시켜 개선 포커스를 진짜 회의의 효율적 운영으로 접근했다.

다음은 '회의체 유형별 가이드 기준'이다.

구분	회의체 유형			의사결정기구
	Idea 회의 Idea meeting	기획회의 Planning meeting	운영회의 Progress meeting	위원회 Committee
정의	새로운 일이나 정책 추진을 위해 창의적인 아이디어를 이끌어 업무의 방향성을 도출하는 회의	도출된 방향성을 구체화하고 업무계획을 수립하는 회의	계획실행 중 발생한 이슈를 해결하는 회의	안건에 대해 위원들의 의견을 모아 가/부를 선택하는 의사결정기구
회의 목적	업무방향성 도출	계획 수립	발생 이슈 해결	의사결정기구

이러한 가이드를 적용하여 단순 공유로 대체가 가능한 회의들_{줄여야 하는} 회의과 업무의 진행을 위해 오히려 횟수는 늘리고 시간은 줄여야 하는 회의들을 구분할 수 있었다.

회의체 Naming 가이드

회의 운영가이드 활용을 통해 참석자들이 회의 준비 시간을 줄일 수 있고 자신이 참석해야 하는 회의인지 아닌지 직관적으로 판단 할 수 있도록 하여 운영자 및 참석자들의 업무적, 시간적 효율성을 높일 수 있을 것이다.

회의체 Naming 가이드는 회의 준비 시 꼭 필요한 시기/주기, 시행 지역, 회의의 목적, 회의 유형_{형태}, 최상위 의사결정권자의 직급 정보를 회의체 명칭에 노출하여 직관적으로 참석자의 역할을 인식할 수 있도록 했다.

※ 회의체 Naming 가이드

작성순서	작성기준	예시)
1. 시행시기 +주기	1) 시행연도 기재: '00년 2) 시행주기 아래 중 선택 기재 　① 연간: - 　② 반기: 상반기/하반기 　③ 분기: 0분기 　④ 월간: 0월 　⑤ 주간: 0월 0주 　⑥ 일간: 0월 0주 0일	'16년 1월(1차) → '16년 1월(1차) R&D 혁신 Idea 회의 (E1)
2. 시행 지역	1) 아래 중 선택 기재 　① Global or G 　　- 조직에서 주관하는 회의체 　　- 또는 2개 이상의 본부가 참여하는 　　　회의체 　② Local 지역 명 　　- 지역본부에서 주관하는 회의체 　③ 미 기재 　　- 본국에서만 참여하는 회의체는 시행지역 미 　　　기재	-
3. 회의 목적	1) 아래 중 선택 or 혼합 기재 　① 주요 Agenda 명 　　해당 회의체의 핵심 Agenda 사용 　　(ex상품개발, 투자, 심의 등) 　② 조직 명 　　- 해당 회의체 참여 조직의 조직 명 활용 　　(ex. 연구개발본부 등) 　③ Function 명 　　- 해당 회의체 참여 조직의 Function 명 활용 　　(ex. 구매, Sales, R&D)	R&D 혁신
4. 회의 유형	1) 아래 중 선택 기재 　• 정의는 위의 회의체 유형별 가이드를 참고 　① idea 회의 　② 기획회의 　③ 운영 회의 　④ 위원회 등(비 회의체)	Idea 회의
5. 최상위 참석자	1) 아래 중 선택 기재 　① G: CEO 　② C1: 대표이사 　③ C2: CSFO 　④ E1: 본부장/부문장 　⑤ E2: 담당임원 　⑥ M: 팀장	(E1)

3

업무 환경 진화에 따른
생산적 회의 및 보고 문화 구축

    회의 운영 개선 방향과 가이드가 도출되면 직원들에게 필요성을 명확히 전달하고, 가이드를 준수할 수 있도록 하는 것이 중요하다. 가이드는 교육, 조직별 워크샵, 사내 공지, 전체 이메일 발송, 이벤트 기획/진행, 설명회, 오프라인 안내물 전시_{액자, 엑스배너 등}, 영상 컨텐츠 제작 등 다양한 방식으로 가이드를 전파할 수 있다. 짧은 시간 동안 큰 영향을 미치는 것도 중요하지만, 꾸준한 모니터링을 통해 제도가 안정적으로 정착되도록 하는 것이 중요하다. 회의/보고 개선 작업에서는 경영진의 의지가 중요하다. Bottom-up 방식보다는 Top-down 방식을 적극적으로 추진해야 한다. 이를 위해 경영진을 설득하고 활용하도록 하여 초기 일정 기간은 Top-down 방식의 커뮤니케이션에 집중해야 한다.

    조직문화 변화를 유도하고 정착시키는 것은 쉽지 않다. 하지만 회의와 보고를 효율화하여 직원들이 하루에 1시간씩 절약할 수 있다면 이는 매우 큰 성과를 창출해 낼 수 있다.

이제는 모든 업무를 정량화하고 수치화하여 해당 업무의 타당성과 설득력을 높이는 것이 중요하다. '회의와 보고의 직급별 만족도 조사'와 같은 도구를 개발하여 정기적으로 모니터링하고, 퍼실리테이터 제도를 유지하면서 개선점과 안정화 등을 수치화하면, '회의/보고 줄이기'가 효과적으로 정착될 것이다.

온라인 회의 활용과 대면 회의 축소

COVID-19 시대에는 Zoom, Teams, Skype, Meet 등 다양한 비디오 회의 도구가 활성화되면서 화상 회의가 익숙해지는 분위기가 형성되었다. 불필요한 보고와 회의를 줄이기 위해 온라인 미팅이 활용되었지만, 상황과 환경에 따라 실행되는 경우가 많았다. 그러나 온라인 회의로 전환 후 회의의 질이 떨어지고, 횟수는 늘어나며, 근무 시간 외에도 회의가 진행되는 단점이 드러났다. 그렇다면 온라인 회의와 대면 회의를 어떻게 관리해야 효과적으로 회의 시간과 횟수를 줄이고, 효율적인 결론을 도출하는 '진짜 회의'가 될 수 있을까?

온라인 회의와 대면 회의는 각각 장점과 한계를 갖고 있다. 온라인 회의는 이동 및 시간 낭비를 최소화하고, 물리적 공간 이동에 대한 효율을 향상시킨다.

온라인(화상) 회의의 장단점

온라인 회의의 장점은 물리적 공간의 제약을 최소화하며, 어디서나 언제든 참여할 수 있다는 것이다. 회의 참석을 위한 출장 시간과 비용을 크게 줄일 수 있으며, 시스템을 활용해 녹화와 기록이 간편하다.

단점은 대면 회의에 비해 집중력이 떨어질 수 있으며, 참석자가 많아질수록 논의의 효율성은 감소한다. 참석자가 너무 많을 경우 정보공유에 한계가 있으며, 회의 후 관계 형성이 어렵다. 특히 네트워크 문제가 발생할 경우, 회의 운영의 어려움을 겪을 수 있다.

대면 회의의 장단점

대면 회의의 장점은 창의성을 촉진할 수 있는 환경을 제공하며, 대면에서만 가능한 다양한 형태의 커뮤니케이션을 통해 화상 회의보다 빠른 진행과 상호 관계 구축 등 복합적인 무형의 장점이 있다.

단점은 물리적 공간의 제약이 있다. 특히 지역과 시간대가 다른 참석자가 있는 경우 출장비용 및 이동시간이 소요되어 비효율이 발생한다.

그렇다면 대면 회의와 온라인 회의의 장점을 결합한 하이브리드 회의가 정답일까? 영화의 유명 대사처럼 "무엇이 중요한지"를 고민해봐야 할 시점이다. 회의를 왜 하는지, 이번 회의의 목적이 무엇이며 어떤 결과를 얻기 위한 것인지를 명확히 하는 것이 중요하다. 이에 따라 대면 회의가 효과적일지, 화상 회의가 효과적일지 판단하면 논쟁을 할 필요성이 줄어든다. 이번 회의의 가장 중요한 포인트와 어떤 결과를 얻기 위함인지를 다시 한번 상기해본다. 이것이 명확해지면, 회의 없이 단순 메일링으로 업무가 간소화되는 날이 곧 올 것이다. "Less For Better!"

CHAPTER 8

MZ세대의 창의성과 협업을 위한 공간 기획 전략

이 환

1

직원의 업무 성과 향상을 위한
HR 주도 공간 개선

업무 환경의 최적화

업무 환경의 최적화는 최근 기업 및 조직 운영에 있어서 중요한 관심사이다. 이는 업무 환경이 조직의 생산성, 효율성, 직원 만족도, 업무 몰입도, 협업 능력, 창의성, 그리고 조직 구성원들의 건강에 직접적인 영향을 미치기 때문이다. 이러한 업무 환경의 중요성이 높아지면서, 업무 환경은 채용 경쟁력과 기업 브랜딩에 연결되어, 기업의 중요한 전략적 과제로 인식되고 있다.

단순히 공간의 형태나 디자인을 개선하는 것 이상으로, 조직의 목표와 전략에 부합하는 업무 환경을 구성한다면, 직원에게는 회사에 대한 애착감과 만족감을, 조직에는 생산성 향상, 채용 경쟁력, 원하는 기업문화의 정립 등으로 이어질 수 있다. 그렇다면, 현재의 공간의 가구와 인테리어만 바꾸는 접근이 아닌 '진짜 일 잘 하는' 환경을 조성하려면 어떻게 해야 할까?

기존에 놓여진 대로 너무나 익숙하게 목적 없이 사용되는 공간. 퇴근 후에도 책상 위에 스마트폰 충전 케이블, 모니터 케이블, 노트북 충전 케이블, 스테이플러와 A4 용지 등의 사무용품들이 너저분하게 놓인 공간. 자주 보지도 않는 출력물들이 1년 동안 파티션 벽에 붙어 있어도 "그냥 그렇게 쓰는 거지" 하는 사무실 분위기도 있다.

HR적 관점으로 우리가 일하는 공간을 들여다 보려 한적이 있는가? 단순히 총무적 관점이 아니라 HR직무적인 관점에서 말이다. 닭장처럼 동일한 공간들이 복사/붙여넣기Ctrl+C/Ctrl+V 형태로 밀집해 있는 오피스는 업무 성과에 어떤 영향을 미칠까. 같은 회사 내에서도 직군과 직무가 다양하고, 루틴한 업무들이라 할지라도, 획일화되고 목적이 모호한 위와 같은 사무환경이라면, 확실한 것은 이것이 업무 성과에 긍정적인 환경은 아니라는 것이다. 명확한 목적에 맞는 공간적 변화가 필요하다. HR관점에서 업무 퍼포먼스와 관리, 유관 직무분석 등의 관점과 함께 문화적 접근을 더해 공간을 주어진 대로 사용하는 것이 아닌 '공간 기획적 관점'으로 바라 볼 필요성이 있다.

동일한 공간에 근무 인원수가 곧 생산성이던 1990년대 오피스의 모습과 공유 오피스, 거점 오피스 등 다채로운 형태의 현재와 비교했을 때, 케이지형의 양계장 같은 밀집된 파티션 구획이 일반적인 모습이었다. 당시에는 '좁은 공간에 많은 좌석을 배치하는 것이 오피스 공간을 가장 효율적으로 이용하는 방법'이었고, 그 결과 다양한 공간 형태보다는 표준화된 공간이 많았다.

그러나 2010년 이후로 공유 오피스, 재택 근무, 워케이션 등 다양한 근무 형태들이 우리나라에 도입되었다. 특히, COVID-19로 인해 공간에 대한 개념 변화가 더욱 넓고 깊게 가속화되었다고 볼 수 있다.

COVID-19로 생긴 변화를 보자면, 첫째로, 보수적인 회사들도 원격 근무라는 업무 형태를 고려하게 되었다. 많은 회사가 직원들에게 원격 근무 옵션을 제공하고, 이는 근무 직원수 만큼의 오피스 내 좌석이 필요하다는 상식을 깨고 공간의 개념을 다시 고민하게 만들었다.

둘째로, 유연한 근무환경을 제공하는 문화가 생겼다. 회사들은 직원들에게 유연한 근무 시간 및 장소를 제공하기 위해 다양한 업무 공간을 마련하고자 노력했고, 개별 업무공간, 협업공간, 회의공간, 집중업무공간 등 다양한 작업 스타일을 지원하게 되었다.

셋째, 디지털화 및 스마트 기술이 오피스에 적극 도입 검토되었다. COVID-19로 인해 디지털 커뮤니케이션 및 협업 도구의 중요성이 부각되었고 협업 툴, 화상 회의 시스템, IoT사물 인터넷 장치 등이 오피스 공간에 어떤 방식으로 적용 하는 부분도 검토 대상에 포함되어 시스템적 투자 장벽이 과거 대비 낮아지게 되었다.

이러한 시대적, 환경적 변화들로 오피스 공간에 대한 정형화된 개념이 조금은 유연해져 앞으로 일어날 수 있는 공간적 다양한 변화들이 발현되는 단초가 되었다고 생각한다.

그렇다면 다양한 환경을 갖고 있는 오피스들에서 그나마 접근이 쉽고 적은 비용으로 꼬인 공간들을 풀 수 있는 방법은 무엇일까. 변화가 필요하다면 고민을 멈추고 당장 하나라도 시도해 보자.

꼬인 공간은 반드시 해결해야 발전한다. 많은 비용을 들여 오피스를 이전하고, 모든 인테리어와 가구, 시스템들을 교체하면 좋겠지만 마음 처럼 쉽지 않은 경우, 최소한의 비용으로 최대의 효과를 낼 수 있는 꼬인 공간을 푸는 방법은 다음과 같다.

먼저 각 공간의 정의를 명확히 한다. 개인 업무공간, 회의 공간, 캐주얼 소통공간Canteen, 오픈테이블, 라운지 등, Pen&Paper 공간, 문서보관공간 등을 재배치하거나 교체하여 해당 공간을 목적에 맞게 사용하도록 한다. 이를 위해 가구의 재배치나 교체오피스데스크, 파티션, 회의책상, 의자 등 또는 인테리어의 변화 등이 필요할 수 있다.

다음은 효율적인 이동 동선을 고려한다. 동선을 고려할 때, 나눠야 할 동선과 합쳐야 할 동선이 있다. 예를 들어, 회의 공간 동선과 Canteen 동선은 합치고자주 만남으로 유관 팀들간 소통 강화, 화장실, 파우더룸, 개인 통화 등 개인의 프라이버시가 중요한 행동들의 동선은 가능한 분리하는 것을 고려해야 한다. HR적 관점에서 유관 업무들을 수행하는 팀들의 업무 연관성을 제시해 공간 배치를 제안할 수 있다.

각 공간별 이용 가이드를 정립하고 사내 변화관리를 진행한다. 각 공간별 목적에 맞는 가이드를 정립하고, 직원들이 잘 활용할 수 있도록 지속적인 변화관리 캠페인을 진행해야 한다. 왜 해당 공간을 이렇게 사용해야 하는지를 사용자에게 이해시키는 것이 자연스럽고 안정적인 변화를 가져오는데 매우 중요하다.

마지막으로 지속적인 모니터링과 사용자 피드백을 통해 개선한다. 변화관리를 안내한 내용대로 지속적인 모니터링을 하고, 문화가 정착될 수 있도록 한다. 또한 사용자들의 진솔한 피드백을 정기적으로 받아 편리성을 제공하려고 노력해야 한다. 공간의 변화에 따라 행동과 생각하는 방식도 변할 수 있다.

회의, 보고 문화 개선과는 다르게, 꼬인 공간을 해결하는 것은 Bottom-up

방식으로도 충분히 가능하다. 우리 회사의 현실에서 가장 효과적인 방법은 무엇인지 고민해보고, 그 변화의 결과는 장기적으로 '일하는 방식의 변화'와 그에 따른 '업무적 사고의 변화'로 이어질 것이다.

2

업무 형태에 따른 공간 분리로
향상되는 직무 성과

업무 환경을 개선하려면 다양한 방향으로 접근할 수 있다. 기존 환경의 변화가 중요하긴 하지만, 인테리어와 가구의 변화는 바로 눈에 띄며 즉각적인 행동 변화를 유도할 수 있다. 인테리어와 가구 변화를 고려할 때 참고해야 할 포인트들은 다음과 같다.

조명은 밝은 조명이 어두운 조명보다 생산성을 향상시킨다. 단순한 다운라이트만 있는 시스템에서는 29~31%의 근무자가 불쾌감을 느낀다. 직접조명, 간접조명, 조도 조절dimming이 가능한 환경에서는 근무자의 91%가 편안함을 느낀다. 조도 조절dimming 컨트롤이 적용된 공간은 동기부여를 증가시키고 업무 정확도를 높인다.

파티션은 업무 형태에 따라 파티션 형태를 다양하게 적용하거나 파티션을 미적용하는 등 파티션의 구성 형태에 따라 업무 퍼포먼스가 달라진다. 예를들어 고객 및 영업 담당자의 경우 전화 통화가 많은 직무자는 박

스형의 높은 파티션을 적용하는 것이 좋다. 담당 업무 간 소통이 중요한 직무자라면 아이컨텍이 가능한 높이의 파티션을 적용하면 업무효율성이 향상될 수 있다. 상시 이동이 많은 영업 직무자의 경우라면, 파티션이 없는 공용 데스크 적용하는 것이 바람직하다. 파티션이 없는 경우, 케이블 및 콘센트, 기타 물품 등의 배치 및 관리를 더욱 신중하게 고려해야 한다.

다양한 형태의 회의 공간 구성을 위해서는 회의 공간의 인테리어나 가구 등이 무거운 분위기를 만들어 소통을 방해할 수 있다. 다양한 형태의 회의 공간을 구성하면 회의 목적에 따라 적절한 공간을 활용하여 회의의 효율성을 높일 수 있다. 오픈 테이블 형태, 이동형 의자로 구성된 회의 공간, 고정형 의자와 데스크로 구성된 회의 공간, 좌식 형태의 회의 공간 등이 이에 해당된다.

캐주얼한 소통 공간 구성은 유관팀들 간 캐주얼한 대화가 가능한 '우연한 만남세렌디피티'을 자주 가질 수 있는 공간을 구성하면, 조직 간, 회사 간 소통을 강화할 수 있다. Canteen 형태의 휴식 공간이나 Pen&Paper 형태의 문서 출력공간 등에 적용할만 하다.

업무용 데스크 및 의자는 직급에 따라 업무용 데스크나 의자 등을 다르게 하는 것은 상급자와의 소통이 어려운 직원들에게 두려움을 느끼게 만들 수 있다. 수평적 소통을 활성화하려는 회사라면 업무용 데스크와 의자 등 차별을 두지 않는 것이 좋다. 또한, 확장성과 가시성 등을 고려해 도입하거나, 원하는 형태로 개발하거나 변형하는 것도 고려해볼 만한 부분이다.

실내 공기 질의 개선은 사람들이 건강하고 생산적으로 생활할 수 있는 환경을 만드는데 중요한 요소이다. 특히, 다수의 인원이 좁은 공간을 사용하는 경우, 이 부분에 대한 주의가 필요하다. 공조 및 환기장치의 효율성, 층과 천장 사이의 높이, 그리고 기타 환경조성 요소들도 고려되어야 한다.

소음 관리는 업무 환경을 개선할 때 소음도 고려되어야 하는 중요한 부분이다. 공간별로 적용할 방향을 고민해야 한다. 예를 들어 회의실에서는 흡음 페인트를 사용하거나, 이중 유리를 적용하거나, 바닥에 매트를 설치하거나, 사무실 책상과의 거리를 조절하는 등, 목적과 추구하는 방향에 따라 다양한 대안을 고려할 수 있다.

3

MZ세대 유치를 위한 오피스 공간 기획

　HR 관점에서 본 사무실 인프라의 구성 방향은 조직 내 인사 관리에도 다양한 영향을 미친다. 특히 MZ세대의 채용과 육성 및 관리에 대한 관심이 높아진 회사들에게는 '사무실 구성'이 MZ세대의 입사 여부를 결정하는 중요한 고려 요소가 될 수 있다. 기존 직원들에게도 업무에 몰입하게 하고, 애사심을 높이는 환경적 요소로 중요한 역할을 하며, 직원 관리 방향성을 제시하는 관리적 측면에서도 중요하다.

　사무실을 통한 채용 브랜딩 강화를 통해 우수 인재를 확보하기 위해 기업은 변화하는 시장에서 경쟁력을 유지하기 위해 최고의 인재를 유치하고 유지해야 한다. 특별한 주의를 기울인 오피스 환경은 우수 인재를 유치하는 데 중요한 역할을 할 수 있다. 다양하고 캐주얼한 디자인을 갖춘 사무실은 경력직과 신입사원들에게 매력적인 요소가 될 수 있다.

　인당 공수 대비 효과성으로 업무 생산성 최적화를 위한 사무실 구성은 조직 내 업무 생산성에 직접적인 영향을 미칠 수 있다. 각 직군의 업무적 목적과 작업 방식에 맞는 환경을 구현 한다면, 근무자들이 더욱 효율적으로 업무를 수행할 수 있다.

ESG적 측면에서 사무실 디자인은 직원의 행복과 웰빙에 영향을 미친다. 편안하고 쾌적한 작업 환경은 직원들의 업무 몰입도와 만족도를 향상시키며, 우수 인재의 이직률을 낮출 수도 있다. 어린이집, 피트니스 센터, 웰니스 센터 등의 복리후생 공간은 직원의 건강관리를 유도하여 산재 관련 이슈를 최소화하고, 애사심을 향상시킬 수 있다.

기업문화와 조직 가치 체계는 조직의 미래 방향성 반영하여 오피스 디자인과 구성은 조직문화와 가치 체계를 대변할 수 있다. 개방적인 작업 공간, 협업 공간, 파우더룸, 다양한 회의공간 등은 회사가 협력과 혁신을 중요하게 생각함을 공간을 통해 직간접적으로 전달할 수 있다.

HRD적 측면에서 학습과 개발 환경을 갖추기 위해 직원들의 성장을 중시하는 이미지를 공간을 통해 구현할 수 있다. 계속적인 학습과 개발을 촉진하기 위해 사무실 공간 구성시 온라인 교육 인프라, 세미나룸, 라이브러리 공간 등을 갖추면, 근무자들의 개인적 육성 및 업무능력 향상을 도울 수 있다.

이러한 공간구성이 기업이 가고자 하는 방향성과 일치하지 않을 때는 부작용이 발생하기도 한다.

협업이 중요한 회사에서, 업무 환경이 협업을 지원하지 못하면 직원 간의 효과적인 소통이 어려워져 정보 공유, 의사결정 및 문제 해결에 어려움이 생길 수 있다. 업무 환경이 불만족스럽거나 불편하면 직원들은 스트레스를 느끼게 되고, 이는 업무 태도와 성과에 부정적인 영향을 미칠 수 있다. 이로 인해 개인주의적인 태도가 증가하고 생산성이 감소할 수도 있다.

업무 환경이 직원 건강을 고려하지 못하면, 건강 문제가 증가하고 업무 몰입도가 낮아져 성과에 영향을 미칠 수 있다. 업무 환경은 조직 문화를 반영하고 형성한다. 효율적이지 않은 환경은 조직 문화에 부정적인 영향을 미치며, 이는 업무 성과를 저하시킬 수 있다.

HR 측면에서도, 오피스의 공간 구성은 매우 중요한 부분이다. 새로운 오피스를 구성하거나 업무 환경을 개선하는 계획이 있다면 HR적인 측면을 고려하여 직원과 회사 모두에게 만족스러운 공간이 될 수 있도록 기획 단계에서 충분한 고민이 필요하다.

4

MZ세대의 창의성과
협업을 위한 공간 설계

유튜버가 선망하는 직업으로 떠오르는 현대 비즈니스 환경에서는 창의성의 중요성이 강조되고 있다. MZ세대의 독특한 경험과 배경을 바탕으로 업무 성과를 내야 하는 상황에서, 많은 회사들이 새로운 업무 방식을 도입하고 있다. 이를 통해 직원들의 만족도를 향상시키고 전문성을 발전시키려는 다양한 근무제도가 도입되고 있다.

회사들은 이제 시간, 장소, 태도 등을 통제하는 대신, 직원들이 성과를 내기 좋은 환경을 조성하는 것이 더 효과적이라는 증가하는 추세이다. 이러한 인식과 제도의 변화는 회사들이 공간을 다양하게 활용하는 계기가 되고 있다.

다양한 근무 형태와 인프라의 관계

자율 좌석제도는 사무 공간에서 고정된 자리 없이 자유롭게 근무하는 제도이다. 이는 직원들에게 업무 수행에 필요한 활동적인 환경을 제공하며, 다른 직무의 직원들과 우연한 만남을 통해 협업을 촉진하고 다양한 시너지를 만들어낼 수 있는 환경을 제공한다. 하지만 관리자 입장에서는 팀원과의 소통이 어려워지는 경우도 있고, 팀원 간에도 소통이 단절되는 경우가 발생할 수 있다. 자율 좌석제도의 장점을 강화하기 위해, HR 관련 규정을 깊이 고민해 볼 필요가 있다. 예: 주 2회는 팀원들과 함께 이동하도록 하기, 좌석 이동을 주 단위로 하기 등

제도 적용 시 고려해야 할 인프라적 관점에서 보면 좌석 예약 시스템, 좌석 이동에 따른 좌석 확인 시스템, 개인 라커, 전자 명패, 정형화된 이동식 백스마트 워킹 백, 개인 짐의 간소화 등을 말한다.

시차출퇴근제를 적용하는 탄력근무제도는 근무 시작 및 종료 시간을 유연하게 조정할 수 있는 제도이다. 이를 통해 직원들은 'work-life balance'를 유지하며, 생산성을 향상시킬 수 있다. 주 또는 월 단위로 정해진 근무시간을 소화하면 된다. 하지만, 업무 시간의 불규칙성으로 인한 업무 일관성 감소와 팀 간 협업의 어려움이 발생할 수 있다. 이를 보완하기 위해 집중근무 시간을 부수적으로 도입하거나, 사용할 수 있는 탄력근무의 시간적 범위를 제한하기도 한다.

제도 적용 시 고려되어야 할 인프라적 관점은 공간의 운영보다는 IT시스템 적용 측면의 인프라적 관점으로 볼 필요가 있다. 신뢰성을 담보한 근태인증 시스템의 도입과 중간관리자에 의한 팀원들의 근태관리가 중요하다. 따라서, 탄력근무제도를 운영할 경우 고정좌석제도를 도입하는 것도 방법이다. 공간을 제약하는 관리보다는 협업 툴을 통해 개인별 업무 스케줄을 관리하고 그에 따른 업무성과를 관리하는 것도 고려해볼 만

한 방법이다.

재택근무제도는 근무자들이 자신의 집에서 근무할 수 있는 제도다. 이를 통해 교통 및 이동 시간을 절약하여 편의성을 높일 수 있다. COVID-19의 확산으로 강제, 권장적으로 시행되기도 했다. 단점으로는 협업 시스템에 익숙하지 않은 직원들의 경우, 소통의 어려움이 발생할 수 있고, 특히 대면 소통이 중요한 업무의 경우 성과가 떨어질 수 있다. 또한 팀 간 협업이 어려워질 수 있다. 그러나 근무시간을 관리하는 것보다 업무의 성과와 결과물로 관리를 한다면, 직원들의 업무 몰입도가 유지 또는 향상될 수 있다.

제도 적용시 고려되어야 할 인프라적 관점에서 재택근무제를 장기적으로 운영할 계획이라면, 회사는 좁은 공간을 사용하는 오피스로 이전하여 임대료 및 운영비를 줄일 수 있다. 기존 오피스 데스크 공간의 사용 목적을 다양화하여 Communication Lounge, Business Meeting Lounge, 전시 공간 등으로 활용할 수 있다. 또한 대규모의 오피스가 아닌 지역별 소규모의 거점 오피스를 마련하여 유연한 업무환경을 제공하는 것도 고려해볼 수 있다. 이는 특히 사무적 업무가 많지 않은 근무 형태의 직원이 대다수를 차지한다면 더욱 고려해 볼 부분이다.

원격근무제도는 재택근무제도와 유사하지만, 근무 장소 범위가 거주지로 한정되지 않고 더욱 확대된 개념이다. 회사가 정한 가이드 내에서 어디서나 업무를 할 수 있다.

제도 적용 시 고려되어야 할 인프라적 관점: 회사가 오피스를 반드시 확보하지 않아도 업무 진행이 가능하며, 해외에서 근무하는 경우도 있다. 공유오피스를 활용하여 정기적으로 모여서 일하는 시간을 마련하는 등,

업무적 성과를 달성하는 부분에서 사옥과 같은 인프라의 보유가 필수항목이 아닐 수 있다. 이를 통해 오피스 유지 관리 비용 및 자산적 개념으로 볼 때의 비용 활용의 효율성을 높일 수 있다. 또한, 회사소유의 인프라가 부족한 회사들의 경우, 복리후생적 개념으로도 본 제도를 도입하는 것을 고려하기도 한다.

5

디지털 아카이브 구축에 의한 공간 최적화

오피스에서 팀마다 보관하는 종이 문서의 공간을 살펴보면, 창고 전체를 이용하거나 통로를 점유해 하나의 길을 만들고 있다. 종이 문서 보관 공간의 크기를 임대료로 계산해보면, 다양한 생각이 들 수 있다. 심지어 이 공간은 다른 목적으로도 사용될 수 있다. 꼭 모든 문서를 종이로 보관해야 하는 것일까? 언제부터 우리 오피스는 무의식적으로 문서를 출력물로 보관하는 것에 익숙해졌을까? 법적으로 보관해야 하거나 자주 찾아보는 문서는 보관해야 하며, 사내 문서 관리 규정을 지켜야 하는 것도 맞다. 하지만 "변화가 필요하지 않을까"라는 의문을 통해 변화의 가능성과 필요성을 검토해볼 필요가 있다.

회사의 종이 문서를 디지털화하는 과정에서 겪은 실무적 사례를 분석한 결과는 종이 문서 처리에 대한 고민이 있는 회사나 담당자들에게 도움이 될 것이다.

먼저, 개선의 시작점은 사전에 규정 파악을 파악하여 Top-down이든,

Bottom-up이든 누군가가 종이 문서의 보관량 증가나 관리 기준에 대한 개선 의지를 보인다면 '정리의 필요성'에 대한 공감대는 쉽게 생길 것이다. 기존 문서 관리 규정이 있다면, 그 규정이 수립된 시기를 파악하고 실제 적용 가능한 부분이 있는지 검토해봐야 한다.

종이 문서의 현황 파악도 중요하다. 규정 개선 방향을 정하는 것과 동시에 종이 문서를 어느 팀에서 어떤 목적으로 보관하고 있는지, 그 보관양이 어느정도인지 파악하는 것이 필수적이다. 취합 양식을 각 회사에 맞게 작성하여 관련 팀에 공유하고 취합 받는다. 인터뷰를 추가로 진행하면 현황 파악이 더욱 수월해질 수 있다.

문서의 보관 및 파쇄와 디지털화 결정을 하기 위한 현황을 파악하는 과정에서 개정된 관리 규정을 관련 팀들에 사전에 공유하고, 각 문서를 반드시 종이로 보관해야 하는지, 파쇄해도 되지만 디지털화가 필요한지, 아니면 보관과 디지털화가 필요 없는지에 대해 스스로 결정할 수 있게 하는 것이 중요하다. 이러한 내용들은 취합 양식에 함께 기입하고, 인터뷰 시 상호 체크를 통해 리스크를 최소화한다.

분류에 따른 물리적 그룹화는 보관용, 파쇄용, 디지털화용 문서를 분류한 후, 물리적으로 이들을 그룹화한다. 문서의 양을 파악한 결과를 활용해 보관 장소를 섹터별로 구분해두는 것이 아니라, 파쇄할 문서들은 보안을 위해 지정된 공간에 모은다. 디지털화해야 하는 문서 중 파쇄해야 하는 것들이 많을 수 있으므로, 디지털화를 완료한 후 한 번에 진행하면 효율성을 높일 수 있다.

디지털화된 문서의 관리에 있어 중요한 것은 문서를 디지털화한 후에는, 보안 등급을 부여하고 권한을 부여받은 사람이 관리하도록 결정해야 한다. 또는 IT 보안 담당 부서가 일괄적으로 관리하고, 문서가 필요한 경우 검색 또는 문의 과정을 통해 문서를 확인하거나 파일로 공유하도록 하는 방식도 가능하다. 사내에서 디지털화된 문서의 보안 등급을 분류하는 명확한 기준을 설정하고, 그에 따라 문서를 관리한다. 종이문서의 디지털화를 진행할 때, 해당 분야의 전문 업체를 찾을 경우 검색 툴 프로그램을 제공하는지, 또는 파쇄 업무도 턴키 계약으로 가능한지 확인하는 것이 중요하다.

디지털화로 인하여 새롭게 생긴 공간을 단순히 창고로 사용하는 것에 대해 재고할 필요가 있다. 종이 문서가 보관되던 공간이 여유가 생겼다면, 다양한 방면에서 공간 활용성을 검토하고 새로운 레이아웃을 구성해야 한다. 이를 통해 회사의 전략적, 인사적 방향성을 공간에 투영하여 활용할 수 있을 것이다.

HR 레볼루션
혁신

'HR 레볼루션: 혁신'의 의미는 HR 분야에서 새로운 접근 방식, 전략, 그리고 기술을
도입하여 전통적인 HR 관리 방식을 혁신하는 것을 의미한다. 이는 디지털 기술 통합,
데이터 중심의 결정, 직원 경험 개선, 그리고 조직의 유연성 및 반응성 증가에 초점을
맞춘다. HR 혁신은 조직 성과 향상과 직원 만족도 증진을 목표로 한다.

- ERiC Story

CHAPTER 9

역량 모델링과 문화 혁신을 위한 리더십 체계 구축

최락구

1

직원 성장과 조직 성과 촉진을 위한
역량 모델링

역량Competency은 개인이나 조직이 특정 직무, 업무, 또는 목표를 달성하기 위해 필요한 능력, 지식, 스킬, 자질, 특성, 행동 패턴 등을 나타내는 개념이다. 이는 특정 업무나 역할을 성공적으로 수행하기 위해 필요한 능력이나 행동특성을 의미하며, 특히 조직에서는 역량이 고성과자의 일관된 행동 특성을 나타낸다고 할 수 있다. 역량은 다음과 같은 요소로 구성된다.

- 지식Knowledge: 특정 직무나 업무에 대한 깊은 이해와 정보를 나타내며, 그 기반에는 이론적인 학습과 관련된 주제에 대한 넓고 깊은 지식이 요구된다. 이는 개인이 자신의 업무를 수행하고 문제를 해결하는 데 필요한 이론적 배경 지식을 갖추고 있음을 의미한다.
- 기술Skills: 기술은 특정 작업이나 활동을 수행하는 데 필요한 실질적인 능력을 나타낸다. 기술은 개인이 특정 작업을 얼마나 숙련되게 수행할 수 있

는지, 그리고 그 작업이 얼마나 효과적으로 이루어지는지를 나타내는 척도이다.

- 능력Abilities: 능력은 개인이 특정 작업을 수행하거나 문제를 해결하는 데 얼마나 빠르고 효과적으로 이루어낼 수 있는지를 나타낸다. 이는 분석 능력, 의사 결정 능력, 커뮤니케이션 능력 처럼 개인이 얼마나 빠르고 정확하게 문제를 인식하고 해결할 수 있는지를 나타내는 척도이다.

- 자질Qualities: 자질은 또한 개인의 내적 특성을 나타내며, 이는 성격, 동기, 흥미, 태도 등을 포함한다. 이는 개인이 팀워크를 발휘하거나 리더십을 행사하는 데 필요한 특성, 그리고 문제 해결 능력을 향상시키는 데 필요한 자질을 나타낸다.

- 행동 패턴Behavioral Patterns: 이는 어떻게 행동하고 반응하는지를 나타내는 일관된 패턴을 포함한다. 개인이 특정 상황에 대응하고, 자신의 역할과 책임을 수행하는 방식을 나타내며, 개인의 행동 스타일과 일관성을 반영한다.

역량은 개인과 조직의 성과를 향상시키는 중요한 요소로, 직무 성과를 향상시키고, 조직이나 개인의 목표 달성에 필수적인 역할을 한다. 개인의 성장과 경력 개발에 중요한 역할을 하며, 이를 통해 개인의 능력과 업무 효율성을 향상시킬 수 있다.

조직은 역량 프레임워크를 사용하여 채용, 승진, 교육 및 개발, 직무 배치 등의 다양한 인사 관리 프로세스를 지원한다. 이러한 프레임워크는 조직의 전략적 목표와 일치하는 인재를 유치하고 유지하는 데 도움이 된다. 역량은 조직이나 개인이 자신의 역할을 더욱 효과적으로 수행하도록 돕는 도구로 사용될 수 있다. 결국, 역량은 개인과 조직 모두에게 더 나은 성과를 달성하는 데 필수적인 요소이다.

역량 모델링

역량 모델링Competency Modeling은 조직이나 특정 업무에 필요한 역량과 능력을 정의하고 설명하는 과정을 의미한다. 이는 조직의 목표 달성과 원하는 성과를 얻기 위해 필요한 인재 확보, 개발, 성과 관리, 리더십 평가 및 훈련에 중요한 역할을 한다. 역량 모델링은 조직 내외부 환경 변화에 따라 요구되는 역량을 정의하고 개발하기 위한 기반을 제공하며, 다음과 같은 의미를 갖는다.

- 역량 정의: 조직이나 특정 직무에서 필요한 역량을 명확하게 정의하고 설명하는 것은 역량 모델링에서 매우 중요한 과정이다. 이를 통해 조직은 필요한 기술, 지식, 행동 패턴, 태도 및 경험을 갖춘 인재를 찾아 채용하거나 개발하는 데 도움이 된다. 이렇게 함으로써 조직은 역량 모델링을 통해 더 효율적으로 인재를 관리하며, 그들의 잠재력을 최대한 활용할 수 있다.
- 평가와 선택: 역량 모델링을 통해 조직은 채용 프로세스나 승진을 위한 적합한 후보자를 선택하는 중요한 기준을 마련한다. 역량 기반의 평가와 면접은 후보자의 역량과 관련된 능력을 정확하게 측정하고 평가하는 효과적인 도구가 될 수 있다. 이를 통해 조직은 자신들이 필요로 하는 역량을 가진 인재를 찾아 성공적으로 활용할 수 있다.
- 개발과 훈련: 역량 모델은 개인이 필요한 역량을 개발하고 향상시키는 데에 중요한 도구이다. 개인과 조직은 역량 모델에 따라 개발 계획을 수립하고, 이에 따른 교육 및 훈련을 받아 자신의 능력을 향상시킬 수 있다. 이는 개인의 성장과 함께 조직의 성장에도 기여하게 된다.

- 성과 관리: 역량 모델은 성과 평가 및 피드백 과정에서 중요한 역할을 한다. 역량과 관련된 목표와 성과 기준은 개인의 업무 성과를 평가하고 관리하는 데에 효과적인 기준을 제공한다. 이는 직원들의 성과를 향상시키는 데에 중요한 역할을 한다.

- 리더십 및 전략: 리더십 역량은 조직의 비전과 전략을 실행하는데 중요한 역할을 한다. 역량 모델은 이러한 리더십 역량을 측정하고, 이를 바탕으로 리더십 개발 프로그램을 설계하고 실행하는 데 도움을 준다. 이를 통해 조직은 효과적으로 리더를 양성하고, 그들이 조직의 전략을 성공적으로 실행할 수 있도록 지원할 수 있다.

- 조직의 경쟁력 강화: 역량 모델은 조직이 변화하는 환경에서 경쟁력을 유지하고 강화하는 데에도 도움을 준다. 이를 통해 조직은 변화하는 시장 환경에 대응하고, 지속적인 성장을 위한 전략을 세울 수 있다.

역량 모델링 프로세스

역량 모델링 프로세스는 조직이 특정 직무나 역할을 수행하기 위해 필요한 역량을 명확히 정의하고, 이를 관리, 평가, 개발, 보상, 승진 등의 인사 관리 활동에 적용하기 위한 체계적인 절차이다. 조직은 자체적으로 역량 모델을 개발하거나 외부 전문가의 도움을 받아 역량 모델을 설계하고 적용할 수 있다. 역량 모델링 프로세스의 주요 단계는 다음과 같다.

- 필요한 역량 식별: 특정 직무나 역할을 수행하기 위해 필요한 역량을 식별하는 단계로, 조직은 관련 비즈니스 목표와 요구사항을 검토하여 필요한 역량을 결정한다.

- 역량 정의: 식별된 역량을 명확하게 정의하는 단계로, 역량명, 역량 정의,

관련된 행동/기준, 성과 기대치 등의 정보를 상세히 기술한다.

- 역량 평가: 직원의 역량 수준을 평가하는 방법과 도구를 개발하는 단계로, 역량 평가 척도, 자기평가, 상사 평가, 360도 피드백 등을 활용할 수 있다.

- 역량 관리: 역량 평가 결과를 기반으로 개인별 개발 계획, 역량 강화 교육, 피드백 제공, 승진 및 보상 결정 등을 포함한다.

- 인사 관리와 결정: 역량 모델링 결과를 활용하여 승진, 보상, 선발, 스킬 교육 및 전문성 개발, 조직 내 이동, 인사 평가 등의 의사결정을 지원한다.

- 주기적인 모니터링과 개선: 역량 모델링은 조직의 변화와 진화에 맞춰 주기적으로 검토하고 개선해야 한다. 새로운 직무 요구사항이 생기면, 역량 모델도 업데이트해야 한다.

- 의사소통 및 교육: 역량 모델링 결과는 조직 내에서 적절히 공유되어야 한다. 직원은 자신의 역량을 이해하고 향상시키기 위한 지원과 기회를 제공받아야 한다.

역량 모델링 프로세스는 조직의 성과 관리와 인적 자원 개발을 지원하는 중요한 도구로서 광범위하게 활용되며, 이는 조직의 전반적인 성장과 발전에 크게 기여한다. 이 프로세스를 통해 조직은 필요한 역량을 명확하게 정의하고, 이를 바탕으로 직원의 역량을 체계적으로 관리하게 된다. 이러한 관리는 조직의 목표 달성에 있어서 중요한 자원이 되며, 동시에 개인의 성장과 발전을 촉진하는데도 큰 역할을 한다. 따라서 역량 모델링 프로세스는 조직과 개인 모두에게 필요하며, 이를 통해 조직과 개인 모두가 지속적으로 발전하고 성장할 수 있다.

2

역량 중심의 인재 개발 생태계 구축

인재 육성 체계는 조직 내에서 인적 자원의 개발, 관리와 관련해 다양한 프로세스, 정책 및 활동을 조율하는 구조를 말한다. 이는 조직의 비전과 목표를 달성하고, 직원의 역량을 향상시키는 데 도움이 된다. 인재 육성 체계의 주요 개념은 다음과 같다.

- 역량 모델링과 정의Competency Modeling and Identification: 인재 육성체계의 핵심은 역량 모델링을 통해 필요한 역량을 정의하는 것이다. 이 단계에서는 조직이 달성하려는 목표에 필요한 역량을 정의하고 직무와 직원의 역량을 체계화하는 것이다.

- 진단과 평가Assessment and Evaluation: 인재육성체계는 직원의 역량 수준을 평가하고 개발할 필요가 있는지 파악하는 과정을 포함한다. 이를 통해 직원의 강점과 약점을 식별하고 인재 육성 계획을 수립할 수 있다.

- 개발 및 교육Development and Training: 인재육성체계는 직원의 역량 개발을 지원하기 위해 교육, 훈련, 코칭, 자기학습, 직무 전문성 개발 등의 활동

을 제공한다. 이를 통해 직원은 역량을 향상시키고 조직의 요구사항에 부응할 수 있다.

- 관리와 평가Management and Appraisal: 인재육성체계는 직원의 역량을 지속적으로 관리하고 평가하는 과정이 포함된다. 이는 성과 평가, 피드백 제공, 승진 및 보상 결정 등을 통해 실행이 가능하다.
- 계획과 전략Planning and Strategy: 인재육성체계는 조직의 비전, 미션 및 전략과 일치하는 방식으로 인재육성 계획과 전략을 개발하는 것이다. 이는 조직의 장기적 목표를 달성하기 위해 인재육성을 계획하는 것을 의미한다.
- 의사결정과 정책Decision-Making and Policies: 인재육성체계는 인사 정책 및 의사결정을 지원한다. 이는 승진, 보상, 인사 평가, 인력 구성 및 인사 방침 등을 결정할 때 역량을 고려하는 것을 의미하는 것이다.
- 의사소통과 문화Communication and Culture: 인재육성체계는 조직 내에서 역량 및 개발 활동에 대한 명확하고 효과적인 의사소통을 지원하며, 조직 문화와 가치에 부합하는 방식으로 인재 육성을 촉진한다.

인재육성체계는 조직의 성과를 향상시키고 직원의 개발을 지원하는 핵심 요소이다. 이를 통해 조직은 역량을 향상시키고 경쟁 우위를 확보할 수 있으며, 직원은 자신의 역량을 향상시키고 미래의 경쟁력을 확보할 수 있게 된다.

인재육성체계를 구축하고 지속적으로 발전시키기 위해서는 조직 내에서의 역량 모델링, 진단과 평가, 개발 계획, 교육, 피드백, 평가, 개선 사이클을 철저하게 수행하고, 이를 조직의 목표와 전략에 맞게 지속적으로 조정해야 한다.

A사의 인재육성체계

A사는 중견그룹의 제조 기반의 기업으로 역량중심의 인재육성체계를 수립하고, 운영하고 있다. 역량중심의 인재육성체계를 수립하고자 HRD 프로젝트를 수행하여 외부 전문컨설팅 기관의 도움을 받아 인재육성체계를 수립하였다. 인재육성체계를 수립하는 프로세스는 다음의 절차를 따라 진행하였다.

- HRD 운영 현황 분석: 직원 HRD 니즈 설문, 선진기업 HRD 벤치마킹, 중장기 인재육성 방향 수립, 주요 HRD 전략 과제 도출, 인재육성 및 교육 체계 방향 설정
- 조직진단 및 핵심가치 정립: 조직문화 진단, 핵심가치 정립, CEO 및 주요 임원 인터뷰, 핵심가치 정의 및 행동규범 구체화, 진단 도구 개발, 핵심가치 전파 계획수립
- 역량 모델링: 직무조사, 역량 도출 Workshop, 역량 및 행동지표도출, 역량 사전 제작, 역량 정의/행동지표/진단도구 개발
- 인재육성체계 수립: 중점육성 역량도출 및 구조화, 직급별 리더십 역량 및 직무별 직무역량 도출, 교육/훈련 체계 수립, 전사 공통교육 및 리더십교육, 직무교육 과정별 Profile 작성
- HRD 인프라 구축: HRD 조직/직무 설계 및 업무분장, HRD 전문역량 개발/확보 방안, 교육과정 평가 및 운영 프로세스 정립

이에 따른 역량중심 인재육성체계 수립 결과물은 다음의 내용을 포함하고 있다.

- 기본역량교육: A사 구성원 모두가 갖춰야 할 기본 자질 및 핵심가치 육

성을 목표로 하는 교육과정이다. 신입/경력사원 입문과정, 멘토링, 입사 2년차, 3년차 교육, 기본소양/윤리/준법 교육, 법정의무교육, 임직원 교양특강 등이 포함되며, 이 과정에서는 최고경영진 및 임원진이 교육 강사로 참여한다.

• 리더십역량교육: 단위 조직의 리더 또는 예비 리더들의 리더십을 육성하는 교육과정으로 구성된다. 승진자 과정, 사내 MBA 과정, 신임리더 과정팀장/영업소장, 직책별 리더십 교육팀장, 영업소장, 신임임원 과정, 최고경영자 과정 등이 포함된다. 특히 리더십 교육에서는 리더들의 코칭 리더십 역량 습득을 강조한다.

• 직무역량교육: 개개인의 직무별 직무전문성 육성과 강화를 위한 교육과정으로 구성된다. 기능/직무별 직무전문가과정, 외부 전문기관 위탁교육과정, 조직단위 역량교육과정재무/HR/마케팅/R&D/영업/생산/물류/구매 등, 조직단위 실무워크숍, 온라인과정, 독서통신과정, 외국어과정 등이 포함된다. 또한 사내 직무전문가를 사내강사로 활용하는 교육과정도 활발하게 운영되고 있다.

3

조직의 성과와 문화 혁신을 위한
리더십 체계 구축

리더십 체계는 조직 내에서 리더의 역할과 책임을 정의하며, 조직의 목표를 달성하기 위한 리더십의 틀과 절차를 결정하는 프레임워크나 시스템이다. 이 체계는 리더가 누구인지, 어떤 역할을 수행해야 하는지, 그리고 리더와 부하 직원 간의 상호 작용 방식 등을 명확하게 정의함으로써, 리더십을 조직에 효과적으로 적용하고 관리하는 데 도움을 준다. 또한, 이 체계는 조직의 목표 달성과 직원 개발을 지원하며, 조직 내의 리더십 수준을 향상시키는 역할을 한다.

리더십 체계는 다음과 같은 요소들로 구성된다. 첫째, 리더십 Role과 책임은 어떤 직급 또는 역할이 리더로 간주되는지를 정의하고, 리더의 주요 책임과 역할을 명확히 한다. 이는 조직 내에서 리더십을 담당하는 사람들이 누구인지 정의하는 것이다.

둘째, 리더십 개발은 리더들을 어떻게 개발하고 훈련할 것인지 정의하며, 리더 개발 프로그램, 교육, 코칭 등을 통해 리더들의 역량을 향상시키는 방법이다.

셋째, 리더십 평가는 리더십 역량을 어떻게 평가할 것인지 정의하며, 평가 도구, 기준, 주기 등을 포함한다.

넷째, 리더십 상호 작용은 리더와 부하 직원 간의 상호 작용 및 의사 소통 방식을 명확히 하며, 이는 리더와 부하 간의 관계, 의사 결정 프로세스, 피드백 제공 등을 포함한다.

다섯째, 리더십 문화는 조직 내에서 리더십을 강조하는 조직문화를 조성하는 방법을 정의하며, 조직의 가치와 리더십 원칙을 일치시키는 것이다.

여섯째, 성과 평가 및 보상은 리더의 성과 평가 및 보상 시스템으로, 리더의 성과와 역할에 따른 보상 및 인센티브 제도 설계 등을 포함한다.

마지막으로, 지속적인 개선은 조직의 리더십을 발전시키는 방법으로, 리더십 평가와 개선을 통해 피드백을 수용하고 변경 사항을 적용하여 리더십 수준을 높여가는 것이다.

리더십 체계 구축

리더십 체계를 구축하는 방법은 조직의 크기, 업종, 목표, 문화에 따라 다양한 방법론을 채택할 수 있지만, 일반적으로 몇 가지 핵심 단계를 따른다.

먼저, 조직의 비전과 목표를 정의하여 리더십이 이를 어떻게 달성하는데 기여할지 명확히 이해하는 단계이다. 현재 조직 내 리더십 상황을 분석하여 리더십 역할과 책임, 역량 및 개발 필요성, 의사 소통 및 상호 작용 방식을 파악한다. 이후 리더십 역할 및 책임을 정의하고, 리더의 주요 책임과 역할을 세부적으로 기술한다.

리더십 개발 프로그램을 설계하는 단계에서는 교육, 훈련, 코칭, 멘토링 등을 포함해 리더의 역량을 향상시킬 수 있는 방법을 제공한다. 또한, 리더십 역량을 평가하기 위한 도구와 평가 기준을 개발하여, 리더십 역량을 정량적으로 측정하고 추적한다. 리더와 부하 직원 간의 상호 작용, 의사 결정 프로세스, 피드백 제공 방식을 정의하고, 조직 내에서 공유한다.

리더십 문화 구축 단계에서는 조직 내에서 리더십을 강조하고 지원하는 문화를 조성하며, 조직의 가치와 리더십 원칙을 일치시키고 전파하는 것이다. 리더십 역량과 성과에 따른 보상 및 인센티브 제도를 개발한다.

마지막으로, 리더십 체계의 성과를 모니터링하고 주기적으로 리더십 수준을 높이며 조직의 요구에 맞게 조정한다. 리더십 개발은 변화하는 환경과 조직의 요구에 맞추어 계속해서 조정해야 하는 지속적인 과정이다.

이러한 리더십 체계 구축을 통해 조직은 리더십 역할과 책임을 명확히 정의하고 개발하여 조직의 목표 달성과 직원 개발을 지원할 수 있으며, 이는 조직 내의 효율성과 효과성을 향상시키고 조직의 성공에 기여할 수 있다.

리더십 체계가 잘 갖춰진 기업

마이크로소프트Microsoft, 아마존Amazon, 그리고 구글Google은 각각의 독특한 리더십 체계와 문화를 통해 조직의 성과와 문화를 혁신해 나가고 있다.

마이크로소프트는 사티아 나델라Satya Nadella가 CEO로 취임한 이후 리더십 문화를 크게 변화시켰다. 이 회사는 성장 마인드셋을 강조하여 실패와 학습을 통해 성장하는 문화를 조성하고 있다. 리더와 직원들은 새로운 도전과 학습 기회를 환영하며, 실패를 긍정적인 경험으로 삼는다. 또한, 공감과 다양성을 중요하게 여기며, 혁신과 고객 중심의 접근을 촉진한다. 조직 내에서 열린 커뮤니케이션과 협업을 장려하고 있으며, 이를 통해 효율성과 문제 해결 능력을 높이고 있다. 더불어, 인간 중심의 인공지능AI 기술 개발을 촉진하며, 윤리적 책임과 공정성을 강조한다. 이러한 리더십 문화는 고객 중심의 접근, 혁신, 다양성과 포용, 윤리적 책임, 학습과 성장을 중요하게 여기며, 이를 바탕으로 조직이 끊임없이 발전하고 성장하는 데 기여하고 있다.

아마존은 그 독특한 리더십 원칙으로 유명하다. 이들의 리더십 원칙은 고객 중심, 주인의식, 배움과 성장, 팀워크, 실천, 문제 해결 등이다. 고객을 항상 최우선에 두고 그들의 요구사항과 기대를 충족시키기 위해 노력하며, 자신의 업무와 조직의 성과에 대한 주인의식을 가져야 한다. 또한, 학습과 개발을 적극적으로 추구하고, 최고의 인재를 고용하며 그들을 개발시키는 것에 중점을 둔다. 아마존은 지구상에서 최고의 기업이 되기 위해 노력하며, 직원들을 존중하고 지원하고 조직 내의 다양성과 포용을 증진시키고자 한다. 이러한 리더십 원칙은 아마존의 문화와 조직 내에서의 업무 방식을 가이드하는 핵심 가치로 작용하며, 조직 멤버들은 이를 준수하여 조직의 성공을 이끌어내고 있다.

구글은 '실질적인 리더'나 '리더십 팀'과 같은 전통적인 리더십 모델 대신에 '리더십을 모든 곳에서' 라는 접근 방식을 채택하고 있다. 이들은 열린 문화를 중시하며, 직원들에게 자율적으로 의견을 표현하고 공유하도록 장려한다. 리더십은 직원들의 의견을 존중하고 다양한 아이디어를 수용하는 역할을 한다. 비즈니스 지식과 이해를 갖추도록 하며, 업계 동향을 이해하고 비즈니스 결정에 통찰력을 제공한다. 지속적인 학습을 촉진하며, 리더들은 새로운 기술과 도구, 역량을 개발하는 데 투자한다. 구글은 리더십에 대한 개념을 혁신하고 문화적인 측면에서 독창적인 방식으로 접근하며, 이러한 리더십 원칙과 문화는 구글의 성공과 혁신을 이끄는 핵심적인 요소 중 하나이다.

CHAPTER 10

코칭 프로그램을 통한 체계적 육성

최락구

1

조직 성장과 혁신을 위한 코칭 리더십

코칭 리더십의 출현은 현대 비즈니스 환경의 변화와 새로운 리더십 요구에 따른 것이다. 이는 다양한 요소들이 복합적으로 작용하여 비즈니스 환경이 빠르게 변화하고 있음을 반영하는 현상이다. 조직들은 빠르게 변화하는 시장과 기술에 직면하고 있으며, 이러한 변화의 속도와 규모는 전례 없는 수준에 이르렀다. 이런 변화는 리더들에게 적응력과 지도력 강화의 필요성을 야기했다. 더욱이, MZ세대 구성원의 증가로 인해 기존의 지시와 통제 스타일의 리더십이 비효율적으로 보이기 시작하여, 협력, 상호작용 및 개인 중심 리더십의 중요성이 강조되었다.

개인적 또는 경력 개발에 대한 리더들의 욕구도 코칭 리더십의 출현에 크게 기여했다. 리더들은 자신의 리더십 능력을 강화하고, 경력 개발을 원하며, 이를 위해 코칭이라는 방법을 통해 지속적인 학습과 성장을 추구하고 있다. 코칭은 이러한 개인적 목표와 경력개발을 지원하는 중요한 도구로 인식되었다. 더불어, 고성과 조직들은 뛰어난 리더십과 리더 개발을 강조하며, 이를 위해 코칭을 필수 도구로 활용하고 있다. 이를 통해 다양한 리더십 모델과 이론의 개발로 코칭은 중요한 역할을 하게 되었다.

결국, 변화하는 환경에 대응하는 리더십의 필요성, 새로운 세대의 요구, 개인과 조직 개발의 중요성 등이 코칭 리더십이 현대 비즈니스 환경에서 중요한 도구로 자리 잡는 데 기여했다. 이를 통해 리더들은 개인적 성장을 이루고, 동시에 조직의 성과 향상에도 기여할 수 있게 되었다. 코칭 리더십은 개인의 능력 향상 뿐만 아니라, 조직의 전체적인 성장과 발전을 위한 핵심 전략으로 인식되고 있다.

코칭 리더십의 장점

코칭 리더십은 조직, 리더, 그리고 부하 직원 모두에게 다양한 이점을 제공한다. 이 리더십 스타일의 중요한 장점 중 하나는 개인 및 직원 개발을 지원하는 것이다. 리더는 부하 직원의 강점과 약점을 식별하고, 그들이 발전하고 성장할 수 있도록 맞춤형 개발 계획을 수립하고 실행할 수 있다. 이러한 접근은 직원들이 자신의 역량을 최대한 발휘할 수 있도록 돕고, 개인적인 성장을 촉진한다.

코칭 리더십은 의사소통의 질을 개선한다. 리더와 부하 직원 간의 개방적이고 효율적인 의사소통을 장려함으로써, 상호 작용 과정에서 양측의 의견을 듣고 이해할 수 있는 기회가 마련된다. 질문과 피드백을 통한 상호 작용은 팀 내에서 의사소통을 강화하고, 보다 투명하고 신뢰할 수 있는 관계를 구축하는 데 도움을 준다.

코칭 리더십은 또한 부하 직원들의 자기인식을 촉진한다. 직원들은 자신의 강점과 약점, 목표, 가치관 등을 더 잘 이해하게 되며, 이는 그들이 조직 내에서 더 효과적으로 업무를 수행하고 개인적인 성장을 달성하는 데 도움을 준다. 리더는 부하 직원들이 개인 및 조직의 목표를 달성하도록 지원하며, 목표 설정, 계획 수립, 업무 우선순위 설정 등을 통해 이들의 성과 향상을 돕는다.

이러한 리더십 스타일은 리더와 부하 직원 간의 신뢰를 강화하고 긍정적인 업무환경을 구축하는 데에도 중요한 역할을 한다. 이는 직원들이 리더를 신뢰하고, 열린 대화를 나누며, 상호 존중하는 환경을 조성하는 데 도움을 준다. 마지막으로, 부하 직원들의 개발과 성과 향상은 조직 전체의 경쟁력을 향상시키며, 높은 역량을 가진 직원들이 조직을 더 효과적으로 이끌 수 있도록 기여한다.

종합적으로 볼 때, 코칭 리더십은 개인 및 조직의 목표 달성에 중요한 역할을 하며, 강력하고 협력적인 조직 문화를 형성하는 데 기여한다. 이는 조직 내에서 리더와 부하 직원 모두에게 상당한 이점을 제공하며, 조직의 성과와 발전에 긍정적인 영향을 미친다.

A사의 코칭 리더십 프로그램

A사는 리더십 체계를 구축하고, 코치형 리더 육성을 위하여 다음과 같은 코칭 리더십 프로그램을 운영하고 있다.

- 코칭 리더십 교육: 코치형 리더 육성을 목표로 매년 진행되고 있는 팀장/영업소장 리더십 교육에 코칭 리더십 과정을 편성하여 코칭에 대한 기본이해를 바탕으로 조직관리에 코칭 리더십 적용과 실행을 적극 지원하고 있다.
- 영업소장 그룹코칭 프로그램 도입: 영업소장 대상의 그룹 코칭은 5~6명 단위의 그룹을 편성하여 5개월 과정으로 운영되는 코칭프로그램으로 외

부 전문코치의 도움을 받아 진행된다. 영업소장들의 경험과 지식을 서로 공유하고, 함께 성장하며 영업소 조직 내에서 리더십 역량을 향상시키는 것을 목표로 하고 있다. 리더 대상의 그룹 코칭은 조직의 리더들이 더 강력한 리더로 성장하고, 조직의 비전과 목표를 달성하는데 기여하도록 하는 중요한 도구 중 하나이다.

- 팀원육성 가이드북_{팀장용/영업소장용}: 팀원육성 가이드북은 팀장 및 영업소장 등 리더들에게 팀원 육성활동에 도움이 되는 정보와 활용 도구를 지원하는 매뉴얼이다. 주요 내용은 팀원 육성을 위한 리더의 역할, 팀원 육성을 위한 회사의 교육체계, 직무/직급별 회사 및 외부의 교육과정, 리더가 알아야 할 핵심 인사제도 등의 내용으로 구성되어 있다. 특히 팀원육성을 위한 리더의 역할 부분에서는 리더들이 코칭 리더십을 발휘할 수 있도록 팀원 Profile, 팀원 성격진단 자료, 팀원 1 on 1 면담가이드, 리더 본인의 리더십 실행 진단 등의 내용으로 구성되어 있다.

- 팀장 리더십 실천 소모임_{그룹 코칭}: 사무직 팀장들의 조직관리 문제를 함께 고민하고 조언하고, 현실적인 문제해결 방법을 지원하는 그룹코칭 프로그램으로 운영되고 있다. 참여한 팀장들이 현실적인 리더십 실행목표를 수립하고, 실행 중심의 과정관리를 진행한다. 개인별로 실질적인 작은 변화의 성공 경험을 축적하고, 리더십 변화에 대한 시도와 노력을 조직단위로 확산하는 것을 목적으로 운영된다. 매년 신청자를 받아 1기수 5~6명으로 구성하여 3개월간 운영된다.

- 리더십 실천계획 수립/과정관리: 리더십 실천계획 수립/과정관리는 매년 팀장들이 해당 조직의 부하육성 역량과 리더십 실행력 증진을 목표로 운영하는 프로그램이다. 리더십 실천계획에는 전년도 본인의 360도 리더십

진단 결과를 참고하여, 강점 영역은 강화하고, 약점 영역은 보완할 수 있도록 목표를 수립하되, 부하육성을 위한 실행계획과 리더십 일반 실행계획을 구분하여 수립하고 있다.

매년 초, 성과목표 수립과 동시에 리더십 실천계획도 수립하고, 과정관리를 진행하고 있으며, 특히 과정관리 세션은 최고경영진도 함께 참여하여 운영하는 프로그램으로서 최고경영진과 중간관리자 간의 진솔한 리더십 토론을 통해 회사가 원하는 바람직한 리더상을 정립해 나가고 있다.

2

HRD 전문가(코치/퍼실리테이터/강사) 육성

기업의 교육훈련 담당자는 교육 업무를 수행하기 위해서 필요로 하는 몇 가지 교육 관련 분야 자격증이 필요할 수 있다. 또한 교육훈련 담당자는 꾸준한 전문성 개발과 학습을 통해 교육 분야에서의 최신 동향을 따라가는 것이 중요하다.

코치

기업에서 코칭은 조직 내에서 개인 또는 팀의 성과 향상, 전문성 개발, 목표 달성, 리더십 개발, 직장 스트레스 관리 등의 목표를 달성하기 위해 사용되는 전략적인 접근 방식이다. 코칭은 일반적으로 조직의 리더, 직원 또는 팀에 대한 개별화된 지원을 제공하여 조직 내 변화와 성장을 촉진하는 데 사용된다.

코칭관련 자격에는 국제 코칭자격으로는 ICF International Coach Federation 자격이 있다. ICF는 국제적으로 가장 널리 인정되는 코칭 기구로 다양한 코칭 자격을 제공하는데, ICF 자격은 Associate Certified Coach_{ACC}, Professional Certified Coach_{PCC}, 및 Master Certified Coach_{MCC}와 같이 다양한 레벨로 나뉜다.

이와 유사하게 한국코치협회_{Korea Coach Association} 에서 제공하는 코칭 자격도 있는데, KAC, KPC, KSC 등이다.

- KAC_{Korea Associate Coach}: 코치인증자격 1단계이다. 코칭 기본교육 20시간 이상을 이수 하고, 코칭 50시간 이상을 수행한 후 자격 인증시험에 응시할 수 있다.

- KPC_{Korea Professional Coach}: 코치인증자격 2단계이다. 코칭 교육 60시간 이상을 이수 하고, 코칭 200시간유료 40시간 이상 수행한 후 자격 인증시험에 응시할 수 있다.

- KSC_{Korea Supervisor Coach}: 코치인증자격 3단계로 최고수준의 코치 자격이다. 코칭 교육 150시간 이상을 이수해야 하고, 코칭 800시간유료 500시간 이상 실행 후 인증 시험에 지원이 가능하다.

한국 내 주요 코칭기관으로는 ㈜한국코치협회, 코칭경영원, Cit코칭연구소, 국제코치훈련원, 인코칭, 어치브코칭, 하우코칭, 아시아코치센터 등이 있으며, 1년에 5~6회 인증시험이 실시되고 있다. 최근에는 전문코치 양성을 위하여 몇몇 대학원에 코칭 MBA 과정이 개설되어 있다.

퍼실리테이터(Facilitator)

퍼실리테이터_{Facilitator}는 그룹 또는 모임에서 원활한 의사소통, 협력 및 문제 해결을 촉진하고 지원하는 역할을 수행하는 사람을 가리킨다. 퍼실리테이터는 회의, 워크숍, 그룹 미팅, 교육 세션 및 다양한 상황에서 그룹 프로세스와 상호 작용을 개선하는 데 도움을 주는데, 주요 역할은 다음과 같다.

- 그룹 프로세스 관리: 퍼실리테이터는 그룹의 의사소통과 토론 프로세스를 관리하고 지원한다. 그들은 회의 일정을 설정하고 진행하며, 그룹 멤버 간의 대화를 원활하게 유도하는 역할을 수행한다.
- 문제 해결 지원: 퍼실리테이터는 그룹이 직면한 문제 또는 도전 과제를 해결하는데 있어, 그룹이 공동으로 해결책을 찾고 실행할 수 있도록 지원한다.
- 팀 빌딩: 그룹 내에서 협력과 팀워크를 촉진하고 팀 빌딩 활동을 운영하는데, 이는 팀 멤버 간의 관계를 강화하고 공동의 목표 달성을 추구하는 데 도움이 된다.
- 의사결정 프로세스 지원: 퍼실리테이터는 그룹의 의사결정 프로세스를 관리하고 보다 효과적인 결정을 내리도록 지원한다.
- 교육 및 훈련: 퍼실리테이터는 그룹에게 새로운 기술, 지식 또는 프로세스를 가르치는 교육 및 훈련 세션을 진행할 수 있다.
- 갈등 해결: 그룹 간의 갈등이 발생할 때 퍼실리테이터는 중재자 역할을 하고 해결 방안을 찾도록 도울 수 있다.

퍼실리테이터는 그룹의 목표와 상황에 따라 프로세스를 설계하고 진행하는 중요한 역할을 담당하며, 이는 깊이 있는 통찰력과 전략적 사고를 요구한다. 그들의 역할은 그룹 협업을 효과적으로 진행하고 문제 해결을 지원하는 것에 있어서 필수적이며, 이는 그룹의 효율성과 생산성을 높이는 데 크게 기여한다. 퍼실리테이터는 또한 다양한 조직에서 필요로 하는 역할로, 다양한 배경과 역량을 가진 사람들을 효과적으로 지원하고 협력하게 하는 데 중요한 역할을 담당한다.

사내강사

사내강사는 조직 내에서 중요한 역할을 수행하는 직원으로, 교육 및 훈련을 담당하거나 제공하는 역할을 한다. 사내 강사의 주요 역할은 조직의 인력 개발 및 교육 프로그램을 지원하는 것이다. 이들은 다양한 교육 및 훈련 프로그램을 설계하고 진행하며, 이에는 새로운 직원 교육, 기술 개발, 리더십 교육, 정책 업데이트 및 다양한 기술 교육 등이 포함된다.

사내 강사의 역할 중 하나는 조직의 기술, 프로세스, 정책 및 절차를 효과적으로 전달하고 이해시키는 것이다. 이를 통해 직원들은 조직의 목표를 달성하는 데 필요한 능력을 개발하고 유지할 수 있다. 또한, 사내 강사는 직원의 역량 개발과 경력 개발을 지원하며, 교육 및 훈련을 통해 직원들이 자신의 역할을 더 효과적으로 수행하고 조직 내에서 성장할 수 있도록 돕는다.

사내 강사는 조직 내에서 지속적인 학습 환경을 조성하는 데 기여하며, 이는 조직의 혁신과 경쟁력을 향상시키는 데 중요하다. 이들은 조직의 문화와 가치를 전파하고 강화하는 역할을 수행하며 교육 및 훈련을 통해 조직 구성원들에게 조직의 핵심 가치와 목표를 이해시키는 중요한 역할을 한다.

사내 강사를 활용함으로써, 조직은 외부 교육 및 훈련을 위한 비용을 줄이고, 조직 내부에서 교육을 제공함으로써 비용 효율성을 높일 수 있다. 또한, 사내강사 활동을 통해 강사 자신의 전문성을 재정리하고 업그레이드하는 기회를 가질 수 있다. 최근의 조직문화에서는 직무 외의 개인적인 특기나 취미에 대해서도 조직 내에서 역량을 발휘할 수 있는 기회가 증가하고 있어, 사내강사는 이러한 분야에서도 중요한 역할을 할 수 있다. 이러한 다양한 역할을 통해 사내강사는 조직의 성장과 발전에 기여하며, 동시에 직원들의 전문성과 만족도를 높이는 데 중요한 역할을 하고 있다.

인성검사 자격

인성검사 관련 자격증은 심리적, 사회적, 인성적 특성을 평가하고 이해하는 전문 기술을 인증하는 것으로, 개인이나 조직에서 성공적인 채용, 평가, 팀 빌딩, 개발에 필수적인 역할을 하는 전문가들을 위한 자격이다. 이러한 인성검사는 다양한 상황에서 활용되며, 관련 자격증을 획득하는 것은 이 분야에서의 전문성을 인정받는 방법이다.

인성검사와 관련된 몇 가지 중요한 자격증 및 인증 기관 몇가지를 소개하면 다음과 같다. MBTIMyers-Briggs Type Indicator 자격증은 성격 유형을 평가하는 데 사용되는 널리 알려진 도구이다. MBTI는 특히 MZ세대들에게 널리 활용되고 있는데 이 자격증을 취득하면 MBTI 도구를 이해하고 해석할 수 있는 능력을 인정 받을 수 있다. DISC 자격증은 성격 특성을 평가하는 또 다른 도구로, 이 자격증을 취득하면 DISC 도구를 적용하고 결과를 해석하는 기술을 습득할 수 있다. SHRM-CPSociety for Human Resource Management-Certified Professional 자격은 인사 및 인력 개발 분야에서 사용되는 다양한 심리검사와 인성검사를 평가하고 해석하는 능력을 인증한다.

이와 같은 인성검사 관련 자격증을 획득하게 되면, 개인 또는 조직의 심리적 요소를 깊이 있게 이해하고 개발하는 데 중요한 역할을 할 수 있다. 또한 이러한 자격은 소규모 조직단위 워크숍이나 사내 교육과정에서 전문적인 역량을 발휘할 수 있는 기회를 제공한다. 이러한 자격증은 개인의 전문성을 높이고 조직의 발전에 기여할 수 있는 중요한 자산이 될 수 있다.

그러나, 현재 생성형 AI의 도입으로 인성검사 방법은 상당한 변화를 겪고 있다. 이는 인성검사의 전반적인 분석 능력을 향상시키고, 결과의 객관성과 일관성을 높이는 데 기여하게 될 것이다. AI는 대규모 데이터를 빠르고 정확하게 분석할 수 있으며, 인간의 주관적 판단이나 편향 없이 일관된 기준으로 평가를 수행한다. 이를 통해 개인별 맞춤형 평가와 피드백을 제공할 수 있어, 각 개인의 성장과 발전에 더욱 효과적이다.

향후 인성검사 기법의 추세는 AI와 인간 전문가의 협력을 통한 하이브리드 접근법으로 발전할 것으로 보인다. AI 시스템은 지속적인 학습과 개선 능력을 통해 시간이 지남에 따라 더 정밀하고 효과적으로 발전할 수 있다. 또한, AI는 다양한 데이터 소스를 통합하여 인성과 행동의 더 넓은 범위를 평가할 수 있게 되어, 더 포괄적인 인성 프로파일을 제공할 것이다. 이는 개인화와 적응성을 높이며, 개인의 성장과 변화를 반영하여 평가와 피드백을 지속적으로 조정할 수 있다.

하지만, AI를 활용한 인성검사에서는 개인 정보 보호와 데이터 보안 이슈는 해결 과제 중의 하나이다. 따라서 보안 기술과 프라이버시 보호 정책의 강화도 예상된다. 이러한 변화는 인성검사를 더 정교하고 효과적인 도구로 만들어 개인과 조직의 성장에 중요한 기여를 할 것이다.

3

조직간의 벽 해소 및 협력적 조직문화 구축

    조직의 벽_{Organizational Silos}은 조직 내에서 정보, 자원, 지식, 협력, 의사소통의 흐름을 제한하거나 분리시키는 현상을 의미한다. Patrick Lencioni는 그의 책 "The Silo Effect: The Peril of Expertise and the Promise of Breaking Down Barriers"에서 조직의 벽을 조직 내 부서 간 협력 부족이나 제한으로 정의했다. 이 현상은 부서, 직군, 프로젝트, 지리적으로 분산된 팀 간의 상호작용에 제약을 가하며, 다양한 문제와 도전을 야기할 수 있다.

    조직의 벽은 주로 정보 격리, 자원 낭비, 의사소통 부족, 분열된 목표, 업무 방해와 같은 특징을 가진다. 정보 격리는 부서나 팀 간 정보가 제대로 공유되지 않을 때 발생하며, 이는 결정 과정에서 정보 부족 문제를 초래할 수 있다. 자원 낭비는 유사한 작업의 중복이나 자원의 비효율적 사용으로 이어지며, 이는 조직의 효율성을 감소시키고 예산을 낭비하게 만든다.

의사소통 부족은 부서 간 원활하지 않은 소통으로 인해 협력과 문제 해결이 어려워질 수 있으며, 정보의 단편화와 오해를 야기할 수 있다. 분열된 목표는 각 부서나 팀이 자신의 목표와 이익을 우선시함으로써 전체 조직의 목표와 방향과 상충될 수 있으며, 이는 협력과 조화를 방해한다. 업무 방해는 한 부서의 다른 부서에 대한 간섭이나 프로세스 변경 시도로 인해 충돌이 발생할 수 있는 상황을 말한다.

이러한 조직의 벽을 극복하기 위해서는 조직 문화의 변화, 정보 공유 및 의사소통을 장려하는 시스템과 도구의 도입, 공동 목표와 가치 강조 등이 필요하다. 조직 내부의 벽을 허물고 협력과 혁신을 촉진하는 것은 조직의 성공과 발전에 필수적인 요소로, 경쟁적이거나 분열된 문화를 극복하고 조직 내부의 협력과 효율성을 증진시키는 데 중요한 역할을 한다.

조직의 벽 해소방안

Patrick Lencioni는 'Silo Effect'를 극복하고 조직 내 협력을 촉진하기 위해 여러 전략과 도구를 제안한다. 이러한 해소 방안은 조직의 벽을 허물고 부서 간 협력을 개선하는 데 중점을 두고 있다.

첫째, 공유 미션 및 비전의 중요성이다. 모든 부서와 팀이 공유된 미션과 비전을 갖는 것은 필수적이다. 이를 통해 조직의 목표와 방향성을 모든 구성원이 이해하고 공유하게 되며, 각 부서는 자신의 역할이 전체 목표에 어떻게 기여하는지 이해하게 된다.

둘째, 정보의 자유로운 흐름과 공유를 강조한다. 다양한 커뮤니케이션 도구와 플랫폼을 활용해 중요한 정보가 숨겨지거나 격리되지 않도록 해야 한다. 이는 효과적인 의사소통과 협력의 기반을 마련한다.

셋째, 팀 협력을 강화하는 노력이 필요하다. 서로 다른 부서와 팀의 대표가 모여 협력 프로젝트를 수행하거나, 공동 작업을 통해 문제를 해결하는 기회를 마련하는 것이 중요하다.

넷째, 리더십 역량의 강화이다. 리더는 조직 내에서 협력을 촉진하고, 서로 다른 단위를 연결하는 역할을 수행해야 하며, 부서 간 갈등을 해결하고 협력을 촉진하는 역량을 개발해야 한다.

다섯째, 성과 평가와 보상 체계의 재조정이 중요하다. 협력과 정보 공유를 장려하는 평가 지표와 보상 방식을 도입해, 각 부서가 협력을 통해 성과를 개선하도록 동기를 부여할 수 있다.

마지막으로, 조직문화의 변화가 필요하다. 조직 내에서 협력과 정보 공유가 기본 가치로 수용되어야 한다. 이러한 변화를 통해 조직은 협력적이고 열린 의사소통 문화를 구축할 수 있으며, 이는 전체 조직의 성공과 발전에 기여할 수 있다.

협력적 조직문화 구축을 위한 프로그램

조직 간의 장벽을 해소하고 협력적인 조직 문화를 구축하는 것은 매우 중요하다. 특히 성과 중심의 조직 문화에서는 팀별 KPI에 집중하다 보면 회사의 공통 목표를 놓칠 수 있다. 따라서, 유관 부서와 타 부서의 입장과 이해관계를 이해하는 것이 중요하다. 협력적인 조직 문화를 위한 몇 가지 프로그램을 아래에 소개한다.

[해피 타임]

이 프로그램은 정기적으로 유관 부서나 잘 알려지지 않은 부서의 직원들과 함께 맛있는 점심을 즐기는 기회를 제공한다. 이를 통해 공식적이거나 비공식적인 커뮤니케이션을 활성화하고, 조직 간의 이해와 협력을 지원한다. 리더를 제외한 팀원들이 주로 참여하며, 이를 통해 서로의 부서에 대한 이해를 높이고 팀원 간의 친밀감을 증대시킬 수 있다. 주관 부서는 희망하는 팀 간의 매칭, 예산, 점심 장소 예약 등을 지원하며, 원활한 소통을 위해 참여 인원은 10명 이내로 유지하는 것이 효과적이다.

[임직원 북클럽]

이 프로그램은 여러 부서의 직원들과 임원들이 책을 함께 읽고 공유하는 독서 토론과 문화 활동을 병행하는 프로그램이다. 이를 통해 최신 트렌드와 정보를 습득할 수 있으며, 독서 토론을 통해 개인의 다양한 관점을 이해하고 생각을 공유할 수 있다. 또한, 문화 활동이나 간담회를 통해 계층 간, 조직 간의 다양한 소통을 촉진할 수 있다. 주관 부서는 조별 인원 구성, 임원 매칭, 도서 구입 및 문화 생활 비용을 지원한다. 각 조에서는 일정, 도서 선정, 문화 생활 콘텐츠 등을 결정하며, 조별 운영 인원은 10-15명 내외로 구성하는 것이 효과적이다.

[유관부서 업무이해]

내부 직원들에게 어느 특정 부서의 업무를 이해하는데 도움을 주는 교육 프로그램이다. 이 프로그램은 해당 부서의 업무분장, 주요 성과목표, 회사 기여도, 유관 부서와의 관계, 주요 이슈 등을 배울 수 있게 해준다. 주니어 직원과 경력 사원들은 이를 통해 해당 부서의 업무를 이해하여 본인의 업무수행에 도움을 주고, 또한 회사의 CDP제도나 사내 공모제 운영에도 간접적으로 도움이 될 수 있다. 주관부서는 매년 초 계획을 세우고, 월별로 강의할 부서를 선정한다. 실행 전에 계획을 공지하고 수강 신청을 받은 후, 수강 신청자의 교육 요구 사항을 확인한다. 강의를 담당하는 부서장과 협의하여 교육일정과 내용을 확정한다. 교육인원은 10~20명, 교육시간은 2~4시간으로 구성되며, 강의 후에는 저녁식사도 함께하며 상호 소통과 이해의 폭을 넓혀준다.

[조직간 업무이해]

이 교육 프로그램은 협업부서 간의 입장 차이를 이해하고, 협업 이슈를 함께 토론하는 프로그램으로 부서 이기주의를 극복하는데 그 목표를 두고 있다.

주관부서는 협업이 많은 부서들을 서로 매칭하고, 두 부서의 리더들과 사전 협의를 통해 상호 질문, 협업 이슈를 선정하고, 협업 포인트를 설정한다.

참여 부서는 부서 소개 자료 및 공유할 이슈를 검토하고, 참석 인원을 선정하며, 상대 부서에 대한 질문서를 작성하여 교육에 참여한다. 참여 인원은 두 부서에서 각각 10명 내외로 하며 교육시간은 3~4시간으로 운영한다 교육 종료 후에는 저녁식사를 함께 하여 참석자 간의 교류와 소통을 지원한다.

조직의 벽을 해소하고 협력적 조직문화를 구축하려면 여러 전략이 필요하다. 조직내 공유된 미션과 비전, 정보 공유, 팀 협력 강화, 리더십 역량 강화, 성과 평가와 보상 체계의 재조정 등 조직문화 변화에 필요한 새로운 방식의 도입은 선택이 아니라 필수가 되었다. 보다 다양한 조직문화 개선 프로그램 개발과 도입을 통해 내부 경쟁적인 조직문화를 극복하고, 조직간, 개인간 소통과 협력을 촉진하는 건강한 조직문화를 구축할 수 있을 것이다.

CHAPTER 11

디지털 네이티브 MZ세대와의 효과적인 소통 방법

유병선

1

VUCA 시대에 적응하는 조직의 리더십

직장 이동이 빈번한 시대에, 기존 사업을 유지하면서 새로운 기회를 찾고 성취하여 성장을 구현하는 방법은 무엇일까? 핵심 인재인 MZ세대와 어떻게 함께 공존하며 성장을 이루어낼 것인가? 초연결, 핵개인화, 소셜 네트워크, AI, 모바일 글로벌 시대에 어떻게 적응하고 주도할 것인가? 유연성과 개방성은 선택이 아닌 필요성이라는 것을 VUCA 시대에 필자는 명확하게 깨달았다.

VUCA시대는 함께 답을 찾아가야 한다. 현재 시대의 가장 큰 특징은 VUCA 상황의 연속이다. "뷰카"는 변동성Volatility, 불확실성Uncertainty, 복잡성Complexity, 모호함Ambiguity의 영어 첫 글자를 따 만든 표현이다. 이는 예측이 어려운 사회·경제적 환경을 나타내는 용어로, 워런 베니스Warren Bennis와 버트 나누스Burt Nanus가 저술하여 출판한 "리더와 리더십Leaders: the strategies for taking charge"에서 도출한 개념이다. 뷰카의 시대가 되었음을 상수로 보고, 사업 전략을 함께 만들어가며 유연하게 실험하며 답을 찾아가야 한다.

ICT를 활용하여 제품과 서비스를 혁신해야 한다. "새로운 시대는 큰 물고기가 작은 물고기를 잡아먹는 것이 아니라 빠른 물고기가 느린 물고기를 잡아먹는 시대입니다."라는 말로 세계경제포럼WEF의 클라우스 슈바프 회장이 설명하고 있다. 빅데이터, 클라우드, 인공지능AI, 자율주행 등 과거 상상하지 못했던 기술혁신이 이루어지고 있다. ChatGPT 등의 생성형 AI의 기술 발전에 따라 시장을 지배하는 '게임의 규칙'이 어떻게 바뀔지 알기 어려워진 세상이다. VUCA 시대에는 ICT를 이용하여 고객이 만족하는 제품과 서비스를 더 빠르게 혁신하고, 실패하며, 도전하며, 실험해야 한다. 이를 통해 시장의 판도를 바꾸는 "게임 체인저Game Changer 기업"이 되어야 생존하고 성장할 수 있다.

MZ세대와 함께 비즈니스 모델을 혁신해야 한다. 디지털 네이티브인 MZ세대는 소비자이며 생산자이며, 리더십의 주류가 되어가고 있다. 기업에서 근무하는 사람들의 60% 이상이 MZ세대이다. 디지털 네이티브인 MZ세대는 스마트폰, 인터넷, 소셜 미디어 등 디지털 기술과 함께 성장했다. TV보다는 유튜브를, 신문이나 책보다는 소셜 미디어나 블로그를 통해 정보를 얻고 학습한 세대이다. 대면보다는 소셜 미디어, 줌, 게임 등을 통해 소통하고, 관계를 맺고, 즐거움을 추구하며 생활해 왔다.

맥킨지 출신의 나와 다카시 교수는 자신의 저서 '글로벌 성장 기업의 법칙'에서 "비즈니스 모델의 혁신이야말로 성장의 엔진이 된다."며 "지금까지 성공사례에 집착해 비즈니스모델 혁신을 하지 못했던 일본 기업들이 쇠퇴했다."고 분석했다.

개방적인 소통을 통한 공유와 협업 리더십

현대 조직에서 팀워크와 혁신은 디지털 도구의 효과적인 소통에 크게 의존한다. MZ세대는 다양한 문화와 환경에서 성장했고, 그들의 다양한 의견과 창의적인 아이디어는 조직에 새로운 시각과 혁신을 불러온다. 이를 잘 활용하려면 개방적이고 유연한 소통이 필수이다. 활발한 피드백 문화, 환영하는 온보딩 문화, 질문 중심의 리더십, 투명성 유지 등은 MZ세대와의 소통에서 중요한 요소이다.

기업이 성장하려면 기존 사업을 유지하면서 새로운 고객, 상품, 그리고 시장을 탐색해야 한다. MZ세대는 초연결, 핵개인화, 그리고 AI 시대의 디지털 변화를 주도하고 있으므로, 이들을 적극 지원하고 함께 작업해야 새로운 기회를 찾을 수 있다. 이를 위해 개방적이고 유연한 소통 방식을 통해 MZ세대와의 소통과 협업을 강화해야 한다.

의견 다양성의 중요성과 혁신의 기회

MZ세대는 변동성, 불확실성, 복잡성, 모호성의 VUCA 시대에 성장해 왔다. 이들은 전 세계적인 경험을 통해 다양한 문화와 환경에서 얻은 경험을 바탕으로 새로운 시각과 아이디어를 제공해 혁신적인 역할을 수행한다.

MZ세대는 독립적이고 창의적인 사고를 가지고 있으며, 다양한 문화와 관점에 대한 이해를 통한 유연한 사고는 VUCA 환경에서의 변화와 도전에 대응하는 데 큰 장점이 된다.

이 세대는 팀워크와 협력을 중요시한다. VUCA 환경에서 개인의 능력만으로는 한계가 있기 때문에, 다양한 의견과 지식을 공유하며 협력하는 것이 중요하다고 충분히 인식하고 있다. MZ세대는 글로벌 네트워킹을 통해 친구와 동료들과 소통하며, 이러한 경험 공유를 바탕으로 팀 내외에서 느슨한 협력과 때로는 강력한 팀워크를 형성한다.

개방적인 소통을 통한 팀원 간의 신뢰 구축

팀에서는 1:1 대화나 팀 미팅을 통해 의견이나 피드백을 정기적으로 공유하는 것이 중요하다. 서로에게 진솔하고 정직하게 이야기하는 것이 좋다. 팀원들이 자유롭게 의견을 표현할 수 있는 환경을 만드는 것이 필요하며, 리더는 팀원들의 의견을 존중하고 경청해야 한다. 리더로서는 팀원들에게 질문을 던져 그들이 스스로 생각할 기회를 주어야 한다. 이렇게 하면 팀원들이 더 적극적으로 참여하게 되고, 문제를 해결하는 데 도움이 된다.

조직 내에서 무슨 일이 일어나는지, 어떤 결정이 내려졌는지를 팀원들에게 명확하게 알려주면 투명성이 유지되고, 불필요한 오해나 불신을 방지할 수 있다. 참여와 소통은 팀에서 중요하며, MZ세대와 같이 의미 있는 일에 참여하는 것을 중요시하는 사람들과 함께 작업할 때, 이런 접근법은 특히 효과적이다.

동기 부여의 핵심은 참여와 소통 리더십

조직원들은 자신의 의견이 존중받는 환경에서 업무를 더욱 효율적으로 수행한다. 정기적인 1:1 대화와 팀 미팅은 이런 소통의 기본 토대를 제공한다. 이 대화 과정에서는 진솔한 피드백이 주고받아지며, 이는 조직의 성장과 성과 향상에 기여한다.

또한, 팀원들이 의견을 자유롭게 나눌 수 있는 안전한 환경을 만드는 것이 필요하다. 이런 환경에서 리더는 지시와 통제를 행하는 자가 아니라, 팀원의 의견을 존중하고 소통하는 파트너가 된다. 리더는 답을 제공하는 대신, 질문을 통해 팀원들을 이끌어 나가는 역할을 해야 한다. 이런 방식으로, 팀원들은 능동적으로 참여하게 되고, 문제 해결의 주체가 되어 아이디어를 제시하게 된다.

모든 조직은 변화와 성장의 과정을 겪는다. 이 과정에서 투명성은 중요하다. 조직의 모든 결정 사항과 변화는 팀원들에게 명확히 알려져야 하며, 이를 통해 오해나 불신을 방지한다. MZ세대는 업무 참여의 의미를 중요하게 여긴다.

성과 공유와 그에 대한 인정은 팀원들의 동기를 높이는데 큰 역할을 한다. 목표 달성이나 프로젝트의 성공은 팀원들에게 큰 성취감을 준다. 이런 성과를 통해 팀원들은 더 큰 도전을 향해 나아가게 된다. 결국, 혁신적인 근무환경과 조직문화의 형성은 동기 부여를 중심으로, 참여와 소통 리더십을 통해 이루어진다.

개방적인 소통과 유연한 리더십 전략은 MZ세대의 특성과 가치를 잘 이해하고 그들의 잠재력을 최대한 발휘할 수 있게 돕는다. 리더는 이러한 전략을 통해 MZ세대와 함께 강력하고 혁신적인 조직 문화를 만들어 나갈 수 있다.

따라서, 리더는 팀원들의 아이디어와 의견을 진지하게 수용하고, 이를 실제 업무에 반영해야 한다. 그 결과로, 팀원들은 높은 동기와 헌신을 보이게 된다. 고객의 목소리와 요구는 항상 중심에 두어야 한다. MZ세대는 고객의 목소리를 중요하게 여기며, 리더 역시 팀원들과의 소통에서 그 중요성을 강조해야 한다.

적응성을 높이는 의사결정 리더십

불확실한 세계에서의 빠른 판단과 대응이 실행력이다. MZ세대는 데이터와 기술에 익숙하며, 이를 기반으로 빠르고 정확한 판단을 선호한다. 이런 특성을 활용하기 위해 리더들은 데이터를 수집하고 분석한 후, 이 정보를 팀원들과 공유해야 한다. 중요한 의사결정이 필요할 때, 핵심 지표KPIs를 명확히 설정하고 지속적으로 모니터링함으로써 변화하는 시장 흐름을 읽는 유연성을 가질 수 있다. 또한, 의사결정 프로세스를 간소화하고 신속한 대응이 가능한 메커니즘을 구축하는 것이 중요하다.

MZ세대는 데이터와 기술에 익숙하며, 이를 활용해 빠르게 판단하는 것을 선호한다. 리더는 데이터를 수집, 분석하여 팀원들과 공유하며, 그 데이터를 기반으로 판단을 내려야 한다. 중요한 의사결정을 위해 핵심 지표KPIs를 설정하고 모니터링하는 것이 중요하다. 이를 통해 변화하는 시장에 대응할 수 있는 유연성을 갖추게 된다. 변화하는 환경에 적응하기 위해 의사결정 프로세스를 간소화하고, 필요할 때 즉시 대응할 수 있는 메커니즘을 구축해야 한다.

실패에서 배우는 반복적 학습 사이클의 성장

실패는 피할 수 없는 현상이지만, 그 안에서 중요한 학습 포인트를 발견할 수 있다. 리더는 실패를 학습의 기회로 받아들이는 문화를 팀 내에서 조성해야 하며, MZ세대는 이러한 접근을 통한 학습을 중요하게 생각한다. 실패나 문제 상황에서의 학습 경험을 팀원 간에 지속적으로 공유하고 피드백하는 시스템을 만들어 지속적인 발전과 학습을 추구해야 한다.

리더는 실패를 두려워하지 않고, 이를 학습의 기회로 받아들이는 문화를 조성해야 한다. MZ세대는 실패를 통한 학습을 중요시하므로 이러한 접근 방식은 그들에게 호감과 용기를 줄 것이다. 팀원들이 실패나 문제 상황에서 무엇을 배웠는지 지속적으로 피드백을 주고 받는 시스템을 구축해야 한다. 이를 통해 지속적인 개선과 학습이 이루어질 수 있다.

협업을 위한 유연한 전략과 실행

고정된 전략보다 프로젝트 기반의 유연한 접근법이 현대의 변화하는 비즈니스 환경에 더 적합하다. 다양한 부서나 팀 간의 협업을 통해 신선한 아이디어와 다양한 해결 방안을 도출할 수 있으며, 이는 MZ세대의 협업 중심적 성향과 잘 맞는다. 또한 애자일 방법론을 도입하여 팀의 반응 속도와 유연성을 향상시킬 수 있다.

이러한 전략들은 MZ세대의 리더들이 현대의 비즈니스 환경에서 더욱 유연하게 의사결정을 내리는 데 큰 도움을 제공할 것이다. 고정된 전략보다는 프로젝트 기반의 접근을 통해 시장의 변화나 고객의 요구에 유연하게 대응하는 것이 유리하다.

크로스팀 협업을 통해 다양한 부서나 팀 간의 협업을 통해 신선한 아이디어와 다양한 해결책을 도출할 수 있다. 이는 MZ세대의 협업을 중시하는 성향에 잘 맞는다. 변화하는 환경에 적응하기 위해, 애자일 방법론을 도입하여 팀의 유연성을 높이고 더 빠르게 의사결정을 내릴 수 있게 지원해야 한다.

이런 전략들은 MZ세대의 리더들이 현대의 비즈니스 환경에서 더욱 적응력 있게 의사결정을 내리고 유연하게 대응할 수 있게 도와줄 것이다.

2

디지털 네이티브 MZ세대와의
효과적인 소통 방법

MZ세대의 특성을 이해하고, 이를 바탕으로 지지와 격려하는 리더십이 중요해지고 있다. MZ세대는 글로벌 이슈에 민감하게 반응하며, 다양성, 포용성, 그리고 지속 가능성을 중요한 가치로 여긴다. 이를 이해하고 공감하는 리더는 조직의 전략에 이러한 가치를 반영하여 MZ세대의 열정과 의견을 팀에 반영할 수 있다.

MZ세대는 디지털 기술을 자연스럽게 받아들이며 새로운 기술을 통한 효율적인 소통과 협업을 선호한다. 리더는 이 특성을 활용하여 디지털화된 환경에서의 협업을 강화해 나가야 한다. 더불어 MZ세대는 지속적인 자기개발을 추구하며, 다양한 정보를 통해 지식을 확장하기 때문에 이를 지원하고 격려하는 리더십은 그들의 성장과 발전을 도모할 것이다.

다양한 상황에서의 리더십 스타일 변화가 중요하다. 상황에 따라 리더의 역할은 달라져야 한다. 때로는 리더가 뒷배경에 머물며 팀원들의 자기 주도적 업무 수행을 도와야 한다. 이런 스타일은 팀원들의 창의성을 높이는 데 크게 기여한다. 반면, 명확한 지침이 필요한 상황에서는 리더가 방향을 제시하며 지원을 해야 한다. 더불어 MZ세대는 적절한 시기에 명확한 피드백을 원하며, 이를 통해 빠르게 성장하고자 한다. 따라서 리더는 구체적인 피드백을 제공하는 리더십 스타일도 필요로 한다.

도전과 창의성의 극대화는 안전한 환경에서 자라난다. 또한, 창의적인 아이디어와 해결책은 안전한 환경에서 자라난다. 리더는 팀원들이 새로운 방법을 시도할 때 실패에 대한 두려움 없이 도전할 수 있는 환경을 조성해야 한다. 더불어, 다양한 경험은 창의성을 키우는 데 중요하다. 리더는 다양한 프로젝트나 업무를 통해 팀원들이 다양한 경험을 얻도록 지원해야 한다. 그리고 다양한 배경과 전문성을 가진 팀원들 간의 협업을 촉진하면, 팀 내에서 더욱 창의적인 아이디어가 탄생할 것이다. 이런 리더십 방법론은 MZ세대의 특성을 반영하며 조직의 창의성과 혁신을 끌어냄으로써 큰 성과를 이루어 낼 수 있을 것이다.

3

빠른 의사결정과 유연한 조직 문화 형성

사업의 성공을 이끌기 위한 전략과 실행은 분리할 수 없는 요소이다. 전략만큼 실행도 중요하며, 이 둘은 서로 밀접하게 연관되어 있다. 그렇다면, 사업 전략 및 실행에 어떤 혁신이 필요하며, 그 혁신을 통해 어떻게 사업의 성장을 가속화할 수 있을까?

핵심을 보존하고 발전을 자극하라

대퇴사 대이직 시대에 기존사업을 보전하며, 새로운 기회를 찾아내고 쟁취하며 성장을 이뤄낼 방법은 무엇일까? 전략, 리더십, 팀워크, 유연성과 개방성은 선택이 아닌 필연적인 요소가 되었다.

짐 콜린스가 'BUILT TO LAST성공하는 기업들의 8가지 습관'에서는 영속하는 기업들의 습관을 "시간을 알려주지 말고 시계를 만들어 주라", "이윤추구를 넘어서라", "핵심을 보존하고 발전을 자극하라" 등으로 이야기하고 있다. 이 중에서 가장 중요한 내용은 "핵심을 보존하고 발전을 자극하라"

이다. 혁신은 끊임없이 이루어져야 하지만, 핵심가치는 반드시 지켜야만 지속 가능한 기업이 될 수 있다.

시간을 알려주지 말고 시계를 만들어 주라

이는 기업의 핵심가치, 미션, 비전 등 정체성은 지켜내야 하며, 그 이외의 모든 것들은 시대의 변화에 맞춰 능동적으로 바꿔야 함을 의미한다. 카리스마적인 지도자가 되기 보다는 리더십을 발휘할 인재를 발굴하고 육성하여 지속 가능한 공동체를 만들어야 한다는 이야기이다. 지속적으로 성장하고 성취하는 사람들이 모여 일하는 지속가능한 기업이 기회를 중심으로 성장할 수 있을 것이다.

Google의 에릭 슈미트 사장은 "구글의 성공은 '70대20대10'의 공식에 따라 기업의 효율을 극대화한 덕분이다."라고 밝힌바 있다. 70%는 핵심사업에, 20%는 연관 프로젝트에, 그리고 10%는 신규사업 발굴에 집중했다는 것이다. 70%는 현재를 위한 노력이고, 20%는 내년을 위한 준비이며, 10%는 미래를 위한 준비로 생각하고 사업전략을 수립하는 것도 좋은 방법이 될 수 있다.

기업가 마인드를 통한 업무 방식의 변화

사업을 성장시키는 방법에는 기존사업을 기반으로 확장하는 방법과 시장의 기회를 기반으로 새로운 사업을 만들어가는 방식이 있다. 사업가와 기업가는 종종 혼용되어 사용되는 용어이지만, 그 뜻과 적용되는 맥락에 따라서는 약간의 차이가 있을 수 있다. VUCA시대에 MZ세대와 함께 사업전략을 수립하고 실행하기 위해서는 리더들의 기업가 마인드 혁신이 필수적이다.

VUCA 시대와 MZ세대가 주류가 되고, AI 기술이 이끄는 시대는 빠른 변화와 불확실성이 지배적이다. 이 시대는 기존의 방식과 패러다임을 혁신하며 성장할 기회와 위기를 동시에 안고 있다. 기업가로서, 이 시대의 특성을 이해하고 그에 따른 전략을 예측하며 업무 방식을 변화시키는 것이 중요하다. 이 변화의 중심에서 기업가의 마인드와 업무 방식이 어떻게 변화해야 하는지를 파악하고 있어야 한다.

변화를 추구하는 현대 기업가의 마인드셋은 기회 중심으로 사업 세계를 끊임없이 변화시키고 있다. 디지털 시대 진입, 고객의 니즈 변화, 기술의 발전 등 다양한 요소들이 변화를 주도하고 있다. 기업가의 '마인드셋'이 사업 전략 및 실행 방식에 크게 영향을 주는 중요한 변화 중 하나임을 부인할 수 없다.

빠르게 적응하는 조직 문화와 빠른 의사결정이 필요하다. VUCA 환경에서의 가장 큰 도전은 불확실성이다. 이를 극복하기 위해 기업가는 빠른 의사결정과 실행 능력을 강조하며, 조직 전체에 유연성을 요구해야 한다. 새로운 기술 트렌드와 MZ세대의 업무 스타일에 적응하기 위해 교육과 훈련을 통해 직원들의 역량을 강화하는 것이 중요하다.

유연한 조직 문화 및 새로운 업무 방식 도입을 위해서는 변화하는 시장 환경에 대응하기 위해 의사결정 프로세스를 더 빠르고 유연하게 만들어야 한다. 원격 근무, 플렉서블 워킹 등 새로운 업무 방식을 도입하여 직원들의 창의성과 생산성을 높일 수 있는 환경을 조성해야 한다. VUCA 시대에는 기존 사업 모델의 수익성과 경쟁력을 유지하면서 동시에 변화하고 적응할 수 있는 새로운 모델을 찾아 도전하고 실험해야 한다. 기업가는 기존의 비즈니스 모델을 재검토하고 필요한 경우 재구성하며, 신시장, 신고객, 신상품, 신채널을 찾아 변화시켜야 한다.

VUCA 및 MZ세대 AI시대는 기회이자 위기이다. 이를 기회로 삼기 위해서는 기존의 업무 방식과 사고 방식을 변화시키며, 시장의 변화에 빠르게 적응하고 앞서 나가는 전략을 세워 실험하고 실행하며 기존의 비즈니스 모델을 혁신해야 한다. 하지만 변화와 혁신만을 추구하는 것이 아니라, 안정성과 지속성도 함께 고려해야 할 것이다.

원칙 기반의 사업 전략은 기업이나 조직이 핵심 가치와 원칙을 바탕으로 전략적 결정을 내리는 접근법을 의미한다. 이 원칙은 기업의 문화, 핵심 가치, 그리고 장기적인 비전을 반영해야 한다. 핵심 가치와 장기적인 비전을 바탕으로 원칙을 명확히 정의하고, 모든 직원이 이해하고 실행할 수 있도록 확산하고 교육을 지속적으로 실시한다.

원칙을 바탕으로 사업 전략을 세우는 과정에서 장기적인 목표와 단기적인 목표 설정, 그리고 의사결정과 리더십을 발휘하는데 있어 원칙과 미션이 중요한 역할을 한다.

프로세스 및 실행 최소화에 있어서, 전략의 실행을 최소화하는 것은 불필요한 단계나 과정을 줄이고, 핵심에 집중하는 것을 의미한다. 사업 전략 실행에 필요한 핵심 과정만을 파악하고, 나머지는 제거하거나 단순화하며, 자동화와 효율화가 가능한 부분은 기술을 활용하여 시스템을 구축하거나 도입하는 것이다.

각 팀의 역할과 책임을 명확히 하여 중복되는 작업이나 혼란을 최소화하고, 전략의 실행 일정을 명확히 한다. 모든 팀원이 일정과 진행 상황을 이해하고 협업할 수 있도록 효과적인 커뮤니케이션을 강조한다. 실행 과정에서 발생하는 문제점을 빠르게 파악하고 수정하기 위해 정기적인 검토와 피드백 세션을 진행하는 것이 중요하다.

HR 레볼루션
도전

'HR 레볼루션: 도전'의 의미는 HR 분야에서 새로운 과제와 어려움을 인식하고, 이에 적극적으로 대응하는 것을 의미한다. 이는 기술 변화에 따른 HR 전략 조정과 디지털 기술 통합에 따른 문제 해결을 포함한다. HR은 조직 변화 관리, 직원 참여 증진, 그리고 새로운 업무 환경에서의 성과 관리 등 다양한 도전과제에 직면하여 이를 해결하는데 집중하는 것을 목표로 한다. – ERiC Story

CHAPTER 12

주 35시간 근무제와
수평적 조직문화 구현

유병선

1

MZ세대와 함께 성장하는 SEA 리더십

시대가 변하더라도 회사에서는 조직, 팀, 개인이 처리해야 할 일이 계속 증가하고 복잡해지고 있다. 이러한 상황에서 고객을 어떻게 더 쉽게 만족시킬 수 있을까? 또한, 회사는 어떻게 지속적으로 성장할 수 있을까? 이런 질문에 답하기 위해, 기업은 전략 비즈니스모델, 리더십, 팀문화, 원칙, 규칙을 오프라인과 온라인으로 플랫폼화해야 한다.

일 잘하는 기업의 공통점은 직원들이 몰입하여 재능과 에너지를 발휘하는 것이다. 이들은 고객과 동료들의 요구를 잘 수용하여 제품과 서비스를 기획하고 개발한다. 이들의 목표는 좀 더 쉽고 편하면서도 즐겁고 행복하게 사용할 수 있는 제품 서비스를 개발하고 제공하는 것이다. 이런 회사는 그들만의 정체성을 기반으로 비즈니스 전략을 실행하고, 다양한 플랫폼에서 활동한다.

성과는 전략 프로세스와 시스템 덕분에 자동화되고, 시간낭비하는 단순 업무가 줄어든다. 이로 인해 생겨난 인력과 시간은 시스템 프로세스를 업그레이드하고, 회사의 경쟁력을 향상시킨다. 그 결과 직원들은 가족과 취미와 함께하는 더 행복한 삶을 추구할 수 있다.

존중성장 성과경영

존중성장 성과경영은 존중과 성장, 그리고 성과중심의 경영을 결합한 개념이다. 이는 구성원의 성장을 통해 더 높은 성과를 달성한다는 믿음에 기반한다.

존중성장 성과경영의 핵심은 구성원들의 잠재력을 인정하고 그들의 의견과 아이디어를 존중하는 것이다. 성과를 내기 위한 창의력과 혁신을 존중하며, 성과에 따른 적절한 인정과 보상도 제공해 주어야 한다. 그들이 자신의 역량을 개발하고 배우는 기회를 제공하며, 궁극적으로는 개인의 성장이 팀과 조직의 성장에 기여하고, 서로의 장점을 모아 단점을 극복하여 최상의 팀워크로 최고의 성과를 창출하도록 지원하는 것이 중요하다.

존중성장 성과경영의 장점은 구성원이 존중받고 성장할 수 있다는 느낌을 받으면, 자신의 업무에 더 큰 동기 부여와 몰입감을 느낀다는 것이다. 이는 구성원의 다양한 의견과 새로운 역량에 의한 혁신과정에서 구성원의 성장과 함께 조직의 경쟁력이 강화되게 된다.

존중성장 성과경영은 최근 기업 경영의 트렌드로 자리 잡아 가고 있다. 이는 구성원의 역량을 최대한 발휘하고, 조직의 성과와 경쟁력을 극대화하기 위한 효과적인 방법으로 인식되고 있기 때문이다. 존중성장 성과경영을 실현하기 위한 구체적으로 실행하기 위해서는 먼저 구성원의 의견을 존중하고 수렴하는 것이다. 또한 교육과 훈련을 통해 역량 향상의 기회를 제공하고 구성원에게 책임과 권한을 부여하여 상호 협업과 소통이 원활하도록 지원하는 것이 중요하다.

존중성장 성과경영은 단기간에 이루어지는 것이 아니다. 지속적인 노력과 실천을 통해서만 실현될 수 있다. 이는 구성원을 존중하고 그들의 역량을 최대한 발휘하게 지원하는 것을 넘어서, 구성원의 성장을 지원함으로써 조직의 성과를 창출하는 것을 목표로 한다. 이를 위해 구성원에게 책임과 권한을 부여하고, 구성원의 역량을 최대한 발휘하게 지지 지원해야 하고, 협업과 소통을 활성화 하여 조직의 경쟁력을 높이는게 효과적인 방법임을 인식하여야 한다.

SEA(Support, Encourage, Appreciate) 성장 리더십의 구체화

SEA 리더십은 팀원들의 성장을 지원하고, 노력을 격려하며, 성과를 진심으로 감사하는 리더십 스타일이다. 이론적으로 학습한 인재들을 어떻게 실전에서 성장시킬 수 있을까? 그 첫 걸음은 자신의 재능과 잠재력을 기반으로 성장하도록 지원하고, 도전에 대한 감사와 실패를 통한 학습에 대한 격려, 그리고 성취를 위한 감사함이다. SEA 리더십을 발휘하면, 사업부장과 팀장은 전문가들이 일과 경험을 통해 성장하도록 지원하고, 좋은 환경을 조성하는 코칭 리더십이 된다.

구성원들의 성장이 성과에 기여할 수 있도록 Support지원, Encourage격려, Appreciate감사하는 리더십이다. 이 접근법은 팀원들의 동기를 높이고, 그들의 성장을 지원하며, 전체 조직의 성장과 성과 혁신을 촉진한다.

Support는 리더가 필요한 지원과 정보를 제공하고, 성장과 발전의 기회를 제공하는 것을 의미한다. 리더는 필요한 자원과 학습 기회를 제공하여 구성원들이 역량을 최대한 발휘하고, 성장할 수 있는 심리적으로 안전한 환경을 조성해야 한다.

Encourage는 리더가 구성원들의 노력과 성취를 칭찬하고, 도전과 성장을 격려하는 것을 의미한다. 리더는 구성원들의 작은 성취도 인정하고, 실패를 두려워하지 않도록 격려하며, 실패를 통한 학습과 성장을 돕는다.

Appreciate는 리더가 구성원들의 가치와 기여를 감사하는 것을 의미한다. 리더는 구성원들이 자부심을 느낄 수 있도록 하고, 진정한 감사를 표현한다. 또한, 구성원들의 노력과 성과를 인정하고, 정기적으로 인정하고 보상해야 한다.

SEA 리더십을 실천하는 리더는 다음과 같은 행동을 보여야 한다.
- 구성원들의 의견을 수렴하고, 재능과 필요를 파악한다.
- 필요한 자원과 교육을 제공하고, 구성원들의 성장을 지원한다.
- 구성원들의 작은 성취도 인정하고, 도전을 격려한다.
- 구성원들의 노력과 가치를 감사하고, 자부심을 느낄 수 있도록 한다.

SEA 리더십을 이해하고 실행하기 위해서는 다음과 같은 특징을 알아야 한다.
- 구성원 중심의 리더십으로, 구성원들의 성장을 지원한다.
- 긍정적이고 개방적 협력적인 조직 문화를 조성한다.
- 구성원들의 동기부여와 참여를 이끌어낸다.

SEA 리더십의 성장 단계는 다음과 같다.
- 초기 단계: 구성원의 심리적 안전을 지원하고 격려한다. 구성원이 조직에

적응하고 업무를 수행할 수 있도록 돕는다.

- 중간 단계: 구성원의 성장을 지원한다. 역량 개발을 위한 교육과 훈련을 제공하고, 성장할 수 있는 환경을 조성한다.

- 고도화 단계: 구성원이 역량을 최대한 발휘할 수 있도록 지원한다. 도전하고, 새로운 것을 시도할 수 있는 환경을 조성하고, 노력과 성과를 인정하고 보상한다.

SEA 리더십 경영은 기업의 규모와 업종에 상관없이 적용 가능한 리더십 방식이다. 기업의 경쟁력을 높이고 지속 가능한 성장을 위해 SEA 리더십 경영을 적극 도입하고 실천하는 것이 중요하다.

SEA 리더십 경영의 구체적인 실천 방법은 다음과 같다.

- 구성원들의 역량 개발 지원: 교육, 훈련, 멘토링 프로그램을 제공한다.

- 도전과 실패에 대한 격려: 구성원들이 새로운 것을 시도하고 실패를 두려워하지 않도록 격려한다.

- 구성원들의 노력과 성과 인정: 구성원들의 노력과 성과를 정기적으로 인정하고 보상한다.

- MZ세대 리더십 교육: MZ세대의 특성과 가치관을 이해하고 이를 반영한 리더십 교육을 제공한다.

- 플랫폼 기반 협업 도구 도입: MZ세대가 선호하는 디지털 플랫폼을 활용하여 팀 간의 협업과 소통을 강화한다.

- 개인별 성과 관리: 각 MZ세대 직원의 성장과 성과 기여를 개인화된 방식으로 추적하고 관리한다.

SEA 리더십의 구체화를 위해 다음 사항들을 고려해야 한다.

- 구성원의 역량과 필요에 따라 지원과 격려를 제공한다.

- 구성원의 노력과 성과를 정기적으로 인정하고, 보상한다.

- 구성원이 도전하고, 새로운 것을 시도할 수 있는 환경을 조성한다.

- SEA 리더십의 원칙과 방법에 대한 교육 및 훈련 프로그램을 도입한다.

- SEA 원칙을 실제 업무에 적용하기 위한 팀 빌딩 및 워크숍을 진행한다.

- SEA 원칙에 따라 성과 관리 및 평가 시스템을 개선하고, 이를 지속적으로 모니터링한다.

SEA 리더십 경영은 기존의 리더십 방식과 다음과 같이 차별화 된다.

- 구성원 중심: SEA 리더십 경영은 구성원들의 성장과 발전을 지원하는 데 초점을 맞춘다.

- 긍정적이고 협력적인 조직 문화: SEA 리더십 경영은 구성원들이 서로 격려하고 협력하는 조직 문화를 조성한다.

- 구성원들의 동기부여와 참여: SEA 리더십 경영은 구성원들이 높은 동기부여와 참여를 통해 조직의 목표를 달성하도록 지지 지원한다.

SEA 리더십은 빠르게 변화하는 현대 조직 환경과 다양한 직원들의 요구에 적응하기 위한 중요한 방법론이다. 이는 직원들의 행복, 참여도 및 만족도를 높이는데 큰 역할을 한다. SEA 리더십의 원칙은 MZ세대의 가치관과 잘 어울리며, 그들의 성장 지향성과 동기부여를 위해 그들의 노력을 지원, 격려, 감사하는 리더십 스타일이다. SEA 리더십은 이러한 세대의 기대와 가치를 만족시키며, 조직의 성공적인 미래를 구축하는 핵심 전략이 될 수 있다.

SEA 리더십은 단순히 구성원을 지원하고, 격려하고, 인정하는 것이 아니다. 이는 구성원의 역량을 최대한 발휘하고, 조직의 성과와 경쟁력을 극대화하기 위한 리더십이다. 구성원의 성장과 발전을 지원하고, 구성원이 자신의 역량을 최대한 발휘할 수 있도록 돕는 것이 SEA 리더십의 핵심이다. 각 개인의 재능을 기반으로 프로세스와 시스템을 혁신해서 플랫폼화 하고 온라인, 오프라인을 잘 연결해 고객가치를 혁신하고, 직원들의 노력과 수고를 줄이면서도 고객가치와 생산성은 더욱 향상되어 직원들은 더 행복하고 풍요로운 삶을 살 수 있도록 지원 지지 하는 것이다.

2

주 35시간 근무제와
직원 만족도 향상을 위한 혁신

2023년 기준으로 주 35시간 근무제를 운영하는 기업은 약 1,000여 개에 이를 것으로 추산된다. 배달의민족, 네이버, 카카오, 라인, 우아한형제들, 쿠팡, 위메프, 티몬, 야놀자 등의 IT 기업과 크래프톤, 넷마블, 넥슨, 게임빌, 엔씨소프트, 카카오게임즈, 스마일게이트, 네오위즈, 펄어비스, 컴투스 등의 스타트업 기업은 직원들의 일과 삶의 균형 및 업무 효율성을 높이기 위해 주35시간 근무제를 도입했다.

미국의 베이스캠프는 주 35시간 근무제와 수평적 조직문화를 실천하는 것으로 유명하다. 베이스캠프의 CEO인 짐 프리먼은 "직원들이 일과 삶의 균형을 보장받을 수 있도록, 주 35시간 근무제를 도입했다"고 밝혔다. 또한, 베이스캠프는 직급과 상관없이 모든 직원이 의견을 자유롭게 개진하고, 업무에 참여할 수 있는 환경을 조성하기 위해 노력하고 있다.

2022년 구인·구직 플랫폼 Glassdoor에서 실시한 설문조사에 따르면,

베이스캠프의 직원 만족도는 4.5점 만점에 4.3점으로, IT 업계 평균인 4.0점보다 높았다. 이 결과는 베이스캠프가 직원들의 일과 삶의 균형을 보장하고, 수평적 조직문화를 실천함으로써, 기업의 경쟁력을 강화하는 데 성공한 것으로 평가된다. 이러한 기업들은 탁월한 기업 전략, 비즈니스 모델, 기업 문화를 가지고 있다.

"VisionBizDevOps"는 비즈니스Biz, 개발Dev 및 운영Ops의 연계와 결합을 강조하는 비즈니스 전략 모델화 개념이다. "Vision"이라는 요소가 추가되면, 조직의 미래 지향적인 비전과 그 방향성을 결합한 통합적인 접근법이 된다. 주 35시간 근무제와 수평적 조직문화를 도입하여 Vision-BizDevOps 조직문화를 실현하기 위한 방법론은 다음과 같다.

첫째, Vision비전을 설정한다. 미래 지향적 비전을 재정의하여 혁신과 변화에 대한 방향성을 제시하며, 조직의 장기적 목표를 설정하는 것이다. 비전 설정 과정에서 직원들의 의견과 아이디어를 수렴하여 공동의 비전을 만들어 가는 것은 비전 달성의 핵심이다.

둘째, Biz비즈니스 전략을 수립한다. 비즈니스 전략과 결정을 고객의 관점에서 바라보며, 고객 가치 최적화를 목표로 하고, 직원들이 참여하여, 그들의 아이디어와 통찰을 활용하는 것이다.

셋째, Dev개발 전략을 수립하는 것이다. 지속적 통합 및 지속적 전달을 위해 온오프 비즈니스 프로세스 시스템을 구축하여 개발과 개선 과정을 자동화하고 효율화 시키는 것이다. 또한 팀 간 협업 강화를 위해 개발팀뿐만 아니라 다른 부서와의 협업을 강화하여 전략적 비즈니스모델과 프로세스의 효율성을 높이는 것에 집중을 해야 한다.

넷째, Ops운영 전략을 수립한다. 시스템의 안정성과 성능을 지속적으로 모니터링하며, 반복적인 작업은 자동화 도구를 활용하여 효율적으로 처리한다. 문제점이나 개선사항은 빠르게 파악하고 대응할 수 있는 데이터 기반의 피드백 시스템을 구축하는 것이다.

다섯째, 주 35시간 근무제 및 수평적 조직문화 도입에 업무의 중요도와 긴급도를 기반으로 핵심 업무와 우선순위를 명확히 정의하여 적용하는 것이다. 모든 직원들이 자유롭게 의견을 공유하고 소통할 수 있는 환경을 제공하여 오픈 커뮤니케이션이 가능하도록 하는 것이다.

여섯째, 지속적인 교육 및 학습을 통해 VisionBizDevOps의 원리와 실천 방법에 대한 이해도를 높이는 것이다. 최신 트렌드와 기술에 대한 지식을 업데이트하기 위해 외부 교육 및 세미나에도 적극적으로 참여하도록 한다.

탁월한 VisionBizDevOps 조직문화를 실현하기 위해서는 상위 경영진의 강력한 지원과 전체 직원의 참여가 필요하다. 지속적인 피드백 및 개선을 통해 조직문화를 끊임없이 발전시켜 나가는 것도 중요하다.

VisionBizDevOps를 조직에 적용하는 과정에 비즈니스 목표 및 요구사항에 따라 개발과 운영 프로세스를 개선하여 비즈니스 가치를 증가시킬 수 있다. 이는 개발과 개선 프로세스 자동화를 통해 팀 간의 협업을 향상시켜 시장 출시 시간을 줄일 수 있으며, 지속적인 테스트와 모니터링을 통해 플랫폼의 품질을 개선할 수 있다. 또한 비즈니스 요구사항에 빠르게 대응하고 고품질의 플랫폼 서비스를 제공하여 고객 만족도를 높일 수 있다. 이처럼 VisionBizDevOps는 비즈니스, 개발, 운영 팀 간의 긴밀한 협업과 지속적인 개선을 통해 비즈니스 가치를 창출하는 효과적인 접근 방식이다.

3

주 35시간 근무제와 수평적 조직문화 구현

주 35시간 근무제와 수평적 조직문화 구현은 많은 기업들이 더 효율적이고 생산적인 환경을 만들기 위한 노력의 일부이다. 이러한 변화는 직원의 워크-라이프 밸런스 개선, 창의성 및 혁신 촉진, 조직 내 의사소통 및 협업 강화를 목표로 한다.

주 35시간 근무제을 도입하기 위해서는 근무 시간 감소의 목표와 기대효과를 명확히 해야 한다. 또한 작업 프로세스 최적화를 통해 업무 프로세스를 효율적으로 개선하여 같은 시간 내에 더 많은 작업이 완료될 수 있도록 시스템을 제공해 주어야 한다. 필요에 따라 유연한 근무 시간을 도입하여 직원들이 자신의 생활 패턴에 맞게 일할 수 있도록 지원도 해야 한다. 짧은 근무 시간 동안 집중력을 높이기 위해 적절한 휴식을 권장하고, 이를 위한 환경을 제공하는 것도 중요하다.

수평적 조직문화 구현하는 것은 여러 고려 사항 뿐만 아니라 물리적인 시간도 고려해야 한다. 먼저, 의사결정 과정에 모든 직원들이 참여할 수 있도록 열린 커뮤니케이션을 현장에서 실현할 수 있도록 해야한다. 이를 통해 회의나 워크숍에서 의견을 공유하고, 의사소통이 원활하도록 하는 것이다. 이러한 과정을 통해 직원들에게 자신의 업무에 대한 책임감과 주도성을 부여하여, 자기 주도적으로 업무를 수행하도록 해야 한다. 아울러 팀 간의 협력을 촉진하고, 다양한 팀 빌딩 활동을 통해 팀워크 강화뿐만 아니라 직원들과 경영진 간의 직접적인 의사소통을 장려하는 것도 중요하다.

이러한 변화를 실현하기 위해서는 경영진의 강력한 지원과 리더십, 그리고 조직 전체의 참여와 협력이 핵심이다. 또한 지속적인 교육 및 피드백을 통해 이러한 문화와 제도가 잘 안착될 수 있도록 노력해야 모두의 노력이 필요하다.

주 35시간 근무제와 수평적 조직문화의 실현을 위한 구체적인 실행 방법은 다음과 같다.

〈주 35시간 근무제 도입을 위한 실행 방법〉

- 현 상태 분석: 현재 근무 패턴, 작업 부하, 업무 효율성을 분석한다. 직원들의 근무 만족도와 피드백을 수집한다.
- 근무 시간 변동에 따른 영향 예측: 근무 시간 변화가 업무 효율성, 직원 만족도 등에 미치는 영향을 예측한다.
- 근무 시간 변경 안내: 직원들에게 새로운 근무제 도입에 대한 안내와 교육을 제공한다.
- 시범 운영: 한 부서나 팀을 대상으로 주 35시간 근무제를 시행하며, 피드백을 수집한다.

- 평가 및 수정: 시범 운영의 피드백을 바탕으로 근무제를 개선하고 전사적으로 확대한다.

〈수평적 조직문화 실현을 위한 실행 방법〉

- 문화 인식 훈련 및 교육: 직원들에게 수평적 조직문화의 중요성과 장점을 교육한다.
- 피드백 시스템 구축: 직원들의 의견을 수집할 수 있는 피드백 시스템예: 설문조사, 워크숍을 구축하고 정기적으로 실행 한다.
- 리더십 훈련 프로그램: 관리자와 리더들에게 수평적 리더십 스타일을 교육한다.
- 팀 빌딩 활동: 팀 간 협력과 소통을 강화하기 위한 다양한 팀 빌딩 활동을 주기적으로 실시한다.
- 정기적인 평가 및 개선: 수평적 조직문화의 실행과 관련된 문제점을 정기적으로 검토하고 개선한다.

중요한 것은 상황에 따른 유연한 대응, 지속적인 의사소통, 그리고 조직 전체의 참여와 협력을 통한 지속적 개선이다. 주 35시간 근무제와 수평적 조직문화는 밀접하게 연관되어 있다. 주 35시간 근무제는 직원들의 일과 삶의 균형을 제공하고, 수평적 조직문화는 직원들이 자유롭게 의견을 표현하고 업무에 참여할 수 있는 환경을 만드는 데 도움이 된다.

주 35시간 근무제와 수평적 조직문화를 실현하기 위해서는 직원들의 의견을 수렴하고 반영하는 문화를 조성해 주어야 한다. 직원들의 업무 몰입도를 높이고 창의성을 발휘할 수 있는 환경 제공과 조직문화의 변화를

통해 업무 효과성을 높이는 것에 집중해야 한다.

CHAPTER 13

ESG를 통한 조직 문화 혁신의 전략적 접근

박동국

1
지속가능성을 위한 ESG기반의 HR혁신

ESG란 무엇인가? ESG는 환경Environmental, 사회Social, 지배구조Governance의 약자로, 이는 기업이 환경, 사회, 지배구조 측면에서 어떻게 운영되고 관리되는지를 나타내는 지표이다. 환경 부분은 친환경적인 비즈니스 프로세스, 탄소 배출 저감, 자원 보전, 재활용 등의 고려 사항을 포함한다. 사회 부분은 사회적 다양성, 노동자 권리, 고객 데이터 보호, 지역사회 참여 등을 다루고 지배구조 부분은 윤리적 경영, 회계 투명성, 독립적인 이사회 등 기업의 지배구조와 경영 품질을 다룬다.

사회적 가치의 중요성은 기업의 구성원, 소비자, 투자자 및 기타 이해관계자들은 단순히 이익 창출뿐만 아니라 사회적 가치를 중시하는 기업을 선호한다. 기업의 사회적 책임은 브랜드 가치, 기업의 명성, 그리고 시장 경쟁력에 큰 영향을 미친다.

기후 변화와 환경 문제는 기후 변화, 환경 파괴, 자원의 소진 등의 문제는 최근 몇 년 동안 전 세계적으로 심각한 주목을 받아왔다. 이 문제에 대응하기 위해, 기업들은 지속 가능한 환경 관련 실천을 통해 문제 해결에 기여해야 한다.

투자 결정에 미치는 영향은 많은 투자자들은 ESG 성과를 중요한 투자 기준으로 보고 있다. ESG 지표가 높은 기업은 지속 가능하며, 장기적으로 투자 리스크가 낮다는 인식이 강화되었다.

규제 및 법률의 강화는 여러 국가에서는 ESG 관련 규제와 법률을 강화하고 있다. 이러한 규제 준수는 기업 운영에 큰 영향을 끼치며, 준수하지 않을 경우 벌금이나 제재를 받을 위험이 있다.

기업의 장기적 성장은 ESG 원칙을 따르는 것은 단순히 윤리적인 선택이 아닌, 기업의 장기적인 성장과 안정성을 위한 핵심 전략이다.

사회적 압박은 사회의 요구와 기대가 증가하면서, 기업들은 고객, 직원, 공급업체 등과의 관계에서 ESG 원칙의 준수가 중요하다는 사회적 압력이 높아지고 있다.

다양한 요인들로 인해 ESG는 현대 기업 경영의 중요한 화두가 되었다. 기업들은 ESG를 통해 지속 가능한 성장과 사회적 책임 동시에 추구하려고 노력하고 있다.

ESG와 기업의 지속가능성

ESG의 각 요소는 기업이 장기적으로 지속 가능한 운영을 위한 핵심 요소들을 반영한다. 환경Environment은 기업의 환경적 영향은 자원의 효율적 사용, 오염 및 기후 변화와 관련된 위험 관리와 밀접하게 연결되어 있다. 지속 가능한 환경 관행을 채택함으로써 기업은 규제 위반에 따른 벌금, 소비자 반발, 공급망 위험 등을 줄일 수 있다. 친환경적인 기업 이미지는 브랜드 가치를 향상시키고, 고객 및 투자자와의 관계를 강화할 수 있다.

사회Social는 기업의 직원, 고객, 공급업체 및 지역 사회와의 관계를 통해 사회적 가치를 창출한다. 직원 복지, 안전 및 교육은 생산성을 높이고, 직원 만족도와 충성도를 향상시킬 수 있다. 기업의 사회적 책임을 인정하면, 그 기업은 사회에서 긍정적인 이미지를 얻고, 고객의 신뢰와 지지를 얻을 수 있다.

지배구조Governance는 투명하고 효과적인 지배구조는 기업의 장기적인 성공에 매우 중요하다. 기업의 윤리적 행동과 규제 준수는 잠재적 위험을 줄이고, 투자자와의 관계를 강화시켜주기 때문이다. 적절한 이사회 구조와 다양성은 더 나은 의사 결정을 촉진하고, 기업의 전략적 방향성을 지원한다.

ESG 원칙을 실천하는 기업은 경영 위험을 감소시키고, 경쟁력을 강화하며, 장기적인 가치 창출을 위한 기반을 구축한다. 따라서, ESG는 단순히 윤리적이거나 사회적인 측면에서의 문제가 아니라, 기업의 지속 가능한 성장과 성공을 위한 핵심 전략적 요소로 간주되어야 한다.

HR과 ESG의 관계

HRHuman Resources은 기업 내 인재 관리와 인사 전략, 활동을 총괄하는 부서 또는 기능을 의미한다. ESG와 HR은 깊은 관계를 가지고 있으며, 이는 다음 주요 포인트들을 통해 확인할 수 있다.

사회적 측면에서 볼 때 ESG는 기업의 노동자 대우, 직원 복지, 다양성 및 포용성, 인권 등을 중요시한다. HR은 이러한 부분에서 핵심적인 역할을 한다. HR은 다양한 직원들에게 공정한 대우를 보장하며 복지 향상 프로그램을 구현한다.

지배구조 측면에서는 HR이 기업의 리더십 구조와 밀접하게 연결되어 있다. 적절한 리더를 발굴하고 성장시키며, 성과 평가 방식을 결정하는 것도 HR의 역할이다.

직원 참여도 또한 중요하다. HR은 직원들이 ESG 목표를 이해하고 지지하도록 교육 및 커뮤니케이션 전략을 마련한다. 이를 통해 직원들이 회사의 ESG 활동에 참여하도록 돕는 것이다.

인재 유치 및 보유도 중요한 부분이다. 많은 사람들이 회사의 ESG 활동에 대한 관심을 가지고 있기 때문에, ESG 전략이 잘 구성되어 있으면 더 많은 인재를 끌어들이고, 기존의 직원들을 장기간 유지할 수 있다.

위험 관리는 HR의 중요한 역할 중 하나이다. 노동 관련 위험, 성희롱, 차별 등의 문제는 HR 전략을 통해 최소화할 수 있다. 기업 문화는 HR이 크게 관여하는 부분이다. 지속 가능하고 ESG 중심의 문화를 만드는 일은 HR이 주도할 수 있기 때문이다. ESG의 주요 요소들은 HR의 활동과 밀접하게 연결되어 있기 때문에 ESG와 HR이 잘 조화되면 기업은 지속 가능한 성장을 이루어 낼 수 있을 것이다.

2

ESG 기반의 조직문화

ESG환경, 사회, 지배구조와 조직문화는 기업의 지속가능한 성장, 직원 만족도, 그리고 사회적 책임 수행에 중요한 역할을 한다. 이 두 요소는 밀접하게 연결되어 있으며 하나가 다른 하나에 큰 영향을 미친다.

환경E은 조직문화가 환경보호를 중시하는 가치를 포함하면, 직원들은 에너지 절약, 재활용, 그리고 다른 지속가능한 활동에 참여하게 될 것이다. 반면, 조직문화가 이런 가치를 중요시하지 않으면, 직원들이 환경보호에 무관심할 가능성이 높다.

사회S는 조직문화가 다양성과 포용성을 촉진하면, 이는 직원들의 만족도와 생산성을 높이며, 다양한 배경과 경험을 가진 사람들이 혁신을 이끌어내는데 기여할 것이다. 또한, 회사가 지역사회와의 긍정적인 관계 유지와 사회적 책임 수행에도 도움이 될 것이다.

지배구조G는 투명하고 책임있는 지배구조는 조직문화에 긍정적인 영향을 미친다. 직원들이 경영진을 신뢰하고, 의사결정 과정이 공정하다고 느낄 때, 이는 조직 전체의 사기와 효율성을 높일 것이다.

ESG를 반영한 조직 문화의 이점

ESG를 반영한 조직 문화는 기업에 다양한 이점을 제공한다. ESG 반영 조직 문화가 가져오는 주요 이점들은 다음과 같다.

- 직원 만족도와 약속: 직원들은 ESG 원칙을 실천하는 조직에서 더 높은 만족도와 헌신도를 보인다. 특히, 젊은 세대는 지속 가능성과 사회적 책임을 중요시하므로, 이러한 조직에서의 근무를 선호한다.

- 인재 유치 및 보유: ESG 반영 조직 문화는 기업이 우수한 인재를 유치하고 장기간 유지하는 데 도움이 된다. 기업 가치와 지향점을 공유하는 인재들은 조직에 더 오래 머무를 것이다.

- 브랜드 이미지 향상: ESG를 반영하면, 고객, 투자자, 그리고 다른 이해관계자들로부터의 신뢰와 지지를 얻을 수 있어, 기업의 브랜드 가치와 이미지가 향상된다.

- 위험 관리: ESG 원칙을 따르는 조직은 환경, 사회, 지배구조 관련 위험을 더 잘 관리하고 대응할 수 있다. 이는 장기적으로 기업의 안정성과 지속 가능성을 강화한다.

- 혁신 및 새로운 기회 탐색: ESG를 중심으로 한 조직 문화는 지속 가능한 솔루션과 혁신을 추구하게 만든다. 이로 인해 기업은 새로운 사업 기회나 시장을 찾을 수 있다.

- 긍정적인 금융적 성과: 여러 연구에 따르면, ESG 원칙을 잘 실천하는 기업들은 장기적으로 더 나은 금융적 성과를 보인다. 이는 투자자들의 지속 가능한 투자 추세와도 일치한다.

- 규제 준수: 환경, 사회, 지배구조에 관한 규제와 기준이 점점 더 엄격해지고 있다. ESG 반영 조직 문화는 이러한 규제와 기준을 준수하고, 이를 초월하는 활동을 하는 데 도움이 된다.
- 이해관계자와의 강화된 관계: ESG를 중심으로 한 조직 문화는 이해관계자들과의 관계를 강화시키며, 기업의 사회적 책임과 지속 가능성 목표 달성에 대한 지원을 얻을 수 있다.

ESG를 반영한 조직 문화는 기업에 단순히 윤리적, 사회적 책임을 넘어 다양한 비즈니스 이점을 제공한다. 지속 가능한 미래를 위한 기업의 핵심 전략으로 ESG를 포함하는 것은 점점 더 중요해지고 있다.

조직 문화의 변화 방향

ESG환경, 사회, 지배구조와 조직문화의 효과적인 연결은 기업의 지속 가능한 성장과 장기적인 성과에 기여한다. 리더십은 조직문화의 핵심이다. 경영진과 리더들이 ESG 가치를 모범적으로 실천하고 강조하면, 그 가치는 조직 전체에 퍼져나간다. 리더들은 지속 가능성에 관한 목표를 명확히 설정하고, 이를 전달하여 조직 전체가 그 방향으로 나아가도록 해야 한다.

기업의 미션, 비전, 그리고 핵심 가치에 ESG 원칙을 명확하게 통합함으로써, 조직문화와 ESG를 깊게 연결할 수 있다. 그리고 직원들에게 ESG에 대한 교육과 훈련을 제공하여, 그들이 이해하고 실천할 수 있도록 도와야 한다. ESG 이슈와 관련된 조직의 비전, 전략, 그리고 목표를 이해하는 데 있어 이러한 교육은 중요하다.

커뮤니케이션 강화에 있어서도 ESG 전략과 성과, 그리고 관련된 새로운 변화나 이슈에 대해 지속적으로 커뮤니케이션하는 것이 필요하다. 이를 통해 직원들은 ESG에 대한 기업의 방향성을 명확히 알 수 있다. ESG 목표 달성에 기여한 직원들에게 보상하거나 인센티브를 제공하여, 직원들의 참여와 헌신을 높일 수 있다.

직원들로부터의 피드백을 수용하고, 그들이 ESG 전략 개발에 참여할 수 있도록 기회를 제공한다. 이는 조직문화를 ESG 중심으로 변화시키는 데 중요한 역할을 한다. 조직 내에서 ESG 챔피언 또는 대표자를 선정하여, 그들이 ESG와 관련된 활동을 주도하고 홍보하는 역할을 한다. ESG와 관련된 조직문화의 진전 상황을 정기적으로 평가하고 검토하여, 필요한 변화와 개선을 실시하는 것도 매우 중요하다.

ESG와 조직문화의 연결은 단기적인 프로젝트가 아니라 지속적인 노력이 요구된다. 기업은 이러한 노력을 통해 지속 가능하고 책임감 있는 방식으로 성장하며, 동시에 긍정적인 조직문화를 구축할 수 있다.

다양성을 고려한 HR 정책과 실행 방법

다양성을 고려한 HR 정책은 조직의 지속 가능성, 혁신성, 그리고 직원들의 만족도와 생산성을 높일 수 있는 중요한 요소이다. 이는 다양성 중심의 HR 정책 실행 방안을 제시한다.

- 편견 제거 교육 프로그램: 조직 내에서 다양성과 포용에 대한 인식을 높이는 교육 및 워크숍을 진행한다. 편견과 선입견을 인식하고 극복하는 훈련을 실시한다.
- 포용적인 채용 과정: 구조화된 인터뷰 질문을 사용하여 채용 과정에서의 편견을 최소화한다. 다양한 배경과 경험을 가진 인재를 유치하기 위한 다양한 채용 채널을 활용한다.

- 유연한 근무 방식: 다양한 배경과 상황을 가진 직원들의 근무 요구를 충족하기 위해 유연한 근무 시간 및 장소를 제공한다. 육아나 가족 의무, 문화적 행사 등 다양한 사유로 필요한 유연성을 제공한다.
- 다양성을 반영한 혜택: 다양한 문화, 종교, 성 정체성 등을 고려한 혜택과 복지를 제공한다. 예를 들어, 다양한 휴일 선택, 문화적 행사 지원, 다양한 문화와 종교의 식사 제공 등이 있다.
- 평등한 승진 기회: 성별, 인종, 연령, 성 정체성 등과 무관하게 공정한 평가 및 승진 기회를 제공한다.

다양성 중심의 HR 정책은 단순히 정책 설정이나 실행에 그치지 않고, 조직 전반의 문화와 가치에 깊게 뿌리내려야 한다. 이를 통해 기업은 경쟁력 향상, 직원 만족도 증가, 그리고 지속적인 성장을 이룰 수 있다.

ESG 교육의 필요성

ESG가 기업의 경영 전략 및 지속 가능성의 중요한 요소로 부상하면서, ESG 교육의 필요성이 증대되고 있다.

- 규제 및 법률 준수: 전 세계적으로 ESG와 관련된 규제와 법률이 강화되고 있다. 이를 준수하기 위해 직원들이 ESG의 기본 원칙과 기업의 책임에 대해 알아야 하며, 교육을 통해 법적 위험을 예방하고 법률 위반으로 인한 잠재적인 금융적, 명성상의 손실을 방지할 수 있다.
- 기업의 경쟁력 향상: ESG를 효과적으로 실천하는 기업은 투자자, 고객 및 파트너사에게 더 매력적이다. ESG 교육은 직원들에게 기업의 지속 가능한 경영 방향을 이해시키고, 이를 통해 기업의 경쟁력을 향상시킨다.
- 직원의 동기 부여 및 임직원 유지: 직원들은 자신이 일하는 회사가 사회적

책임을 다하는 것에 자부심을 느낀다. ESG 교육은 직원들의 동기 부여를 높이고, 임직원 유지율을 향상시킬 수 있다.

- 기업의 위험 관리: 환경 문제, 사회적 불평등, 부적절한 지배구조 등은 기업의 장기적인 성장을 위협할 수 있다. ESG 교육을 통해 이러한 위험을 인식하고 관리하는 능력을 키울 수 있다.

- 이해관계자와의 관계 강화: 고객, 투자자, 공급업체, 지역 사회 등 기업의 다양한 스테이크홀더들은 기업의 ESG 활동에 대한 투명성과 책임을 중요하게 생각한다. 교육을 통해 직원들의 소통 및 협력 능력을 향상시킬 수 있다.

- 문화 및 가치의 형성: ESG 교육은 기업의 문화와 가치를 형성하고, 직원들에게 이를 전달하는 수단이다. 이를 통해 직원들은 기업의 비전과 미션을 더욱 잘 이해하고, 이에 부합하는 행동을 취하게 된다.

ESG 교육은 법적 위험의 관리부터 기업 문화의 형성에 이르기까지 다양한 이점을 가져다주며, 기업의 지속 가능한 성장을 지원하는 핵심 요소로 간주된다.

HR의 역할과 방법을 통한 ESG 역량 개발

ESG 교육의 성공적인 진행 및 지속적인 발전을 위해, 인사부서HR는 중요한 역할을 수행해야 한다. 아래에서는 ESG 교육에 대한 HR의 역할과 방법을 제안한다.

- 교육 커리큘럼 개발: HR은 ESG 관련 최신 트렌드, 규제, 법률 등을 반영하여 교육 커리큘럼을 계속적으로 개발하고 수정해야 한다. 이를 통해 직원들이 현재 상황에 맞는 지식과 기술을 습득할 수 있다.

- 교육 대상자 선정 및 맞춤형 교육: 모든 직원에게 동일한 교육을 제공하는 것이 아니라, 각 직무별, 부서별, 지역별 특성에 따른 맞춤형 교육을 계획하고 실행하는 것이 중요하다. HR은 이러한 맞춤형 교육을 위해 교육 대상자를 선정하고, 각 그룹별 교육 내용을 계획해야 한다.
- 피드백 수집 및 교육 효과 평가: 교육이 종료된 후에는 참가자들로부터 피드백을 수집하고, 교육의 효과를 평가해야 한다. 이를 통해 교육의 질을 계속적으로 개선할 수 있다.
- 지속적인 교육 기회 제공: ESG 관련 이슈는 계속해서 변화하고 발전해야 한다. 따라서 HR은 지속적인 교육 기회를 제공하여 직원들이 최신 정보와 지식을 습득할 수 있게 해야 한다.
- ESG 성과 측정 및 보고: HR은 교육을 통해 얻은 결과를 측정하고, 이를 내부 및 외부에 보고하는 역할을 한다. 이를 통해 기업의 ESG 활동의 투명성을 높이고, 다양한 이해관계자들과의 신뢰 관계를 구축할 수 있다.
- 문화 및 가치 전파: HR은 교육을 통해 기업의 ESG 관련 문화와 가치를 전파하는 중요한 역할을 한다. 교육 프로그램을 통해 직원들에게 기업의 비전, 미션, 가치를 명확하게 전달하며, 이를 일상 업무에 반영하도록 독려해야한다.

이처럼, HR은 ESG 교육의 기획, 실행, 평가, 보고 등의 전 과정에서 핵심적인 역할을 수행하며, 기업의 지속 가능한 성장과 ESG 관련 목표 달성을 지원한다.

ESG 리더의 역할과 중요성

리더는 ESG 원칙을 기업 전략과 운영에 통합하는 중요한 역할을 수행한다. 그들의 역할은 단순히 정책 수립과 이행에 그치지 않고, 조직 전체의 문화와 가치, 그리고 비즈니스 전략의 핵심으로 ESG를 적용하는 것이다. 리더는 ESG의 중요성을 인식하고, 조직의 전략적 방향성을 제시한다. 이를 위해 시장 트렌드, 규제 변화, 스테이크홀더의 기대 등을 고려하여 ESG 전략을 설정해야한다.

- 조직 문화의 변화 주도: ESG의 원칙과 가치를 조직의 핵심 문화와 가치로 통합시키기 위해 노력한다. 직원들에게 ESG의 중요성을 교육하고, 그들의 참여와 행동을 독려한다.

- 스테이크홀더와의 소통 강화: 주주, 직원, 고객, 지역 사회 등 다양한 스테이크홀더와의 효과적인 소통을 통해 ESG 이니셔티브에 대한 지원과 협력을 얻는다.

- 성과의 측정 및 보고: ESG 관련 목표와 성과를 명확하게 설정하고, 이를 측정하여 내부 및 외부에 투명하게 보고한다. 이를 통해 ESG 관련 성과와 진전 상황을 평가하고 개선할 수 있다.

- 리스크 관리와 기회 파악: 환경, 사회, 지배구조 관련 리스크를 식별하고 관리하며, 동시에 ESG를 통한 비즈니스 기회를 파악하고 활용한다.

- 혁신과 변화 주도: ESG 관련 이슈와 트렌드를 기반으로 새로운 비즈니스 모델이나 제품, 서비스의 혁신을 주도한다.

ESG를 위한 리더는 조직의 지속 가능한 성장과 사회적 책임을 담당하는 핵심 인물로, 그의 리더십과 방향성은 조직의 ESG 이행 및 성과에 큰 영향을 미친다.

ESG 리더십 개발 프로그램 구축

ESG 리더십 개발 프로그램은 조직 내 리더들이 ESG 원칙을 효과적으로 이해하고 실행할 수 있도록 돕는 교육 및 개발 프로그램이다. 이러한 프로그램을 성공적으로 구축하기 위해 다음 단계와 요소를 고려해야 한다.

- 목표 및 범위 설정: 프로그램의 주요 목표와 학습 결과를 명확히 정의하고 대상 그룹을 결정한다. 고위 경영진, 중간 관리자, 팀 리더 등이 이에 해당된다.

- 커리큘럼 개발: ESG의 핵심 개념, 원칙, 트렌드를 포함하는 커리큘럼을 개발한다. 실제 사례 연구와 심화 주제예: 기후 변화, 지배 구조의 베스트 프랙티스, 사회적 책임 등를 통해 학습을 제공한다.

- 실습 및 경험 학습: 학습자가 ESG 관련 프로젝트나 태스크를 직접 경험하게 한다. 역할 연기, 시뮬레이션, 현장 방문 등을 활용한 다양한 학습 방법을 적용한다.

- 평가 및 피드백: 학습자의 ESG 지식, 스킬, 태도를 평가하고, 교육 프로그램의 효과와 효율성을 검토하여 개선점을 도출한다.

- 멘토링 및 코칭: ESG 전문가나 경험 많은 리더를 멘토로 지정하여 지속적인 학습과 피드백을 제공한다.

- 네트워킹 및 커뮤니티 활동: ESG 리더십 커뮤니티나 네트워크를 구축하거나 활용하여 정보 공유와 협력을 강화한다.

- 리소스 제공: 학습자들이 ESG 리더십과 관련된 자료, 도구, 기술을 이용할 수 있도록 지원한다.

이 프로그램은 조직의 ESG 전략과 연계되어야 하며, 리더들이 ESG 원칙에 기반한 의사결정을 할 수 있도록 지속적인 지원과 업데이트가 필요하다.

ESG 리더십 성과 측정 및 평가

ESG 리더십의 성과 측정 및 평가는 조직의 ESG 전략이 효과적으로 실행되고 있는지 확인하는 중요한 과정이다. 리더십 성과를 측정하고 평가하기 위한 방법은 다음과 같다:

* 정량적 지표 활용
- ESG 관련 KPIs: 환경, 사회, 지배구조 관련 핵심 성과 지표를 설정하고 이를 통해 리더의 성과를 측정한다. 예를 들면, 탄소 발자국 감소율, 다양성 및 포용 지표, 지배구조 관련 이행률 등이 있다.
- ESG 관련 프로젝트의 진행 상태: 리더가 주도하는 ESG 관련 프로젝트의 진행 상태, 예산 준수, 목표 달성률 등을 확인한다.

* 정성적 지표 활용
- 스테이크홀더 피드백: 직원, 주주, 공급업체, 고객 등의 스테이크홀더로부터 리더의 ESG 리더십에 대한 피드백을 수집한다.
- 자기 평가: 리더 자신의 ESG 리더십에 대한 성과와 장애물, 개선점 등을 평가한다.

* 학습 및 개발 지표
- ESG 교육 및 훈련 참여율: 리더가 ESG 관련 교육 및 훈련에 얼마나 참여

하는지, 그 결과로 어떠한 행동 변화가 있었는지 확인한다.

- 멘토링 및 코칭 활동: 리더가 ESG 관련 멘토링 및 코칭 활동에 얼마나 참여하고, 어떠한 효과를 가져왔는지 평가한다.

* 문화 및 조직 변화 지표

- ESG 관련 조직 문화 조사: 조직 내 ESG 원칙과 가치에 대한 인식 및 수용도를 확인한다.
- 조직의 행동 변화: 리더의 ESG 리더십이 조직 전체의 행동 변화나 경영 전략에 어떠한 영향을 미쳤는지 확인한다.

* 외부 인증 및 평가

- ESG 등급 및 평가: 외부 기관이 제공하는 ESG 등급이나 평가를 활용하여 리더의 성과를 객관적으로 확인한다.

이러한 측정 및 평가 방법을 통해, 조직은 ESG 리더십의 성과를 정확하게 파악하고, 그에 따라 리더십 개발 프로그램이나 ESG 전략을 지속적으로 개선할 수 있다.

ESG와 인재 확보 전략

ESG를 고려한 인재 확보 전략은 조직들이 지속 가능한 미래를 위해 선호하는 인재를 찾고, 그들을 효과적으로 유치하기 위한 중요한 방법이. 다음은 ESG를 고려한 인재 유치 전략의 구체적인 요소들이다.

- ESG 비전 및 가치 명확화: 조직의 ESG 관련 비전, 목표, 가치를 명확히 정의하고 공유한다. 회사의 웹사이트, 채용 페이지, 브로셔 등에서 ESG

활동과 성과를 강조한다.

- ESG 중심 제안: 인재에게 회사가 ESG를 얼마나 중요하게 생각하고, 어떻게 실천하고 있는지를 보여주는 구체적인 제안을 준비한다. 예를 들어, 환경 친화적인 사무실, 다양성 및 포용 캠페인, 지역 사회 봉사 활동 등을 강조한다.

- 문화 및 학습 기회 제공: 인재들이 ESG 원칙에 따라 성장하고 발전할 수 있는 조직 문화와 학습 기회를 제공한다. ESG 관련 교육 및 훈련 프로그램을 신입사원에게 제공한다.

- 다양성 및 포용 채용 전략: 다양한 배경과 경험을 가진 인재를 유치하기 위해 포용적인 채용 프로세스를 개발한다. 채용 공고, 인터뷰 프로세스, 평가 기준 등에서 편향을 최소화한다.

- ESG 관련 보상 및 혜택 제공: 인재에게 ESG 활동 참여에 대한 보상이나 혜택예: 환경 친화적인 교통 수단 이용 지원, 봉사 휴가 등을 제공한다.

- 브랜드 및 마케팅 전략 강화: 조직의 ESG 활동과 성과를 외부에 홍보하고, 이를 통해 인재에게 좋은 이미지를 제공한다. SNS, PR 캠페인, ESG 관련 수상 등을 통해 브랜드 인식을 높입니다. ESG 관련 채용 행사나 설문조사를 통해 인재의 의견을 수렴한다.

ESG를 고려한 인재 유치 전략은 조직이 지속 가능성과 사회적 책임을 강조하는 현대 사회에서 경쟁력을 갖추는 중요한 방법이다. 이 전략을 통해 조직은 ESG 원칙을 고려하는 인재를 효과적으로 유치할 수 있다.

ESG를 활용한 인재 유지 전략

ESG환경, 사회, 지배구조를 활용한 인재 유지 전략은 지속 가능한 미래를 위해 재능 있는 인재를 보유하고 장기적으로 협력하는 핵심 전략이다. ESG 원칙에 따른 인재 유지 전략은 다음과 같이 구체화할 수 있다.

* 환경적 책임 실천
- 친환경적 근무 환경: 직원들의 건강과 안전을 위해 친환경적인 근무 환경을 제공한다.
- 지속 가능한 자원 사용: 재활용 및 에너지 절약 등 환경보호 활동을 적극적으로 도입하여 직원들이 조직의 지속 가능한 미래를 인식하게 한다.

* 사회적 연결 강화
- 다양성 및 포용 정책: 다양한 배경을 가진 인재들이 존중받고 포용되는 문화를 추구하며, 이를 통해 직원들의 소속감을 높인다.
- 개발 기회 제공: 직원들에게 지속적인 학습과 발전의 기회를 제공하며, 이를 통해 그들의 장기적인 경력 개발을 지원한다.
- 사회적 책임 및 봉사 활동: 직원들이 조직의 사회적 책임을 함께 실천할 수 있는 프로그램이나 봉사 활동을 지원하거나 주최한다.

* 투명하고 공정한 지배구조
- 열린 커뮤니케이션: 경영진과 직원 사이의 통신 채널을 강화하고, 조직의 방향성 및 결정에 대한 투명성을 제공한다.
- 공정한 보상 및 평가 시스템: 성과와 노력에 따른 공정한 보상과 평가 시스템을 도입하여 직원들의 동기를 부여한다.
- 리더의 모범: 상위 경영진 및 리더들이 ESG 원칙을 지속적으로 모범으로 보

여줌으로써, 직원들에게도 해당 원칙을 따르도록 독려한다.

이와 같은 전략을 통해 ESG 원칙에 근거한 인재 유지 전략은 조직 내에서 직원들의 충성도와 소속감을 높이고, 그들이 조직에 장기적으로 머물게 하는 데 큰 도움을 줄 수 있다.

3
지속가능성을 위한 HR 혁신

ESG 기반 HR 혁신의 성과 측정

ESG 기반 HR 혁신의 성과를 측정하기 위해서는 KPIKey Performance Indicator와 ROIReturn on Investment를 활용하여 성과를 정확하게 평가해야 한다. 이를 통해 투자된 자원의 효율성과 예상 성과의 달성 정도를 확인할 수 있다. 다음은 ESG 기반 HR 프로젝트 성과 측정 지표의 예시이다.

* 환경 지표

- 탄소 발자국 감소: 원격 근무, 출장 감소, 지속가능한 직장 문화 등의 HR 프로젝트로 인해 탄소 발자국이 감소한 정도를 측정한다.
- 친환경 교육 프로그램: 환경 인식 및 지속 가능한 관행 교육을 받은 직원의 수나 비율을 측정한다.
- 자원 효율성: HR이 주도하는 직장 내 활동으로 인해 에너지와 사무용품 등 자원의 사용이 감소한 정도를 측정한다.

＊ 사회 지표

• 다양성 & 포용성: 다양한 배경을 가진 사람들의 채용 비율 증가, 소수 집단의 리더십 역할 대표성, 직원들의 포괄성 및 회사 문화에 대한 피드백을 측정한다.

• 직원 복지 & 만족도: 직원 참여 설문조사 결과, 결근율 감소, 직원 이탈률 및 이탈 이유를 측정한다.

• 학습 & 발전: 직원당 교육 시간 수, ESG 관련 교육 또는 업스킬링을 받은 직원의 비율, 교육 프로그램의 효과성에 대한 직원 피드백을 측정한다.

• 지역사회 참여: 직원이 완료한 지역사회 봉사 시간 수, 지원하거나 주최한 기업 사회 책임CSR 활동의 수, 지역사회 또는 CSR 프로그램의 수혜자로부터의 피드백을 측정한다.

＊ 지배구조 지표

• 윤리적 행동 & 준수: 회사 윤리 지침 위반 또는 위반 횟수, 윤리적 행동 및 준수 지침 교육을 받은 직원의 비율을 측정한다.

• 투명한 보고: 이해당사자에게 제공한 ESG 관련 통신 또는 보고서의 빈도, 내부 커뮤니케이션의 투명성에 대한 직원 피드백을 측정한다.

• 이해당사자 참여: 이해당사자직원 포함의 피드백을 기반으로 한 활동의 수, 회사의 참여와 반응성에 대한 이해당사자의 피드백을 측정한다.

• 데이터 보안 & 개인정보 보호: 데이터 침해 또는 사고 횟수, 데이터 보안 프로토콜 교육을 받은 직원의 비율을 측정한다.

특정 기업이 사용하는 구체적인 지표는 그 기업의 업종, 목표, HR 프로젝트의 성격에 따라 다를 것이다. 이러한 지표를 지속적으로 검토하고 업데이트함으로써 ESG 기반 HR 프로젝트 성과를 효과적으로 측정하는데 도움이 된다.

* KPIKey Performance Indicator 세부 항목
- 환경KPIs: 교육을 통한 직원들의 환경 인식 향상 비율, 원격 근무나 친환경적 자원 사용을 통한 탄소 발자국 감소량.
- 사회KPIs: 다양성과 포용성 교육 참여율, 직원 만족도 및 복지 프로그램 참여율, 직원 봉사 활동 및 기업의 사회적 책임 활동 참여율.
- 지배구조KPIs: 윤리 및 규정 준수 교육 참여율, 투명한 보고 및 커뮤니케이션 평가 점수.

* ROIReturn on Investment 측정: ROI = (반환되는 가치 − 투자비용) / 투자비용
- 투자비용: ESG 관련 교육 프로그램 개발 및 운영 비용, 다양성 및 포용성 프로그램에 대한 투자 비용, ESG 관련 기술 및 시스템 도입 비용.
- 반환되는 가치: 직원 이탈률 감소로 인한 비용 절감, ESG 활동으로 인한 브랜드 가치 및 기업 이미지 향상, 사회적 책임 활동을 통한 세제 혜택 또는 지원.

이를 통해 ESG 기반 HR 혁신에 투자한 비용 대비 얻어진 가치를 정확하게 측정할 수 있다. 또한, KPI를 통해 세부적인 성과를 모니터링하며 지속적인 개선과 혁신을 추구할 수 있다. 이러한 방식은 기업이 지속 가능하고 책임감 있는 방식으로 사업을 운영하며 동시에 경제적 가치를 창출하는데 도움을 줄 수 있다.

성과 측정 결과 활용 및 개선 방안

ESG 기반 HR 혁신의 성과 측정 결과는 기업의 전략 설정, 자원 분배, 그리고 지속적인 개선을 위한 중요한 자료로 활용된다. 이를 통해 어떤 부분이 잘 진행되고 있고, 어떤 부분이 개선이 필요한지를 명확하게 파악하고, 그에 따라 필요한 조치를 취할 수 있다.

* 성과 측정 결과 활용

• 전략 설정: 성과 측정 결과를 바탕으로 기업의 ESG 목표와 전략을 재조정한다. 예를 들어, 환경 관련 KPI가 목표에 미달하면 그 원인을 분석하고, 환경 보호를 강화하는 새로운 전략을 마련한다.

• 자원 분배: 성과 측정 결과에 따라, 자원을 더욱 효과적으로 배분한다. 예를 들어, 다양성과 포용성 교육의 참여율이 낮다면, 해당 교육에 더 많은 자원과 주의를 기울여야 한다.

• 스테이크홀더와의 소통: 성과 측정 결과는 스테이크홀더와의 소통에 활용되어, 기업의 ESG 노력과 성과를 명확하게 전달한다. 이는 기업의 브랜드 가치와 신뢰도를 높인다.

* 개선 방안

• 데이터 기반 분석: 성과 측정 결과의 데이터를 깊게 분석하여, 개선이 필요한 원인을 찾아낸다. 데이터 분석을 통해 문제의 근본 원인을 파악하고, 목표를 정확하게 설정한다.

• 지속적 모니터링: 성과 측정은 한 번만 이루어지는 것이 아니다. 지속적인 모니터링을 통해 변화하는 트렌드와 조직의 상황을 파악하고, 그에 따라

신속한 조치를 취한다.

- 직원 참여 강화: 직원들의 참여와 피드백을 통해 성과 측정 방식을 개선한다. 직원들의 의견을 반영하여 측정 기준을 재조정하거나, 새로운 KPI를 도입한다.
- 외부 전문가 협력: 외부 전문가나 컨설팅 기관과 협력하여 성과 측정 방식을 개선하거나, 새로운 측정 방법을 도입한다.

ESG 기반 HR 혁신의 성과 측정 결과는 기업의 지속 가능한 성장과 혁신을 위한 중요한 자료로 활용되며, 이를 통해 기업은 지속적으로 ESG 목표를 달성하고, 사회적 가치를 창출해 나가는 것이 중요하다.

지속가능성을 위한 혁신 전략

ESG 기반 HR 혁신의 중요성을 강조함에 있어서 ESG 기반 HR 혁신은 단순히 '좋은 일'을 넘어서, 기업의 경쟁력 강화와 장기적인 성장을 추구하는 중요한 핵심 요소로 부상하고 있다. 이것은 직원의 몰입도 증가, 인재 유치 및 보유력 향상, 기업 브랜드 가치 향상, 리스크 관리 강화, 그리고 시장 내 경쟁력 강화 등 다양한 이점을 통해 조직이 지속가능한 미래를 구축하는 데 있어 중추적인 역할을 한다. 때문에, 현대 기업들은 ESG 원칙을 조직 내부 전략으로 통합하는 것의 중요성을 인식하고, 이를 실질적인 행동으로 옮겨야 한다는 점을 명심해야 한다.

ESG 지속가능성 전략은 기업의 장기적인 성장과 사회적 책임을 동시에 추구하는 핵심 요소이다. 장기적인 비전 설정, 스테이크홀더와의 소통 강화, 교육 및 훈련의 지속적 추진, 성과의 정확한 측정, 그리고 혁신의 활용을 통해 기업은 지속 가능한 미래를 구축할 수 있다. 이런 점들은 오늘날의 경영 환경에서 필수적인 경쟁력으로 작용하며, 기업의 지속 가능한 성장을 위한 중요한 전략이다.

ESG 변화 주도자로써 HR의 역할

HR은 ESG 기반의 변화를 주도하는 중심 역할을 담당할 수 있다. ESG와 관련된 다양한 이슈 중, 인사 관련 이슈는 중요한 부분을 차지하기 때문에 HR의 이니셔티브가 필요하다. HR의 ESG 기반 변화 주도자로서의 이니셔티브를 다음과 같이 기술할 수 있다.

- 인식과 교육: HR은 조직 내 모든 구성원이 ESG의 중요성을 인식하게 만들고, 관련 교육 프로그램을 개발하고 실행할 수 있다.
- 다양성과 포용: HR은 다양성 채용, 균등한 기회 제공, 그리고 포용적인 조직문화를 구축하기 위한 전략과 방침을 마련하고 이를 실행한다.
- 성과 측정 및 보상: ESG 관련 목표 달성에 대한 성과를 측정하고, 이를 보상 체계에 반영하여 직원들의 ESG 활동 참여를 독려한다.
- 복지와 안전: 직원들의 건강과 안전을 보장하는 프로그램을 운영하며, 환경 친화적인 사무 환경을 조성한다.
- 스테이크홀더와의 소통: HR은 직원, 고객, 투자자, 그리고 지역 사회와 같은 주요 스테이크홀더와의 의사소통 채널을 구축하고 관리한다.
- 지속적인 개선: HR은 ESG 관련 활동의 성과를 지속적으로 모니터링하고, 필요에 따라 프로세스와 방침을 개선하여 변화를 주도한다.

결국 HR은 ESG 변화의 주도자로서 조직의 문화, 전략, 그리고 실행을 통합하여 지속 가능한 발전을 추구하는데 중추적인 역할을 해야하는 사명을 가지고 있다.

CHAPTER 14

진정한 비즈니스 파트너 HR

박호진

1

HR 역할의 중요성에 대한 인식 전환

"인사가 만사다"라는 말은 오랫동안 우리 사회에서 널리 사용되어왔다. 이 말이 강조하고자 하는 바는, 사람이 중심이 되는 모든 일에서 가장 중요한 것이 '인사', 즉 사람임을 말해주고 있다.

인사 업무에 종사하며 다양한 경험을 쌓아오면서, 이 구절의 진정한 의미를 깊이 이해하게 되었다. 비록 같은 일을 하더라도, 그 일을 수행하는 사람에 따라 결과는 크게 달라질 수 있기 때문이다. 똑같은 환경에서, 같은 역할과 업무를 수행하더라도, 사람에 따라 성과가 매우 다르게 나타나는 것을 직접 경험했다.

조직의 성장과 생존을 위한 전략을 수립하고 논의할 때, 항상 조직의 구성원인 사람을 중심으로 생각하게 된다. 이는 다양한 경영자, 임원, 리더들과의 수많은 대화를 통해 항상 유사한 결론을 도출해낸다. 아무리 자본, 비즈니스 모델, 고객 등의 요소를 중요하게 생각하더라도, 결국 이모든 것을 실행할 수 있는 사람이 필요하다는 것에는 이견이 거의 없다.

우수한 구성원을 채용하고, 그들이 자신의 능력을 최대한 발휘할 수 있도록 적절한 위치에 배치하는 일은 매우 중요하다. 또한 그들이 업무에 몰입하고 성과를 내면서도 그 일을 즐기고 자부심을 가질 수 있도록 돕는 것이 바로 HR의 역할이다. 그래서 HR 전문가들은 자주 '비즈니스의 전략적 파트너'라는 이름으로 불린다. 이것은 그들이 조직의 성장과 발전을 위해 핵심적인 역할을 하기 때문이다.

그러나 여기서 중요한 질문이 하나 있다. 그것은 바로 HR이 실제로 '비즈니스 파트너'로서 조직에서 충분한 존중을 받고 있는지에 대한 것이다. 아직까지도 많은 기업들에서는 HR을 단순히 사람을 필요로 할 때 채용하고, 그들에게 월급을 지급해주는 등의 운영 업무를 수행하는 일부 기능조직으로서의 역할로 인식되는 경우가 많다. 대기업에서는 HR 업무가 기능별로 세분화 되어 있으며, 경영진들의 관심도에 따라 조직의 지속성장과 구성원들의 업무몰입, 만족도 등을 위해 HR이 경영진 및 비즈니스 리더들과 상당히 밀접한 관계를 유지하며 다양한 시도를 하고 있다.

기업에서 HR 역할의 중요성에 대한 인식의 차이는 어디에서 비롯되고 있을까? 많은 리더들경영진, 임원 포함과 HR 전문가들과의 이야기를 정리해 보면, 각자의 입장에서 보는 시각이 다르다는 것을 알 수 있다. 흥미로운 사실은, 내가 만난 많은 리더들에게 '일을 진행하실 때, 협업하는 구성원들의 중요성을 인지하고 계신가요?' 라는 질문을 했을 때, '구성원들의 중요성을 인지하지 못한다'고 답변하는 사람은 없었다. 그러나 유감스럽게도 대다수의 리더들이 일상 업무에 파묻혀 '너무 바빠서 일에만 집중하고 있다'는 이야기를 더 많이 한다. 이것이 현실이다. 조직에서 성과를 창출하는데 있어서 결국 사람이 중요하다는 것을 인식하고 있음에도 충분히 관심을 가지고 활용하고 있지 못하고 있는 것이다.

최근 트렌드는 HR이 수행하던 역할을 현업의 리더들에게 위임하는 방향으로 변화하고 있다. 이는 경영진 및 회사의 HR이 현업 리더들의 의사결정과 영향력을 존중하고, 현업 리더들이 채용, 평가, 보상 등에 더 큰 책임감과 관심을 가져야 한다는 것의 중요성을 인식하기 시작했기 때문이다.

2
진정한 비즈니스 파트너 HR

비즈니스 리더 한 명이 나에게 이런 고민을 토로한 적이 있다. "일이 너무 바빠서, 인사 전문가도 아닌데, 그냥 알아서 하라는 것 같습니다. 외부 시장 상황이 어렵고, 고객들이 빠르게 변화하는 시기여서 사업 계획과 업무에 대한 고민으로 괴로운데, 이제 인사까지 고민해야 합니다. 우리 회사 인사가 무슨 계획을 가지고 있는지, 상급자가 어떤 생각을 가지고 있는지 알 수도 없습니다. 팀장 역할을 수행하면서 수당이 조금 나오는데, 이 돈을 받지 않고 팀원으로서 편안하게 생활하고 싶습니다. 팀원들은 일찍 퇴근하고, 야근은 대부분 나 혼자만 합니다." 이것이 현실이기도 하다.

그렇다면 왜 경영진과 HR의 의도는 완전히 다른 반응을 일으키는 걸까? 반면에 한 경력직 HR담당자들은 이런 이야기를 한다. "우리 회사에서는 HR의 비전이 없습니다. 회사나 리더들은 HR이 가끔 사람만 뽑고, 월급을 주고, 필요할 때 요청하는 것을 제공하고 문제가 없으면 되는 부서라고 생각합니다. 경영진들은 HR에 전혀 관심이 없습니다. 면접 때는 좋은 이야기를 많이 들었고, 회사가 돈을 못 버는 것도 아닌데, 취업 사기를 당한 것 같아서 다시 이직 준비 중입니다. 저만 그런게 아니고 다른 직원들도 이직 준비를 많이 하는데, 회사는 왜 그런지 아직도 모르는 것 같습니다. 사람이 그만두면 그냥 빨리 채용하라고만 합니다. 좋은 회사가 있다면 소개해 주세요."

기업의 조직문화 수준이나 처한 상황에 따라 HR에 대한 관점은 매우 다르다. 어느 리더 한 분은 이런 이야기를 한다. "우리 회사는 사람을 중요하게 생각합니다. 그리고 퇴직자가 계속 생기는 것도 문제라는 인식도 있습니다. 그런데 요즘은 다 그런다고 하고, 한 번도 인사부서나 누구에게도 중장기적인 관점, 회사 전체를 아우르는 관점에서의 제안이나 보고서를 받아본 적이 없습니다. 컨설팅도 예전에 받아봤지만 받을 때는 그럴 듯 했는데, 실행이 잘 되지 않아서 요즘은 회의적으로 생각합니다."

유감스럽게도, 조직의 성과를 창출해야 하는 공통의 목적을 가지고 있음에도 불구하고, 인사 관리 분야에 대한 인식과 현장에서의 행동은 매우 다양하다. 이는 리더십 스타일, 조직 문화, 그리고 개인의 가치관에 따라 달라질 수 있다. 권위 중심의 리더 시대는 이미 끝났지만, 여전히 그런 유형의 리더들은 기업 내에서 존재하며, 대부분의 리더들이 그들의 행동을 변화시키는 것이 어렵다는 것을 알고 있다. 이로 인해 많은 스트레스도 받고 있다. 또한, 경제의 빠른 변화와 시장 경쟁 심화로 인해 업무 성과에 대한 압박이 커지고 있어, 조직 관리를 통한 성과 창출이 점점 더 어려워지고 있다. 이러한 상황에서 리더들은 조직의 성장과 발전을 위해 효과적인 방법으로 조직을 이끌어야만 한다. 어떠한 형태로든 직무 레볼루션이 필요한 이유다.

그렇다고, 국내 대기업, 글로벌 선도기업들이 하는 것을 단순히 따라서 적용해 보라고 하는 것은 이제 관심이 없다. 이미 그 효용성에 대해 바람직하지 않음을 경험했기 때문이다. 핫한 트렌드가 정답인 것처럼 도입하는 것이 비즈니스 파트너의 역할이 아님을 경험을 해서야 알게 된 것이다.

중요한 것은 지금 우리 조직에 가장 적합하고, 도입하거나 개선해도 무리가 되지 않게 고민하고 개선해 나가는 것이다. 그리고 다른 기업들의 사례를 살펴볼 때 왜 그들이 그렇게 하고 있는지에 대해 깊이 있게 살펴볼 필요가 있다. 우수 사례를 참고하되 HR도 경영진, 구성원들과의 소통을 확대하고 이를 기반으로 현재 우리 조직에 적합한 제도나 솔루션들을 제안하는 것이 필요하다.

물론 처음부터 HR이 제안하는 것들이 모두 받아들여지지는 않는 것은 당연하다. HR이 기대하는 그런 마법 같은 일들은 현장에서 벌어지기 어렵기 때문이다. 하지만 HR 자체가 그런 변화에 도전하지 않으면 어느것도 기대하는 변화는 생기지 않는다. 조금씩이라도 긍정적인 변화를 위한 제안을 하고 하나씩 실행해 나가면서 성과를 만들어갈 때 HR이 비즈니스 파트너로 존중받을 수 있게 된다.

회사에서도 HR의 미션과 역할을 어떻게 부여하고 어떻게 활용할지 진지하게 고민해 볼 필요가 있다. 단순히 사람을 뽑고, 급여를 주고, 필요한 서류를 발급해 주고, 가끔 원하는 자료를 요청하면 제공하는 조직으로 운영할 것인지, 구성원들의 일하는 방법과 조직의 문화를 점차 긍정적으로 바꿔 차별화를 만들어가는 비즈니스 파트너로서의 사명을 맡을 것인지를 결정해야 한다.

명확한 사실은, 위대한 사명을 맡으면 그 조직이나 구성원들은 그 사명을 달성하기 위해 일을 하고, 단순히 부하직원처럼 대하고 일을 시키면 많은 톱니바퀴 중 작은 톱니바퀴처럼만 일을 한다는 것이다. 이 부분은 많은 고민과 비즈니스 이슈들이 있어 바쁘겠지만, 경영진과 리더들이 반드시 시간을 내어 중요하게 고민해야 할 영역이다.

어떤 조직은 재무적인 내부 자료, 인사적 내부 자료, 영업 관련 내부 자료, 신사업 및 신제품 관련 자료 등이 잘 공유되지 않고 각각 조직별로 일부 경영진, 리더들과만 논의되고 공유된다. 물론 경우에 따라 외부에 유출되면 민감하거나 조직에 큰 피해가 예상될 수 있지만, 비즈니스 파트너라면 중요 회의에 참석하거나 관련 자료를 열람하고 살펴볼 수 있어야 한다.

그러나 보고와 회의는 구분되어야 한다. 많은 리더들이 회의 때문에 바쁘다고 하지만, 실제로는 보고인 경우가 대부분이다. 회의는 의견을 서로 나누고 해결책과 더 나은 방법을 찾는 것이고, 보고는 일을 한 결과나 과정에 대해 이야기하는 것이다.

보고는 가급적 간결화하거나 줄이고, 주요 자료를 살펴보고 분석하거나 주요 회의에 참석하여 우리 조직에 적합한 의사결정이 이루어질 수 있도록 의견을 내야 비즈니스 파트너라고 할 수 있다.

결국 HR이 비즈니스 파트너로서의 역할을 수행하기 위해서는 회사와 HR이 함께 우리 조직이 지향해야 할 문화적 가치, 리더십, 구성원들의 성과와 자부심을 높일 수 있는 방안을 논의하고 서로를 파트너로 존중하고 인정해 줄 수 있어야 한다. 이러한 고민과 노력을 통해 HR의 역할은 단순한 관리와 서비스 제공에서 벗어나, 조직의 비전과 전략을 이해하고 이를 실행하는 전략적 비즈니스 파트너로서의 역할을 수행하게 될 것이다.

3

HR역할의 레볼루션

HR이 비즈니스 파트너로 거듭나기 위해서는 어떤 전략적인 접근 방식이 필요한가?

첫째, 회사의 중요한 비즈니스 목표와 우선순위를 깊이 있게 이해하고, 비즈니스의 특성, 운영 방식, 그리고 성과에 대한 통찰력을 갖추어야 한다. 이러한 이해는 비즈니스 전략, 환경, 산업 동향을 철저히 파악하고, 조직이 직면한 과제와 기회를 세밀하게 이해하며, 비즈니스 리더들이 합리적이고 적절한 결정을 내릴 수 있도록 필요한 정보와 지원을 제공함으로써 이루어진다.

회사의 비즈니스 전략이 디지털 중심으로 바뀌거나 정보통신기술ICT 중심으로 우선순위를 두고 변화한다면, HR의 전략도 그에 맞게 적응하고 변화해야 한다. 이를 위해 내부에 적합한 인원이 있는지 확인하고, 필요한 인재 풀을 구성하거나, 이러한 인재를 영입할 수 있는 방법을 고려하고 인재 영입 전략을 수립해야 한다. 또한, 디지털 인재들이 생산성을 높일 수 있는 환경과 제도에 대해 비즈니스 리더들과 논의하여 미리 준비해야 한다.

둘째, HR은 데이터를 수집하고 분석하는 역할을 통해 비즈니스와 조직에 적합한 HR 전략을 수립하고 제안해야 한다. 예를 들어, 퇴직률을 분석할 때 단순히 년간 퇴직률만 보는 것이 아니라 특정 시기, 입사 시기, 직위, 각 조직별 데이터를 다각적으로 분석해야 한다. 또한, 퇴직 사유를 세부적으로 분석해보는 것이 필요하다.

이런 분석을 통해 각 비즈니스와 HR 전략에 적합한 구성원 관리 및 조직 변화를 이끌어 낼 수 있는 방안을 제안해야 한다. 사원 계층의 퇴사율이 높고 공정한 성과와 보상이 주요 퇴직 사유라면, 직속 리더 외에도 협업 부서 리더들의 평가나 동료 평가 등을 일정 비율로 반영해볼 수 있다. 또한, 사원과 대리 계층의 직위를 통폐합하고, 입사년차와 상관없이 일을 잘하는 우수한 성과자들이 더 인정받고 보상받을 수 있도록 제도 변경을 제안하고 추진해볼 수 있다.

셋째, HR은 조직 문화의 형성과 변화 관리에 주도적인 역할을 해야 한다. 조직 문화는 구성원들의 행동과 가치관이며 일하는 방식의 밑거름이 되기 때문에 매우 중요하다. 또한, 구성원들이 단결된 힘으로 조직의 목표를 달성하게 해주고 고객 가치를 창출하는 차별화된 힘이 되기에, 회사 내에서 누군가는 반드시 이에 대해 고민하고 조직에 맞게 체계화하여야 한다. 자유와 책임감의 문화를 강조하는 넷플릭스와 재미와 사랑의 문화로 유명한 사우스웨스트 항공은 이미 잘 알려져 있다. 그리고 사람이 우선인 문화를 지향하는 슬랙이나 고객을 놀라게 하는 문화를 지향하는 자포스도 좋은 사례이다.

이들의 공통점은 말이나 포스터 등으로만 이야기하는 것이 아니라 사람을 선발하거나 일하는 방식, 의사결정 등에 직접적으로 지향하는 가치를 반영하고 있다. 리더들이 HR과 이런 고민을 함께 나누어주고 실행해주면 좋지만, 국내의 경우 쉽지 않을 때가 많다. 그럼에도 불구하고, 우리는 어떤 전략적인 행동을 취해야 할까? 가벼운 변화부터 시작해보는 것은 어떨까? 선택은 각자에게 달려 있다. 의지가 있다면 시도해볼 수 있는 것들이 많다. 복장의 변화를 주거나, 우리가 지향하는 문화나 가치, 인재상에 적합한 구성원들이나 사례를 찾아 전파하고 칭찬하는 방법도 있다.

당장 많은 비용이 들어가는 활동을 할 필요는 없다. 지금 활용 가능한 인프라 내에서 충분히 시도해볼 수 있는 것들이 있을 것이다. 그리고 구성원 1명의 개인 사례보다는 팀 단위의 작은 단위라도 조직의 사례를 찾아 인정하고 전파하는 것이 더 긍정적이고 효과를 볼 수 있을 때가 많다. 월 2회 정도 관련된 주제와 사례를 주고 팀 리더들 주관하에 간단한 Tea talk을 도입해보는 것도 많은 비용 없이 시도해볼 수 있는 방법이다.

물론 가장 효과적인 것은 경영진들이 관심을 가지고 매주, 매월 재무나 실적에 관련된 보고를 받듯이 정례적인 보고와 사례를 발굴하고 전파하는 것이다. 필자가 본부장 이상급 보고에서 CEO가 관련된 보고를 받을 때 이를 적용하여 조직의 많은 관심과 변화가 있었다. 이러한 변화는 조직의 성장과 발전에 큰 도움을 주어, 비즈니스 성과 향상에 많은 기여를 했다.

경영진과 많은 리더들이 바쁘다는 이유로 당장의 실적의 압박이 크다는 이유로 우리가 고민해야 할 사안이 아니라는 이유 등으로 놓치고 있는 것이 핵심 가치와 조직 문화, 리더십이다. 이러한 영역을 가장 깊이 고민하고 먼저 우리 조직에 적합한 솔루션이나 방법들을 제안하며, 작은 것이라도 실행해나가는 것이 HR의 비즈니스 파트너로서의 역할이다. 이러한 역할을 통해 조직은 효율성과 생산성을 높일 수 있다.

때때로, 우리 조직에 필요한 변화라면 어렵고 힘들더라도 소신있게 실행해야 할 때도 있어야 한다. 필자가 근무하고 있는 웰컴금융그룹에서는 인사평가 제도 중에 피드백과 면담을 2년째 중요하게 강조하며 제도에 반영하여 운영하고 있다. 대부분의 기업들처럼 평가자인 리더들이 피드백과 면담이 익숙치 않아 어려움을 호소하기도 하고, 단순히 1번의 이벤트로 생각하는 리더들도 있었지만 계속 중요성을 이야기하며 개선을 하고 있다. 이런 노력은 조직의 커뮤니케이션 향상과 직원들의 직무 만족도를 높이는 데 기여하고있다.

좀더 집중하고 있는것은 피드백과 면담 뿐만 아니라 체계적인 리더십 육성 체계를 갖추고, 리더십 프로그램을 자체적으로 개발하여 리더들과 함께 고민하며 노력하고 있다. 단순히 제도 하나를 개선하고 끝내는 것이 아니라 이를 보완하기 위해 리더십 프로그램을 도입하고 있는 것이다. 이는 리더들의 역량을 강화하고, 리더십의 품질을 높이는 데 큰 도움이 되고 있다.

아마도 HR이 주도하지 않는다면 이런 시도와 조직 내 변화는 다른 조직에서 고민하고 실행하기 쉽지 않을 것이다. HR의 역할은 조직의 변화를 주도하고, 그 변화를 관리하고 유도하는 것이다. 이를 통해 조직의 효율성과 생산성을 높이고, 조직의 비즈니스 목표를 달성하는 중요한 역할을 하고 있다.

넷째, 임직원들과의 지속적인 소통 채널을 확보하는 것이다. 이는 조직 내에서의 커뮤니케이션을 강화하고, 직원들의 만족도와 참여도를 높이는 데 중요하다. 이를 통해 소통 방법을 다양하게 시도할 수 있다. 처음엔 어색할 수 있겠지만 일부 계층과는 정기적인 오프라인 소통을 시도하거나, 설문, 인터뷰, FGI, 워크샵을 진행하는 것도 좋은 방법이다. 또한, 경영진들이 리더들이나 구성원들과 의견을 나누거나 소통할 수 있는 채널을 만들어 운영하는 것이 HR의 중요한 역할이다.

대부분의 경우, 경영진과 구성원 사이에는 거리감이 있어, 서로 이야기할 기회가 거의 없다. 이런 기회가 적을수록 불만이나 이야기들은 블라인드나 잡플래닛 같은 곳으로 향하게 된다. 반대로, 심리적 안정감이 담보된 소통의 기회가 많아질수록 조직의 신뢰도가 높아지며, 구성원들이 다니기 좋은 회사의 이미지를 갖게된다. 이를 통해 조직의 긍정적인 문화를 조성하고, 직원들의 소속감과 참여도를 높일 수 있다.

중요한 것은 이를 어떻게 우리 조직에 적합하게 디자인하고 운영할 것인지, HR이 어떤 개입을 할 것인지에 대한 의사결정이다. 이는 조직의 특성과 요구사항에 따라 달라질 수 있으며, HR은 이를 잘 이해하고 적절한 방안을 가지고 있어야 한다.

마지막으로는, 경영진과 비즈니스 리더들의 고민을 그들의 입장에서 고민해야 한다. 경영진과 리더들은 조직 내에서 외롭고 다양한 고민들이 있으며, 책임감이 많은 포지션이다. 비즈니스 파트너로서, 함께 문제나 어려움의 해결방법을 찾아가는 것이 중요하며, HR의 전문성과 구성원들의 소통을 기반으로 설득하거나 회사의 성장과 긍정적 변화에 올바른 의사결정을 할 수 있도록 지원하고 돕는 것이 중요하다. 이를 통해 조직의 성장과 발전을 지원하고, 조직의 비즈니스 목표 달성에 기여할 수 있기 때문이다.

단일화된 제도와 시스템에 얽매일 필요가 없다. 이상적으로는 임직원 모두에게 개인별로 적합한 HR 제도와 시스템이 지원되는 것이지만, 실무적으로는 큰 조직일수록 현실적으로 불가능에 가까운 이야기이다. 그러나 이를 극복하기 위해 HR은 유연하고 창의적인 해결책을 모색하고 실행하는데 집중해야 한다.

HR 업무를 수행하는 후배들과 이야기하다 보면, 한 가지 제도와 시스템이 정답인 것처럼 집착하는 것을 느끼는데, 그것은 안타까운 일이다. 환경과 고객의 변화가 빠른 시기에 HR도 가능한 범위 내에서 상황에 맞게 유연한 사고방식과 대응, 해결 방법을 모색할 필요가 있다. 이를 통해 조직의 변화와 성장을 지원하고, 조직의 비즈니스 목표 달성에 기여할 수 있는 것이다.

중견그룹의 한 임원분이 한 때 조직 관리의 어려움과 조직 이슈의 난제가 있을 당시, 팀장급의 좋은 인재를 채용해 주고, 탁월한 임원 코치를 연결해 드린 적이 있다. 이후 조직의 안정화와 성과를 창출해 가는 모습을 보면서 HR의 역할이 조직의 성장과 발전에 얼마나 중요한지 새삼 경험한 적이 있다.

코치를 소개해 드릴 당시에는 사내 임원 코치 제도가 정식으로 도입되기 전이었지만, CEO에게 보고하여 승인을 받아 회사비용으로 지원해 드렸다. 그리고 그 때 CEO가 고민하던 문제 중 내부에서 전문가를 찾기 어려워 외부의 전문가를 소개해 드렸는데, 지금까지도 두 분이 좋은 인연을 이어가고 있다. 이러한 사례는 HR의 역할이 조직의 성장과 발전에 얼마나 중요한지를 보여주며, HR의 가치를 높이는 데 기여했다.

비즈니스 리더들의 고민과 어려움을 함께 나누며 그들의 목표와 성과 달성을 위해 지원하고 해결방안을 제안하고 찾아가는 것이야말로 HR의 비즈니스 파트너로서의 역할일 것이다. 이를 통해 조직의 성장과 발전을 지원하고, 조직의 비즈니스 목표 달성에 기여할 수 있다.

이런 역할을 하나씩 수행하는데는 일정 시간이 필요하겠지만, 결국 조직 내에서 HR이 비즈니스 파트너로 인정받을 수 있을 것이다. 서두에 이야기한 것처럼 '인사가 만사다'라는 말이 있을 정도로 HR은 조직에서 매우 중요한 역할을 수행하고 있다. HR의 역할은 단순히 사원들의 복지나 교육을 담당하는 것이 아니라, 비즈니스 전략을 이해하고, 이를 효과적으로 실행할 수 있는 인력을 확보하고 유지하는데 전략적 위치에 있어야 한다.

HR이 비즈니스 파트너로서의 역할을 찾아가고 존중받을 때, 조직은 훨씬 더 건강하게 성장하고 발전의 가능성을 모색할 수 있다. HR은 조직의 성장을 이끌어내는 주요한 역할을 수행하며, 그들의 역할은 단순히 인사 관리에 그치지 않는다. 그들은 조직 문화를 이끌어내고, 그 문화를 통해 구성원들이 일하는 방식을 바꾸는 데 중요한 역할을 수행해야 한다. 이는 조직의 전반적인 성과를 향상시키고, 구성원들의 업무 만족도를 높이는 데에 결정적인 요소가 될 것이다.

CHAPTER 15

전략적 파트너로서의 HR

신유환

기업 비전 실현을 위한 HR의 전략적 접근

21세기 기업 환경은 지속적이고 급격한 변화에 직면하고 있다. 글로벌 경제의 흐름, 기술의 발전, 사회적 기대 등이 기업에게 새로운 도전을 제시하고 있다. 이에 대응하기 위해 기업은 변화에 민첩하게 대처해야 하며, 이를 이끄는 핵심적인 부서가 인사부서HR이다.

HR은 단순히 인사 관리 담당자로서 역할을 넘어서, 전략적 파트너, 비즈니스 파트너로서의 역할이 강화되고 있다. 이를 통해 HR은 기업의 핵심 비전과 전략을 이해하고, 인재 관리, 조직문화, 변화 관리 등에서 기업의 경쟁력을 강화하는 중요한 역할을 수행하고 있다.

불확실성이 높은 환경에서 경쟁하는 21세기 기업에게 전략적 HR의 역할은 점점 더 중요해진다. HR은 기업의 비전과 일치하는 전략을 수립하고, 이를 실현하기 위한 인재를 유치하고 관리하는 것이 주요 임무이다.

전략적 HR의 개념과 중요성, 그리고 기업 비전과의 일치, 인재 관리와 조직 전략의 통합, 그리고 미래의 도전에 대응하는 방안 등을 이해하는 것은 매우 중요하다. 이 요소들을 이해하고 실천함으로써 기업은 지속적인 성공을 이끌어낼 수 있기 때문이다.

전략적 HR은 단순히 인사 업무를 수행하는 것을 넘어서, 기업의 비전과 비즈니스 전략을 이해하고 이를 실행하기 위한 인적자원 전략을 수립하고 실행하는 것을 의미한다. 이는 기업의 전략적 목표를 달성하기 위해 인적자원을 최적화하고 활용하는 과정을 포함한다. 전략적 HR은 기업의 성공에 핵심적인 역할을 수행하는 비즈니스 파트너이다.

전략적 HR의 핵심 가치는 기업 성과에 미치는 긍정적인 영향이 크다. 효과적인 전략적 HR은 기업이 경쟁 환경에서 뛰어난 성과를 내는데 도움을 주기 때문이다. 전략적으로 인재를 확보, 육성, 보유하고 관리함으로써 기업은 현명한 의사결정을 내리고 미래에 대비할 수 있어야 한다. 전략적 HR은 적재적소의 인재를 확보하고, 그들을 유지하며 발전시키는데 중점을 둔다. 이를 통해 기업은 경쟁에서 우위를 점할 수 있다. 조직의 문화와 전략을 조화시키는 일을 통해 직원들이 기업의 가치와 목표에 공감하도록 하여 직원들의 참여도를 높이고 팀의 효율성을 향상시키는 것이 중요하다.

동적인 비즈니스 환경에서 전략적 HR은 조직의 변화에 민첩하게 대응하고, 변화를 주도함으로써 기업의 생존과 성장을 지원한다. 경영진과 협력을 통해 인적자원 전략을 비즈니스 전략과 통합시키며, 조직 전체의 성공에 집중해 나가야 한다.

결국 전략적 HR은 인사 업무를 넘어서 비즈니스의 핵심 전략 수립과 실행에 관여하며, 이를 통해 기업의 경쟁력을 향상시키는 중요한 역할을 수행할 수 있어야 한다. 이는 기업이 미래의 도전에 대응하고 지속 가능한 성장을 이루는데 필수적이기 때문이다.

HR의 역할과 기업 비전의 일치

전략적인 HR은 우선 기업의 비전과 전략을 충분히 이해해야 한다. 이는 기업이 어떤 목표를 설정하고, 어떤 방향으로 나아가야 하는지를 이해하는 것에서 시작된다. 이에 따라 조직의 미션과 비전에 맞는 인재를 찾고, 그들을 채용하는 역할이 매우 중요하다. 이는 단순히 업무에 능숙한 인재뿐만 아니라, 회사의 가치와 문화에 부합하는 인재를 찾는 것을 의미한다.

미션과 비전에 부합하는 리더가 직원들의 성장을 돕는 것이 HR의 중요한 역할이다. 개발 프로그램과 교육을 통해 직원들의 역량을 향상시키고, 리더로 성장시키는 전략적인 인재개발이 필요하다. 비전은 종종 기업의 문화와 연결되어 있다. 따라서 HR은 기업 문화를 형성하고 유지하는 프로그램을 구축하는 역할을 한다. 비전을 반영하고 지원하지 않는 문화는 기업의 목표 달성을 어렵게 한다.

HR은 비전에 부합하는 인재를 예측하고 미리 계획하는 인재 관리 전략을 채택해야 한다. 이는 단기와 장기 비전을 모두 고려하여 인재 풀을 구성하는 것을 의미한다. HR은 조직의 현재 상태와 비전 간의 차이를 이해하고, 이 차이를 줄이기 위한 전략적인 조직 개발 계획을 수립한다. 이는 조직의 구조, 프로세스, 리더십 등을 비전에 맞게 조정하는 것을 의미한다.

HR은 기업 비전을 전파하고 직원들이 공유할 수 있게 하는 핵심적인 역할을 한다. 투명하고 효과적인 커뮤니케이션은 직원들이 비전을 이해하고, 그에 따라 기여할 수 있게 돕는다. 전략적인 HR은 비전을 이해하고 실현하는 전략을 채택하여 기업의 성과를 향상시키고, 직원들이 비전을 공유하고 실현할 수 있도록 집중해야만 한다.

인재 관리와 조직 전략의 통합

HR은 비전과 조직 전략에 부합하는 인재를 채용하기 위해 전략적인 채용 접근을 채택한다. 이는 채용 과정에서 기업의 가치와 문화를 강조하고, 미래의 리더를 찾는 것을 의미한다. 우수한 인재를 유지하기 위해서는 직원들의 불만을 예방하고, 이직을 방지하는 전략이 필요하다. HR은 직원들의 요구사항을 파악하고, 그에 맞는 혜택과 개발 기회를 제공한다.

역량 분석과 조직 전략의 일치를 위해 HR은 기업의 전략적 목표와 필요한 역량을 분석하여 이에 부합하는 인재를 효과적으로 관리한다. 이는 단기와 장기의 역량 수요를 충족시키는 계획을 수립하는 것을 의미한다. HR은 기업의 전략적 목표와 성과를 연결하여 보상 전략을 구축한다. 인재의 노력과 성과를 공정하게 평가하고, 그에 따른 보상과 인센티브를 제공하여 조직의 목표 달성을 촉진하는데 중요한 역할을 하고 있다.

첫째, 조직 내에서의 이동성과 경력 개발을 강화한다. HR은 조직 내에서의 이동성을 촉진하고, 직원들의 발전을 위한 계획을 세우는 것으로 인재 관리 전략을 강화한다. 이는 직원들에게 미래의 발전 기회를 제공하고, 전체 조직의 역량을 향상시키는 데에 기여한다.

둘째, 다양성과 평등성을 확보해야 한다. HR은 다양한 인재를 유치하고, 조직 내에서 다양성과 평등을 존중하는 문화를 조성한다. 이는 창의성과 혁신을 촉진하고, 조직의 경쟁력을 향상시키는 데에 중요하다. 전략적인 HR은 인재 관리를 단순히 인적 자원 증가가 아니라, 조직 전략과의 통합으로 보아 조직의 성과 향상에 기여한다. 이는 인재를 유지하고 개발함으로써 조직의 미래를 대비하고, 경쟁력을 향상시키는 핵심 과제이다.

2

기업 변화에 대응하는 유연한 HR 전략

현대 기업은 빠른 변화 속도와 예측할 수 없는 환경에서 운영되며, 기술 발전, 글로벌 경제 불안, 그리고 새로운 비즈니스 모델의 출현으로 인해 지속적인 적응과 혁신이 필요하다. 경쟁 환경의 변화, 기술 도입, 법규제 변경, 그리고 빠르게 변하는 소비자 요구 등이 기업 경영에 영향을 미치는 변화의 촉발 요인이다. 유연한 근무 시간 모델 도입을 통해 직원들이 업무와 일상 생활을 조화롭게 유지할 수 있으며, 이는 업무에 대한 유연성을 부여하고 생산성과 만족도를 높일 수 있다. 팀 기반의 프로젝트를 강조하면 기업 내 지식 공유와 협력을 증진시킬 수 있으며, 이는 빠르게 변하는 환경에 대한 민첩한 대응을 가능케 하고 팀의 다양한 역량을 효과적으로 활용할 수 있다.

HR은 미래에 필요한 역량을 예측하고 인재 계획을 수립하여 기업이 변화에 빠르게 대응할 수 있도록 지원한다. 이는 기존 직원의 역량 강화 및 외부 인재 확보를 통해 이루어진다. 지속적인 스킬 개발과 교육 프로그램을 통해 직원들이 새로운 도전에 대응할 수 있도록 지원하며, 이는 변화에 적응하고 새로운 역할에 적극 참여할 수 있는 능력을 향상시킨다. HR은 데이터 기반의 의사결정을 강조하여 기업의 상황을 정확히 파악하고 전략을 세우며, 이는 예측 가능성을 높이고 효과적인 변화 관리를 가능케 한다. 유연한 HR 전략은 기업이 동적인 환경에서 존속하고 성장하는 데 필수적이며, 이는 조직 문화의 유연성과 직원들의 적응력을 향상시키며 변화에 대응하여 지속적인 혁신과 성공을 이룰 수 있도록 지원한다.

데이터 기반 의사결정의 중요성

현대 기업은 인사 데이터의 양과 다양성이 폭발적으로 증가하고 있어 이를 수집하고 분석하는 기회가 제공되고 있다. 빅데이터 기술과 도구의 발전으로 다양한 데이터 소스를 활용할 수 있게 되었으며, 이는 직원의 업무 성과, 행동 패턴, 만족도 등을 종합적으로 분석하는 데 도움이 된다.

데이터 기반 의사결정을 위해 HR 담당자는 Data-Driven HR과 HR Analytics 역량을 갖춰야 한다. HR Analytics는 HR Data를 수집, 분석, 시각화하는 과정이고, Data-Driven HR은 HR Analytics의 분석 결과를 활용하여 기존 HR 업무 프로세스를 개선하고 의사 결정에 반영하는 과정을 의미한다. 문제점을 정의하고 어떤 관점에서 데이터를 분석할 것인지 관련 지표를 설정한다. 현상을 파악하기 위해 관련 지표의 데이터를 수집, 평가 및 분석하여 원인을 찾아 최종 해결 방안을 도출한다. 해결 방안을 현업에 적용하기 위해서는 이해관계자들의 문제에 대한 인식 및 공감대를 바탕으로 한 협업이 필수적이다.

데이터 기반 의사결정은 미래의 인사 동향을 예측하고 예방하는 데 도움을 주며, 이는 효율적인 인재 관리와 조직의 변화에 대한 민첩한 대응을 가능케 한다. 데이터 기반의 평가는 조직의 강점과 약점을 정확히 파악하고 개발 계획을 수립하는 데 도움을 주며, 데이터를 기반으로 한 개인화된 피드백 및 인센티브 제공은 직원들의 참여도를 높이고 긍정적인 문화를 형성하는 데 기여한다. 데이터 기반의 채용 프로세스는 인재 풀의 특성을 이해하고 효과적인 채용 전략을 수립하는 데 도움을 주며, 데이터 분석을 통해 직원들의 역량과 학습 경로를 파악하여 맞춤형 교육 및 개발 프로그램을 설계할 수 있고, 조직문화의 건강 상태와 직원들의 만족도를 정량적으로 평가할 수 있는 도구로 활용된다.

데이터 기반 의사결정은 HR 비즈니스에 대한 심층적인 통찰력을 제공하며 전략적인 의사결정을 가능케 한다. 이는 기업의 효율성 향상, 리더십의 향상, 그리고 직원 참여도의 증가에 긍정적인 영향을 미치며, 전략적 파트너 및 비즈니스 파트너로서 HR의 역할을 강화한다.

3

HR의 미래를 위한 도전과 방향 제시

미래 HR은 AI와 자동화 기술을 효과적으로 사용하여 일상적인 업무를 자동화하고, 인재 스크리닝을 개선하며, 학습 관리를 향상시킬 것이다. 이는 변화하는 비즈니스 환경에서 민첩성을 유지하고 효율적으로 운영하는 데 도움이 된다. 실시간 데이터 분석을 통해 인사 데이터를 빠르게 분석하고, 비즈니스 의사결정을 지원하는 능력이 강화될 것이다.

또한 직원에게 맞춤형 학습 경로를 제공하여 역량을 향상시키고, 미래 업무에 대처할 수 있는 능력을 강화할 것이다. 이를 통해 직원들은 참여도와 만족도를 높일 수 있다. 직원의 신체적, 정신적, 사회적 웰빙을 강화하는 프로그램의 중요성이 증가할 것이다. HR은 워라밸을 향상시키고, 직원들의 행복과 생산성 향상을 동시에 추구할 것이다.

HR은 조직 내에서 다양성 인식을 증진하고, 다양한 배경과 경험을 가진 인재를 유치하고 유지하는 전략을 강화할 것이다. 이는 창의성과 혁신을 촉진하고, 글로벌 시장에서 경쟁력을 확보하는 데 중요하다. HR은 포용적인 리더십 모델을 강조하여 조직 내에서 다양성을 존중하고 활용하는 문화를 정착시킬 것이다. 이는 조직의 유연성과 적응성을 높이는데 도움이 된다.

전략적 파트너십과 비즈니스 통합

HR은 경영진과 긴밀한 협력을 통해 인적자원 전략을 비즈니스 전략과 통합시킬 것이다. HR은 조직의 비전을 이해하고, 이를 실현하기 위해 인재를 유치하고 개발하는 핵심 역할을 담당할 것이다. 또한, 변화하는 비즈니스 환경에서 조직의 의사결정을 지원하는 역할을 강화할 것이다. 데이터 기반의 의사결정과 민첩한 대응 능력은 HR의 전략적 가치를 높일 것이다. 이렇게 하여 HR은 조직의 전략적 목표를 달성하고, 비즈니스 환경의 도전에 적응할 수 있는 역량을 갖추어 나아가야 한다.

HR은 전략적 파트너로서, 단순히 인사 업무를 관리하는 것이 아니라 조직의 핵심 비즈니스 목표를 실현하는 주요한 역할을 맡고 있다. 변화하는 현대 비즈니스 환경에서 HR의 역할은 더욱 중요해지고 있다. 미래 HR은 기술의 발전과 혁신에 민첩하게 대응하며, 조직의 다양성과 웰빙을 강화하고, 실시간 데이터를 활용하여 전략적 의사결정을 지원할 것이다.

HR이 직면한 도전과 주어진 기회는 명확하다. 이러한 변화의 흐름을 이해하고, 조직 내에서 HR이 담당해야 하는 역할에 대한 정의는 새롭게 되어야 한다. 전략적 HR은 정책과 프로세스를 관리하는 것을 넘어, 비즈니스 성과와 직결되는 중요한 역할을 담당한다. 이러한 변화에 적응하고 발전하기 위해서는 계속해서 학습하고, 혁신에 대한 개방적인 태도를 유지하는 것이 중요하다.

　미래의 인사 관리부서HR는 조직의 성과 향상과 직원들의 만족도를 동시에 높이는 능력을 개발하는 것이 중요하다는 점을 인지해야 한다. 이는 HR의 역할을 확장하여 조직의 성장과 직원들의 개인적인 발전을 동시에 지원하는 것을 의미한다. HR은 이를 통해 조직과 직원들이 더 나은 미래를 향해 함께 노력할 수 있도록 지원하는 역할을 수행하게 된다. 이러한 전략적 접근법은 HR이 조직의 전반적인 성공에 기여하고, 직원들의 만족도와 업무 성과를 향상시키는 데 중요한 역할을 할 것이다.

CHAPTER 16

디지털 기술의 활용 강화에 의한 HR 레볼루션

고동록

1

지속가능한 HR 전략 구축

지속가능한 HR 전략은 인적 자원을 효율적이고 효과적으로 관리해 나가는 전략적 접근 방식으로, HR 영역에서 지속 가능 경영의 비전과 목표를 실현하는데 중요하다.

이는 기업의 경쟁력 강화와 지속 가능한 발전에 필수적인 요소이며, 단순히 인재를 확보하고 유지하는 것을 넘어서, 인재의 역량을 강화하고 조직에 대한 몰입도를 높이며, 기업의 사회적 책임을 다하는 것이다.

전략적 HR ESG 경영 실행 시스템 구축

ESG환경-Environmental, 사회-Social, 지배구조-Governance 기반의 HR 전략은 경제적, 사회적, 환경적인 측면에서 장기적이고 지속 가능한 가치를 창출하는 경영 방식인 지속 가능 경영의 중요한 부분이다. 이를 위해 ESG 인적 자원 관리의 실천 사항을 도입하고 적용하며, ESG 통합을 위한 책임 구조를 만들고, 기업문화를 목적 중심으로 구축하고, 조직 운영 방식을 변경하고, 투명성을 높이는 등의 방법을 고려한 실행 시스템을 구축해야 한다.

- 전략적 ESG 실천사항 채택하기: ESG 지표는 환경, 사회, 지배구조에 대한 기업의 지속 가능성을 평가하는 요소로, HR은 ESG와 관련된 인적 자원 관리의 실천 사항을 도입하고 적용하여 기업의 ESG 성과를 향상시킬 수 있다. 이는 환경 친화적인 인재를 채용하고 육성하거나, 다양성과 포용성을 증진하거나, 윤리적이고 투명한 인사제도를 운영하는 등 다양한 방법을 포함한다.

- ESG 통합을 위한 책임구조 만들기: ESG 통합은 ESG와 관련된 이슈와 목표를 기업의 핵심 전략과 결합시키는 것을 의미한다. HR은 이를 위해 책임과 권한을 명확하게 구분하고, 적절한 책임자와 조직을 구성하고, ESG 관련 역량과 성과를 평가하고 보상하는 책임 구조를 만들어야 한다.

- 기업의 목적을 규명하고 목적 중심의 문화 구축하기: 기업의 목적은 기업이 존재하는 이유와 가치를 표현하며, 비전과 미션을 포함한다. HR은 이를 구성원들에게 전달하고, 목적에 부합하는 행동과 태도를 장려하고, 목적에 반하는 행동과 태도를 방지하는 문화를 구축하는데 중요한 역할을 한다.

- ESG 전략의 성공적 실행을 위해 조직운영 방식 변경하기: ESG 전략은 기업의 장기적이고 지속 가능한 성장을 위한 전략으로, 이를 위해 기존의 조직 운영 방식과 다른 접근이 필요하다. HR은 조직의 구조와 프로세스를 개선하고, 협업과 혁신을 촉진하고, 학습과 변화를 지원하는 조직 운영 방식을 변경하는데 필요하다.

- 투명성 강화와 투자자 관계 형성에 힘쓰기: ESG는 투자자에게 중요하며,

잘 관리하는 기업은 신뢰와 선호도를 높일 수 있다. HR은 ESG 데이터를 투명하게 공개하고, 투자자들과의 소통을 강화해야 한다. 전략적 HR ESG 경영을 위해, 기업의 목표와 비전을 인재 전략에 반영하고, 인재의 다양성과 포용성을 중시하며, 모든 직원에게 공정한 기회를 제공해야 한다. 또한, 직원의 성장을 지원하는 학습 기회를 제공하고, 균형 잡힌 근무환경을 조성하며, 건강과 안전을 위한 보호책을 마련하는 것이 중요하다.

성장과 경쟁력을 제고하는 HR전략 경영체제 구축

조직의 비전과 목표를 반영하고 미래 변화를 예측하는 과정을 통해 HR 전략을 수립해야 한다. 이를 통해 변화하는 경영 환경에 대응하고, 인적자원을 전략적으로 활용해 경쟁력을 확보해야 한다. 비전과 전략을 고려한 인재상을 설정하고, 채용과 인재 개발 방향을 결정해야 한다. 인재 요구가 변화하는 환경적, 사회적 변화를 고려한 인재 관리 정책을 수립한다. 전략적 인적자원 활용과 인재 역량 강화로 지속가능한 경쟁력을 확보하며, 이는 기업의 성장과 경쟁력을 높이는 데 기여하게 된다.

기업의 전략적 목표와 비전에 연계된 인재상 및 인재육성 방향 설정

기업의 전략적 목표와 비전에 연계된 인재상 및 인재육성 방향 설정은 기업의 지속성장과 발전을 위해 필요하다. 목표와 비전을 달성하기 위해 필요한 인재상과 인재육성 방향을 명확히 설정해야 한다.

기업의 인재상은 조직문화와 가치를 구현하며, 필요한 인재의 역량과 태도를 제시하고, 전략적 목표와 비전을 고려해 인재상을 설정해야 한다. 예를 들어, 글로벌 시장 선도를 목표로 하는 기업은 경쟁력 있는 인재상을 설정하는 것이다.

인재육성 방향은 인재상을 달성할 전략과 실행 방안을 제시한다. 인재상, 교육 및 개발 자원, 기업 문화 등을 고려해 인재육성 방향을 설정한다. 예를 들어, 창의성과 도전 정신을 갖춘 인재를 목표로 한다면, 해당 역량을 키우는 교육 및 개발 프로그램과 문화 조성 노력을 통해 방향을 실행한다.

전략적 목표와 비전에 연계된 인재상 및 인재육성 방향 설정을 위해 다음 사항을 고려해야 한다.

- 기업의 전략적 목표와 비전을 이해하고 인재 전략에 반영한다.
- 인재상과 인재육성 방향을 전사적으로 공유하고 이해 관계자의 의견을 수렴한다.
- 인재상과 인재육성 방향 실행을 위한 계획과 예산을 수립한다.

다양성과 포용성을 고려한 인재 채용 및 평가

다양한 배경과 경험을 가진 인재들이 공정하게 기회를 받을 수 있도록 채용 공고와 절차에서 다양성과 포용성을 강화한다. 성별, 인종, 나이, 장애, 학력, 출신 지역, 가족 구성 등 차별 요소를 배제한 내용을 명시한다.

- 다양성 및 포용성 강화를 위한 인재 평가 기준

다양한 배경과 경험을 가진 인재들이 공정하게 평가받을 수 있도록 인재 평가 기준을 다양성 및 포용성을 고려하여 설정한다. 이해 관계자의 의견을 수렴하여 인재 평가 기준을 설정하고, 결과를 다양성과 포용성 관점에서 분석하여 개선 방안을 마련한다.

인재 육성 및 개발 프로그램의 다양성 및 포용성 강화

인재 육성 및 개발 프로그램에서 다양성과 포용성을 강화하여, 다양한 배경과 경험을 가진 인재들이 성장하고 발전할 수 있도록 한다. 인재 육성 및 개발 프로그램의 목표와 내용에 다양성과 포용성을 포함하고, 다양한 배경과 경험을 가진 인재들이 참여할 수 있는 기회를 제공해야 한다.

학습 및 개발 기회 제공과 경험공유

개인과 조직의 성장을 돕는 학습 및 개발 기회를 제공하며, 개인의 요구 사항을 파악하는 것이 중요하다. 정규 교육 과정, 멘토링, 코칭, 프로젝트 참여, 외부 세미나 참석, 온라인 학습 등 다양한 기회를 제공하여 개인의 학습 및 성장을 지원하고, 개인의 참여를 높인다.

- 학습 및 개발에 대한 지원: 학습 및 개발은 개인의 노력과 조직의 지원이 필수적이다. 학습 및 개발에 대한 시간, 비용, 자원을 지원하며, 학습 결과를 평가하고 인정하는 시스템을 구축한다. 개인의 학습 동기를 높이기 위해 긍정적인 피드백과 인센티브를 제공한다.
- 학습 문화 조성: 학습을 중요하게 여기고, 학습을 통해 성장할 수 있다는 믿음을 가지도록 학습 문화를 조성한다. 학습에 대한 가치를 강조하고, 학습에 대한 기회를 제공하며, 학습 성과를 인정한다.
- 내부 교육 과정 개발 및 운영: 조직의 목표와 필요에 맞는 내부 교육 과정을 개발하고 운영한다.
- 외부 교육 과정 지원: 개인의 요구 사항에 맞는 외부 교육 과정을 지원한다.
- 멘토링 및 코칭 프로그램 운영: 숙련된 직원을 멘토로 지정하여 신입 직원이나 경력 개발이 필요한 직원을 지원한다.

- 프로젝트 참여 기회 제공: 새로운 기술이나 역량을 습득할 수 있는 프로젝트에 참여할 수 있는 기회를 제공한다.
- 자기 주도 학습 지원: 개인이 스스로 학습할 수 있도록 온라인 학습 자료, 도서, 컨퍼런스 등 다양한 자원을 제공한다.
- 협업 프로젝트 수행: 다른 부서나 조직의 직원들과 협업하여 프로젝트를 수행하고, 새로운 기술과 지식을 습득하며, 다양한 관점을 경험하고 공유한다.
- 네트워킹 기회 제공: 다른 분야의 전문가들과 네트워킹할 수 있는 기회를 제공하며, 새로운 지식과 정보를 얻고, 자신의 경력을 발전시킬 수 있는 기회를 제공한다.

일과 삶의 균형을 위한 근무환경 조성

일과 삶의 균형을 위해 불필요한 회의와 업무를 줄이고, 업무 프로세스를 개선하며, 유연한 근무제도를 도입하고, 육아휴직, 출산휴가, 가족돌봄휴가, 건강검진, 자기계발 지원 등의 다양한 프로그램을 운영하는 워라밸 조직문화를 조성하는 것이 중요하다.

- 유연한 근무제도 도입: 유연한 근무제도는 직원들이 업무와 개인 생활을 조화롭게 조절할 수 있도록 지원하는 제도로, 시차 출퇴근제, 선택근무제, 재택근무 등이 있다.
- 쾌적하고 편안한 근무공간 조성: 적절한 조명과 환기를 유지하고, 직원들이 휴식을 취할 수 있는 공간을 마련하여, 편안하고 집중할 수 있는 환경을 제공하는 것이 중요하다.
- 업무에 집중할 수 있는 시간과 환경 조성: 업무 집중 시간을 보장하고, 업

무 외 요인을 최소화하여 집중력을 높이는 분위기를 만든다.

- 상호 존중과 배려의 문화 조성: 소속감과 안정감을 느낄 수 있도록 상호 존중과 배려의 문화를 조성하며, 이를 위해 직원 간, 상사와 부하 간, 조직 내 이해관계자 간의 소통과 협력을 장려한다.

인재의 건강과 안전을 위한 환경 마련

인재의 건강과 안전을 위해 안전보건 관리체계를 구축하고, 조직 내에서 발생할 수 있는 건강과 안전 위험 요소를 파악하고, 정기적인 안전 점검을 실시하며, 위험 요소를 제거하거나 감소시켜 지속가능한 경영기반을 만든다.

- 안전보건 관리체계 구축: 안전보건 관리체계는 법규 준수를 위한 구체적인 절차와 방법을 규정하며, 이를 통해 안전보건 교육과 훈련을 제공하고, 안전한 작업 문화를 조성한다. 안전보건 시설과 장비는 인재의 건강과 안전을 보호하는 데 필수적이다. 따라서 적절한 시설과 장비를 확보하여 인재의 건강과 안전을 보호한다.

- 직원의 안전 보장과 건강 증진 프로그램 강화: 기업은 안전사고를 사전에 예방하고, 사고 발생 시 신속하게 대응할 수 있는 체계를 구축하며, 평상시 직원들이 건강하게 일할 수 있도록 건강검진을 실시하고, 건강 증진 프로그램을 강화한다.

- 안전교육 강화 및 사고 발생 대응체제 강화: 직원들이 안전의 중요성을 인식하고, 안전 수칙을 준수할 수 있도록 안전 교육을 정기적으로 실시하고, 사고가 발생하지 않도록 사전 대응체제를 강화한다.

- 폭력 예방 교육과 스트레스 관리 프로그램 운영: 직장 내 폭력을 예방하기

위해 폭력 예방 교육을 실시하고, 직원들이 업무로 인한 스트레스를 관리할 수 있도록 스트레스 관리 프로그램을 운영한다.

- 위험 요소 파악 및 관리: 안전 점검을 통해 조직 내에서 발생할 수 있는 위험 요소를 파악하고, 사고 발생 시 원인을 분석하여 위험 요소를 관리하는 계획을 수립한다.

업무 만족도 및 직무 몰입도 향상

업무 만족도와 직무 몰입도는 기업의 생산성과 성과에 중요한 영향을 미치는 요소로, 지속 가능한 경영의 기반이다. 따라서, 직원들의 업무 만족도와 직무 몰입도를 높이는 노력이 중요하다.

- 비전과 가치 수립을 위한 직원 참여: 직원 참여를 통해 비전과 가치를 수립하면, 직원들이 회사 비전과 가치를 실천하며 업무 만족도와 직무 몰입도를 높일 수 있다.

- 업무의 의미와 가치 부여: 직원들이 자신의 업무가 조직의 목표 달성과 사회에 기여하는데 의미가 있다고 느낄 때, 업무 만족도와 직무 몰입도가 높아진다. 이를 위해 기업은 직원들이 업무의 의미와 가치를 느낄 수 있도록 해야하며, 직원들의 학습과 개발을 지원하는 프로그램을 운영해야 한다.

- 직무 재설계 및 공정한 보상과 처우: 직무 재설계, 개선, 정기적인 평가와 피드백, 성과에 따른 보상 등을 활용해 직원들의 업무 성과와 기여도를 평가하고, 공정한 보상과 처우로 업무 만족도와 직무 몰입도를 높인다.

- 긍정적인 조직 문화 조성: 존중과 배려를 바탕으로 한 긍정적인 조직 문화를 조성하여 직원들이 협력하고 소통하며 즐겁게 일할 수 있는 환경을 만든다.

다양성과 포용성 증진

다양성은 조직 구성원의 인종, 성별, 나이, 성적 지향성, 장애, 출신 국가, 교육, 경험, 가치관, 성격 등 다양한 배경과 특성을 의미한다. 포용성은 다양한 배경과 특성을 가진 구성원들이 조직에서 공정하게 참여하고 잠재력을 발휘할 수 있는 환경을 조성하는 것을 의미한다. 이는 혁신과 창의성, 고객 이해, 직원 만족도와 생산성 향상, 기업의 경쟁력 강화와 지속 가능한 성장에 매우 중요하다.

- 혁신과 창의성 증진: 다양한 배경과 경험을 가진 구성원들은 서로 다른 관점과 시각을 가지고 있어, 새로운 아이디어와 혁신을 창출하는데 도움이 된다. 다양한 사고방식은 창의성을 증진시키고, 이러한 다양성과 포용성은 혁신의 기반이 된다.

- 고객 이해 증진: 다양한 배경과 경험을 가진 구성원들은 고객의 요구와 니즈를 잘 이해하고, 맞춤형 제품과 서비스를 개발하는 데 도움이 된다. 다양성과 포용성은 고객 이해를 증진시켜 고객 만족도를 높일 수 있다.

- 직원 만족도와 생산성 향상: 미국의 National Diversity Council의 연구에 따르면, 다양성과 포용성이 높은 조직은 낮은 조직에 비해 직원 만족도가 30% 높고, 생산성이 35% 높다. 다양한 배경과 경험을 가진 구성원들이 공정하게 대우받고 있다고 느낄 때, 소속감과 자부심이 향상되어 직원 만족도, 직무 만족도, 직무 효율성을 향상시킨다.

다양성과 포용성 증진은 직원들의 참여와 협력을 통해 이루어지므로, 직원들이 적극적으로 참여하고 협력할 수 있는 환경을 조성하는 것이 중요하다.

2
디지털 기술의 활용 강화

HR 분야에서는 디지털 기술을 다양하게 활용하고 있다. 디지털 기술을 도입하고 활용하면 업무의 생산성과 효율성이 향상되며, 임직원의 만족도와 역량을 강화하고, 비즈니스 성과를 높일 수 있다. 특히 디지털 리터러시 역량은 데이터와 성과 분석에 기반한 HR 디지털 리더십을 발휘하고 조직의 변화와 혁신을 주도하고 있다. 단순 반복 및 정형화된 업무 자동화를 통해 기업의 경쟁력을 강화하고, 챗봇을 활용한 임직원 개인별 맞춤형 서비스 제공은 임직원의 만족도와 편의성 향상에 기여하고 있다. HR Analytics는 데이터 분석을 통해 미래 예측 및 대안을 제시하는 방법으로, HR의 업무 효과성과 전략성을 강화한다.

HR Automation

HR Automation은 HR 영역에서 단순 반복적인 업무를 디지털 기술을 활용하여 자동화하는 것이다. 이는 채용 과정에서 이력서를 자동으로 분류하거나, 입사 및 퇴사 프로세스를 자동으로 진행하고, 임직원의 휴가 신청, 교육 등록 등의 업무를 자동화하는 것을 포함한다. 이를 통해 인사 담당자의 업무 부담을 줄이고, 업무의 효율성과 정확성을 높이며, 임직원의 문의를 신속하고 정확하게 처리하여 임직원의 만족도와 참여도를 높인다. 더 나아가, 구직자에게 적합한 포지션을 자동으로 추천하거나, 임직원의 역량과 성과를 자동으로 평가하고 피드백을 제공함으로써 인재 유치와 유지 등의 비즈니스 가치를 창출하고, 비즈니스 성과에 기여한다.

HR Automation 접근방식

HR Automation을 구현하는 방법은 크게 두 가지 접근법이 있다. 경영층이 주도하는 탑-다운top-down 방식과 현업 실무자가 주도하는 바텀-업bottom-up 방식이다. 탑-다운 방식은 HR의 전략적 목표와 비즈니스 목표를 연계하여 HR Automation을 추진하는 방식이다. HR Automation의 범위와 우선순위를 정하고, 적절한 기술 플랫폼과 솔루션을 도입하고, 변화 관리와 성과 평가를 수행하는 과정을 거친다. 이를 통해 HR의 역할과 가치를 높이고, 비즈니스 성과에 기여할 수 있다. 바텀-업 방식은 현업 실무자가 자신의 업무를 개선하기 위해 HR Automation을 적용하는 방식이다. 단순하고 반복적인 업무를 자동화하고, 업무 효율성과 정확성을 높이며, 업무 만족도와 참여도를 제고하는 것을 목적으로 한다. 이는 저비용과 빠른 구현이 가능하며, 실무자의 디지털 마인드를 확산할 수 있다.

HR Automation 대표적 구현방법

HR Automation을 구현하는 방법에는 RPARobotic Process Automation가 많이 활용된다. RPA는 소프트웨어 로봇이 사람의 업무를 모방하여 자동으로 수행하는 기술이다. RPA는 엑셀 데이터의 배포와 취합, 휴직 신청과 복귀 프로세스, 채용 후보자의 발굴과 입사 지원 처리, 급여 관리, 출퇴근 관리 등 다양한 HR 업무에 적용할 수 있다. 또한, 고객 문의 처리, 주문 처리, 분쟁 처리 등의 고객 서비스, 회계/재무 보고/청구 등의 재무 작업 자동화, 시스템 관리, 애플리케이션 테스트, 데이터 입력 등의 IT 업무를 자동화하는 데도 활용되고 있다.

HR Automation의 효과 측정

HR Automation의 효과 측정은 자동화 전에 목표를 설정하고, 자동화 후에 목표 달성 여부를 평가하는 과정이다. 이때 목표는 기업의 비즈니스 목표와 연계되어야 하며, 구체적이고 측정 가능해야 한다.

- 비용 절감: 반복적이고 규칙적인 작업을 자동화함으로써 인건비를 절감할 수 있다. 이를 측정하기 위해 자동화 전 후의 인건비 차이를 계산한다.

- 생산성 향상: 직원들이 더 창의적이고 전략적인 작업에 집중할 수 있게 함으로써 생산성을 향상시킬 수 있다. 생산성 향상 효과를 측정하기 위해 자동화 전 후의 업무 처리 시간 차이를 계산한다.

- 정확성 향상: HR Automation은 사람이 수행하는 작업에서 발생할 수 있는 실수를 줄여 정확성을 향상시킨다. 이를 측정하기 위해 자동화 전 후의 실수율 차이를 계산한다.

- 고객 만족도 향상: 고객 서비스 품질을 향상시킴으로써 고객 만족도를 향

상시킬 수 있다. 이를 측정하기 위해 고객 설문조사 등을 통해 만족도를 조사한다.

- 직원 만족도 향상: 업무 부담을 줄이고, 업무 효율성을 향상시킴으로써 직원 만족도를 향상시킬 수 있다. 이를 측정하기 위해 직원 설문조사 등을 통해 만족도를 조사한다.

- 비즈니스 성과: 인재 유치와 유지, 역량 개발, 조직 문화, 리더십 등의 HR 영역과 관련된 비즈니스 성과 향상 여부를 측정한다. 인사데이터를 수집하고 통계 분석을 활용하여, 이직 가능성, 팀별 성과, 인재 유치 및 유지 전략 등을 도출한다. 이를 토대로 이직률, 인원 구조 유형, 단위 노동 비용 지수 등을 수치화하여 비즈니스 성과를 측정한다.

HR Automation의 한계

HR Automation은 HR의 업무 효과성과 전략성을 강화하고, 임직원의 만족도와 역량을 제고하며, 비즈니스 성과에 기여할 수 있다. 그러나 HR Automation은 인간의 감성과 창의성을 대체할 수 없으며, 기술적인 문제나 장애에 취약하고, 인간의 책임감과 윤리적인 판단을 약화시킬 수 있으므로 HR Automation을 도입하고 활용할 때에는 이러한 한계를 인식하고, 인간의 역할과 가치를 잃지 않도록 주의해야 한다.

- 인간의 감성과 창의성을 대체할 수 없다: 인사 업무는 단순한 데이터 처리나 규칙적인 작업 외에도 임직원의 감정, 성향, 취향, 가치관 등을 고려해야 하는 경우가 많다. 챗봇이 임직원의 문의를 신속하고 정확하게 처리할 수 있지만, 임직원의 불만이나 고민을 위로하거나 조언해주는 것은 인간의 역할이다. HR Automation이 인간의 감성과 창의성을 대체할 수 없다.

- 기술적인 문제나 장애에 취약하다: HR Automation은 디지털 기술에 의존하므로, 기술의 변화나 업데이트, 시스템의 오류나 고장, 보안 위협 등에 영향을 받을 수 있다. 예를 들어, RPA는 사람의 업무를 모방하여 자동으로 수행하는 기술이지만, 업무 프로세스 변경이나 예외 상황 발생 시 적응하지 못하고, 시스템의 오류나 고장으로 인해 업무가 중단되거나 잘못된 결과를 생성할 수 있다.
- 인간의 책임감과 윤리적인 판단을 약화시킬 수 있다: HR Automation은 인사담당자의 업무를 대신하거나 지원하므로, 인사담당자는 업무에 대한 책임감이 줄어들고, 기계의 판단에 의존하게 될 수 있다. 인사 데이터를 수집하고 통계 분석을 활용하여, 임직원의 이직 가능성, 팀별 성과, 인재 유치 및 유지 전략 등을 도출하고, 이를 토대로 적절한 인사 조치를 취하는 과정에서 데이터의 출처, 정확성, 편향성 등을 검증하고, 인사 조치의 영향, 결과, 윤리성 등을 고려해야 한다.

HR Assistant

디지털 기술의 HR Assistant는 AI, RPA, 클라우드 컴퓨팅, 머신 러닝 등 디지털 기술을 활용하여 HR 업무를 지원하는 AI 기반 솔루션을 의미한다.

HR Assistant의 기능

① 자동화: 반복적이며 규칙적인 HR 업무를 자동화하여 HR 담당자의 업무 부담을 줄이고, 업무 효율성을 향상시킨다. 예를 들어, 급여 관리, 출퇴근 관리, 교육 및 개발 프로그램 관리, 채용 및 평가 지원 등

의 업무를 자동화한다.

② 분석: HR 데이터를 분석하여 HR 관련 의사 결정을 지원한다. 인사 데이터, 급여 데이터, 교육 데이터 등을 분석하여 직원 만족도, 이직률, 생산성 등을 개선하기 위한 방안을 도출한다.

③ 예측: HR 데이터를 분석하여 미래의 HR 문제를 예측하고, 이에 대비하는 방안을 마련한다. 예를 들어, 직원 이직률을 예측하여 이를 방지하기 위한 방안을 마련할 수 있다.

HR Assistant의 사례

① 임직원 코칭과 웰빙 챗봇: 임직원의 역량, 성과, 경력, 희망 등을 파악하며, 적절한 채용, 교육, 승진, 이직 등의 정보를 안내하는 챗봇이다. 승진을 희망하는 임직원에게는 챗봇이 필요한 역량과 교육을 추천하며, 승진 가능성을 예측할 수 있다. 웰빙 챗봇은 임직원의 건강, 스트레스, 행복 등을 측정하며, 적절한 웰빙 프로그램의 추천도 가능하다.

② AI 기반의 채용 소프트웨어: 지원자의 이력서와 자기소개서를 분석하여 적합한 지원자를 선발하는 데 도움을 준다.

③ AI 기반의 성과 관리 시스템: 직원의 성과를 분석하여 성과 향상을 위한 피드백을 제공한다.

HR Assistant의 구현 방식

① SaaSSoftware as a Service: SaaS는 클라우드 기반의 HR 소프트웨어 서비스로, 별도의 설치나 관리 없이 서비스를 이용할 수 있다.

② 온프레미스: 기업이 직접 HR 소프트웨어를 설치하고 관리하는 방식이다.

디지털 기술의 HR Assistant는 HR 업무의 효율성, 생산성, 품질을 향상시키고, HR 담당자가 전략적이고 창의적인 업무에 집중할 수 있도록 지원한다. 또한, 디지털 전환을 가속화하는 중요한 역할을 수행하게 된다.

HR Analytics

HR Analytics는 인사 데이터를 수집, 분석, 해석하여 인사 관련 의사 결정을 지원하는 과정을 의미한다. 이를 통해 기업의 인적 자원에 관한 다양한 현상을 이해하고, 미래를 예측하고 대안을 제시하는 인사 전략을 수립할 수 있다. 이는 인적 정보, 교육 및 개발 정보, 업무 성과 정보, 보상 및 복리 후생 정보 등을 활용하여 인사 프로세스를 개선하는 데 사용된다.

HR Analytics 주요 분야별 내용

① 채용
- AI를 활용하여 지원자의 이력서, 자기소개서, 면접 영상 등을 분석하여 적합한 후보자를 추천하거나, 면접관의 면접 평가를 보조한다.
- 빅데이터를 활용하여 기업의 인재상에 부합하는 후보자를 찾을 수 있다.
- 모바일을 활용하여 채용 정보를 보다 편리하게 제공한다.

② 교육
- e-러닝, 마이크로러닝 등을 활용하여 시간과 장소에 구애받지 않고 학습할 수 있도록 지원한다.

- AI를 활용하여 학습자의 학습 패턴을 분석하여 맞춤형 학습 콘텐츠를 제공한다.

③ 성과 관리

- AI를 활용하여 직원의 업무 데이터를 분석하여 성과를 예측하거나, 성과 향상을 위한 개선 방안을 제시한다.
- 빅데이터를 활용하여 직원의 성과 데이터를 분석하여 인사 정책을 수립하거나, 직원의 업무 만족도를 측정한다.

④ 조직 관리

- AI를 활용하여 조직의 구조, 인력 구성, 직무 내용 등을 분석하여 조직의 효율성을 높이는 방안을 제시한다.
- 빅데이터를 활용하여 조직의 데이터를 분석하여 조직의 문화, 분위기 등을 파악하고, 조직의 발전 방향을 모색한다.

⑤ 직원 경험 향상

- 모바일, AI, 챗봇 등을 활용하여 직원이 언제 어디서나 HR 서비스를 이용할 수 있다.
- e-러닝, 마이크로러닝 등을 활용하여 직원의 역량 개발을 지원한다.

HR Analytics 수행 방법

① 문제 정의와 목표 설정: 인사 분석을 통해 해결하고자 하는 문제나 목적을 명확히 정의한다. 예를 들어, '인재 유치와 유지 전략은 무엇인가?', '성과와 보상의 관계는 어떠한가?', '리더십 개발을 위한 교육 프로그램은 어떻게 구성해야 하는가?' 등의 질문을 세울 수 있다. 또한 인사 분석을 도입하기 전에 조직의 목표를 명확히 설정해

야 한다. 조직이 인사 분석을 통해 달성하고자 하는 목표와 기대 효과를 명확히 정의한다.

② 데이터 수집: 문제 해결에 필요한 데이터를 수집한다. 이는 인사 행정 데이터, 설문조사 데이터, 행동 데이터 등 다양한 유형과 출처가 있을 수 있다. 데이터 수집 방법과 도구는 데이터의 특성과 규모에 따라 다를 수 있다.

③ 데이터 분석: 수집한 데이터를 분석하여 문제에 대한 통찰력과 해답을 도출한다. 데이터 분석 방법과 도구는 문제의 복잡성과 목적에 따라 다를 수 있다.

④ 실행 대안 제시: 데이터 분석을 통해 얻은 통찰력과 해답을 바탕으로 실행 가능한 대안을 제시하고, 의사결정 가이드에 활용 할수 있다. 실행 대안은 문제의 성격과 범위에 따라 다양하게 제시될 수 있다. 이는 인재 유치와 유지를 위한 전략 수립, 보상 정책 개선, 교육 프로그램 설계, 인력 계획 수립 등이 있을 수 있다.

HR Analytics 전환시 주요 고려요소

① 명확한 목표 설정: HR Analytics DX를 통해 달성하고자 하는 목표를 명확히 설정해야 한다. 목표 설정시에는 기업의 비전과 전략을 고려해야 한다.

② 전략 수립: 목표 달성을 위한 전략을 수립해야 합니다. 전략 수립시에는 기업의 특성과 상황을 고려해야 한다.

③ 체계적인 실행 추진: 전략을 실행하기 위해서는 체계적인 계획과 실행이 필요하다. 실행 과정에서는 지속적으로 모니터링하고 필요한

조치를 취해야 한다.

④ 문화적 변화 수용: HR Analytics DX는 문화적 변화를 수반한다. 직원들이 디지털 기술을 수용하고, 변화에 적응할 수 있도록 지원해야 한다.

HR Analytics 도입시 주의사항

① 조직문화 구축

HR Analytics를 성공적으로 도입하려면, 조직문화 구축이 중요하다. 이는 직원의 데이터를 수집하고 분석하는 활동이므로, 개인정보 보호와 신뢰를 확보해야 한다. HR Analytics를 통해 얻은 인사이트를 바탕으로 의사결정을 하고, 이를 실행할 수 있는 조직문화가 필요하다.

- 전문 인력 확보: 데이터 수집 및 분석을 위한 전문 인력이 필요하다. 데이터 분석에 대한 전문 지식과 경험을 갖춘 인력을 확보해야 HR Analytics를 효과적으로 수행할 수 있다.
- 데이터 분석 도구 및 플랫폼 도입: 데이터 분석 도구 및 플랫폼을 이용하여 데이터 수집 및 분석을 효율적으로 수행해야 한다. 조직의 상황에 맞는 도구 및 플랫폼을 선정해야 한다.
- 직원 참여 확대: HR Analytics는 직원의 데이터를 기반으로 하므로, 직원의 참여가 중요하다. 직원의 참여를 통해 데이터 수집 및 분석에 대한 이해도를 높이고, 이를 통해 얻은 인사이트에 대한 수용도를 높일 수 있다.

② 기술 및 솔루션 활용

HR Analytics를 효과적으로 활용하려면, 기술 및 솔루션의 활용이 중요하다. 데이터 수집 및 분석을 자동화하고, 인사이트를 시각적으로 표현하는 등의 방법으로 HR Analytics의 효율성을 높일 수 있다.

③ 윤리 및 보안 고려

HR Analytics는 직원의 데이터를 수집 및 분석하는 활동이므로, 윤리 및 보안을 고려해야 한다. 직원의 개인정보 보호를 위한 필요한 조치를 취하고, 데이터 수집 및 분석의 투명성을 확보해야 한다.

3

협력적인 조직문화 구축과 유지

조직문화는 조직 내에서 공유되는 가치관, 신념, 태도, 행동, 관행 등을 의미한다. 최근에는 조직문화가 직장인의 삶과 기업의 생산성에 큰 영향을 미치고 있다. 조직문화는 조직의 역사, 리더십, 스타일, 미션, 비전, 외부환경 등 다양한 요인들로부터 영향을 받아 조직의 구성원과 조직 전체의 행동에 영향을 준다.

조직문화는 구성원들에게 공유된 규범 체계의 역할을 하며, 어떤 것에 주목해야 하는지 방향성을 제시한다. 또한 조직의 구성원들로부터 상황에 대한 다양한 해석과 활동을 유도하여 조직 내에서 고유한 정신적 가치를 공유한다.

건강한 조직문화는 직원들의 참여도, 생산성, 이직률을 향상시키며, 구성원의 열정과 에너지를 하나로 결집시켜 협업, 혁신, 공유된 목적의식을 촉진한다. 결국 지속적이고 협력적인 조직문화는 기업 경영에 대한 가치와 신념을 창조하며 성공하는 기업의 조직적 기반을 형성하는데 긍정적인 역할을 하게 된다.

공동의 목표와 비전 제시

직원들이 공동의 목표와 비전을 공유하고, 이를 달성하기 위해 협력할 수 있도록 다음과 같은 노력이 필요하다.

명확한 목표와 비전을 제시하여 직원들이 기업의 목표와 방향을 이해할 수 있도록 해야 한다. 이를 위해서는 기업의 목표와 비전을 직원들에게 지속적으로 교육하고, 기업의 활동을 통해 목표와 비전을 실천하는 모습을 보여주어야 한다.

직원 참여를 통해 목표와 비전을 수립하면, 직원들이 목표와 비전에 주인의식을 가질 수 있다. 이를 위해서는 직원들의 의견을 수렴하고, 직원들이 목표와 비전을 실천할 수 있는 기회를 제공해야 한다.

구성원들이 목표와 비전을 지속적으로 공유하고 피드백을 받으면, 목표와 비전에 대한 이해와 공유가 더욱 강화된다.

상호 존중과 배려의 문화 조성

직원들이 서로 존중하고 배려하며 협력하는 문화를 만드는 것이 중요하다. 이를 위해 다음과 같은 노력이 필요하다.

직원들이 차별 받지 않고 공정한 대우를 받을 수 있도록 공정하고 투명한 인사 관리가 필요하다. 직업과 관련 없는 차별을 금지하고, 직원들의 의견을 반영해 인사 정책을 수립해야 한다.

직원들이 서로의 의견을 나누고 협력할 수 있도록 소통과 협력의 기회를 확대해야 한다. 다양한 방식의 소통 기회를 제공하고, 직원 간 협력을 장려해야 한다.

직원들이 긍정적인 조직 분위기에서 일할 수 있도록 유도하면서 상호 존중과 배려의 문화를 만들어야 한다. 칭찬과 격려를 통해 직원들의 자존감과 사기를 높이고, 화합과 소통을 위한 다양한 활동을 지원해야 한다.

성과에 따른 보상 및 인정

직원들이 자신의 성과에 대해 보상 받고 인정된다면 업무에 대한 동기부여가 될 것이고, 협력 의지도 높아질 것이다. 이를 위해 다음과 같은 노력이 필요하다. 직원들이 자신의 노력이 인정받고 있다는 것을 느낄 수 있도록 성과에 따른 공정한 보상이 필요하다. 성과를 명확하게 측정하고, 그에 따른 보상을 적절하게 지급해야 한다.

직원들이 자신의 성과에 대해 보람을 느낄 수 있도록 적절한 인정과 칭찬이 필요하다. 직원들의 성과를 지속적으로 피드백하고, 성과에 대한 칭찬을 아끼지 않아야 한다. 금전적 보상뿐만 아니라 비금전적 보상도 함께 제공해 직원들의 다양한 필요를 충족시켜야 한다.

직원 간 정기적인 소통 및 협력 기회 마련

직원들이 서로의 의견을 나누고 협력할 수 있도록 정기적인 소통 및 협력 기회를 마련해야 한다. 다양한 형태의 소통 및 협력 프로그램을 운영해야 한다. 특히 MZ 세대와의 소통이 중요하다. 성과에 따른 보상 및 인정을 통해 구성원들이 자신의 노력이 인정받고 있다는 것을 느껴 업무에 대한 동기 부여를 강화해야 한다. 구성원들이 서로의 노력을 인정하고 협력할 수 있는 분위기를 만들어야 한다.

직원 참여 및 다양한 역량 개발 기회 제공

기업의 의사 결정 과정에 직원들이 참여하고, 기업의 발전에 기여할 수 있도록 다양한 역량 개발 기회를 제공해야 한다. 이를 위해 다양한 참여 기회를 제공하고, 직원들의 의견을 수렴하는 것이 중요하다.

HR 레볼루션은 HRDer 역량을 데이터 과학자, AI 프롬프터, 전략적 코치로 고도화하여 지속가능한 전략적 HR 체제를 구축하고 디지털 기술의 활용을 강화해야 한다. 또한, 협력적이고 긍정적인 조직 문화를 정착하기 위해 창의성과 혁신을 통해 끊임없는 변화와 도전을 추구한다. 이를 통해 직원의 만족도와 충성도를 향상시키고, 기업의 사회적 책임을 강화하여 기업의 글로벌 경쟁력 제고를 기대할 수 있을 것이다.

나가며

"HR 레볼루션"은 12인 HR전문가가 공동 집필하면서, 디지털 시대에 경영자들이 직면하는 인적 자원 관리의 변화에 대한 깊이 있는 분석과 HR변화를 위한 통찰을 담았다. 기본에 HR을 바라보는 전통적인 방식에서 벗어나 AI와 같은 디지털 기술을 선도적으로 통합해야 할 필요성과 방법도 제시했다.

데이터 중심적인 접근 방식을 통해, 이 책은 HR업무가 조직의 전략적 목표 달성에 어떻게 기여할 수 있는지를 심도있게 다루었다. 이는 조직에서 HR의 역할을 재정의하고, 그것이 어떻게 전략적, 데이터 중심적 접근을 필요로 하는지를 명확하게 보여주었다.

또한, 이 책은 지속 가능한 조직 성장과 성공을 위한 핵심 요소로서 HR의 역할을 재정의 했다. 이는 HR담당자와 전문가들에게 미래 지향적인 HR 전략을 수립하는 데 필요한 실질적인 지침을 제공하며, 디지털 혁신이 HR 분야에서 어떻게 새로운 기회를 창출하는지를 보여주었다.

이 책을 통해, HR이 조직 내에서 전략적 파트너로서 어떻게 변화하고 성장해야 하는지에 대한 명확하고, 깊이 있는 이해를 얻을 수 있을 것이다. 이 책은 모든 HR담당자와 전문가 그리고 경영자들에게 필독서로 강력히 추천하며 아래와 같이 HR분야에 대해 당장의 실행이 필요한 7가지 과제를 제시하고자 한다.

과제1. 데이터 기반 의사결정: 데이터 분석을 통해 직원 성과, 이직률, 만족도 등을 파악하고 예측 분석을 사용하여 인력 계획 및 개발 전략을 수립하는 것이다. 이는 데이터 기반 의사결정은 조직의 효율성과 경쟁력을 향상시키며, 리스크를 감소시키고 정확한 결정을 내리는 데 도움을 주기 때문이다. 접근 방법은 HR 시스템에 데이터 분석 도구를 통합하고, 데이터 수집 및 분석 과정을 정기적으로 수행하는 것이다.

과제2. 디지털 기술 통합: 생성형 AI를 HR 프로세스에 적용하여 업무의 효율성을 증가시키는 것이다. 이는 복잡한 HR 작업을 단순화하고, 빠른 데이터 분석을 통해 최적의 의사결정을 할 수 있기 때문에 전략적 업무에 더 많은 시간을 할애할 수 있게 된다. 특히 채용, 성과 관리, 교육 프로그램에 ChatGPT 등 생성형 AI 도구를 활용하고, 디지털 직원 역량 강화프로그램을 통해 실무에 활용 할 수 있도록 해야 한다.

과제3. 개인화된 직원 경험: 직원 개개인의 필요와 성향에 맞는 맞춤형 교육과 경력 개발 프로그램을 제공해야 한다. 이는 직원의 만족도와 충성도를 높이며, 조직에 대한 긍정적인 인식을 강화시켜 주기 때문이다. 직원 설문조사를 통해 필요와 선호를 파악하고, 이를 반영한 맞춤형 프로그램을 개발해야 한다.

과제4. 직원 참여 및 만족도 증진: 직원의 의견을 수렴하고, 이를 바탕으로 직장 문화와 정책의 개선이 필하다. 이는 직원의 몰입도와 조직에 대한 충성도를 높이며, 전반적인 성과 향상에 기여하기 때문이다. 정기적인 직원 설문조사, 피드백 시스템 구축, 직원 참여 프로그램을 도입하고 실행해야 한다.

과제5. 다양성과 포용성: 조직 내에서 다양한 배경과 관점을 존중하고 포용하는 문화를 조성하는 것은 선택이 아니라 필수이다. 다양성은 창의성과 혁신을 촉진하며, 다양한 고객층에게 어필할 수 있기 때문이다. 다양성과 포용성 교육 프로그램을 실시하고, 다양한 배경을 가진 인재 채용에도 관심을 두어야 한다.

과제6. 성과 관리 혁신: 목표 설정, 지속적인 피드백, 그리고 성과 평가를 포함한 포괄적인 성과 관리 시스템을 구축해야 한다. 효과적인 성과 관리는 직원의 성과와 목표 달성을 촉진하는 것이 분명함에도 MZ세대의 요구 사항을 반영하지 못하고 있다. 자율적이며서도 정기적인 피드백과 성과 평가, 그리고 명확한 목표 설정 프로세스를 도입하여 투명하고, 공정한 성과 관리 시스템을 구축해야 한다.

과제7. 조직 문화 및 리더십 개발: 강력하고 긍정적인 조직 문화와 리더십을 개발하고 육성해야 한다. MZ세대가 주축이 되는 조직일 수록 이전과 다른 효과적인 리더십 발휘와 새로운 조직 문화 구축은 직원의 참여와 조직의 성공을 견인하기 때문이다. 리더의 개념과 역할에 대해 기업별로 재정의 하고, 이에 적합한 리더십 프로그램을 실시하고, 조직 문화 개선을 위한 과감한 실행이 필요하다.

12인의 HR저자